초등
그림책
학급운영

초등 그림책 학급운영

초판 1쇄 발행 2023년 1월 27일

지은이 | 그림책사랑교사모임

발행인 | 최윤서
편집 | 김은아
디자인 | 김수경
마케팅 지원 | 최수정
펴낸 곳 | (주)교육과실천
도서문의 | 02-2264-7775
인쇄 | 031-945-6554 두성 P&L
일원화 구입처 | 031-407-6368 (주)태양서적
등록 | 2020년 2월 3일 제2020-000024호
주소 | 서울특별시 중구 창경궁로 18-1 동림비즈센터 505호
ISBN 979-11-91724-21-9 (13370)

책값은 뒤표지에 있습니다.
저작권법에 따라 한국 내에서 보호를 받는 저작물이므로 무단 전재 및 복제를 금합니다.

새 학기, 새 학급을 위한 행복한 한해살이 프로젝트

초등 그림책 학급운영

그림책사랑교사모임 지음

교육과실천

차례

들어가며 – 그림책으로 학급운영을 하면 ... 7

1부. 특별한 우리 반, 학급의 하루

인사 – 인사로 전하는 마음 ... 17
「인사를 나눠 드립니다」 「말」

아침 활동 – 공감하며 시작하기 ... 25
「감정에 이름을 붙여 봐」 「아마도 너라면」
「소년과 두더지와 여우와 말」

감사 – 좋은 하루 보내기 ... 35
「첫 번째 질문」 「밤의 노래」

발표 – 당당하게 말하는 멋진 나 ... 45
「틀려도 괜찮아」 「아주 무서운 날」

용기와 격려 – 친구에게 보내는 응원 ... 54
「용기를 내, 비닐장갑!」 「야쿠바와 사자」

일기 – 하루의 삶 마무리하기 ... 65
「싫은 날」 「배운다는 건 뭘까?」
「진정한 일곱 살」 「일기 쓰고 싶은 날」

2부. 시작이 반, 학급의 일 년

자기소개 – 떨지 않고 나를 소개하기   79
「너는 어때?」「우리 엄마 ㄱㄴㄷ」

1인 1역 – 모두가 학급의 주인이 되도록   87
「왜 내가 치워야 돼」

짝꿍 – 좋은 친구 관계를 맺는 연습   96
「코뿔소가 달려간다」

비밀 친구 – 협력적인 학급 분위기 만들기   105
「외계인 친구 도감」

이성 교제 – 상대를 배려하는 마음의 시작   117
「사랑 사랑 사랑」「왈왈이와 얄미」

오누이 활동 – 함께 성장하는 1학년과 6학년   125
「형아만 따라와」

학급 환경 – 우리 반만의 색깔을 담아   135
「스킹의 발명 노트」

학급 식물 – 식물과 함께 쑥쑥 자라는 아이들   144
「농부 달력」

여름 방학 개학식 – 여름 방학 이야기 보따리 펼치기   153
「할머니의 여름휴가」

낭독극 – 사투리 대잔치로 무대가 되는 교실   161
「고구마유」「눈 오는 날」「콩 심기」「답답이와 도깨비」

학급 문집 – 학급운영의 꽃   172
「살아 있다는 건」

3부. 생활의 나침반, 인성 교육

소통 – 서로 다른 너와 나, 소통으로 이해하는 우리   **185**
「근데 그 얘기 들었어?」「거울책」「그랬구나」

배려 – 평화로운 학급 분위기를 만드는 배려의 말   **197**
「나는 너는」「난 네가 부러워」「사실대로 말했을 뿐이야!」
「어떤 느낌일까?」「나 안 할래」「돌멩이 국」

존중 – 존중을 실천하는 사회적 기술 익히기   **210**
「내가 도와줄게」「존중 씨는 따뜻해!」
「나는 너를 존중해」「너의 모습 그대로」

정직 – 마음이 떳떳해지는 정직한 생활 다짐하기   **221**
「거짓말 괴물」「거짓말」「거짓말하고 싶을 때」

예절 – 예절 가이드라인을 직접 만들어 실천하기   **232**
「괴물 예절 배우기」「뭐라고 말해야 할까요?」
「어떻게 해야 할까요?」「몰리 선생님의 친절한 예절 학교」

책임 – 책임의 의미와 선택에 따른 책임의 범위 알기   **241**
「나르와 눈사람」「나는」「내 이야기는 내가 만들 거야」

협동 – 협동의 기쁨을 느끼고 힘을 모아 문제 해결하기   **251**
「그건 내 거야!」「세 투덜이」「호랑이 바람」

효 – 일회에 그치지 않고 생활에서 실천하는 효 프로젝트   **262**
「실」「종이 아빠」「효자효녀요양원 느바」「손이 들려준 이야기들」

들어가며

그림책으로 학급운영을 하면

학급을 맡기가 두려운 이유

해가 갈수록 학급운영에 어려움을 호소하는 교사들이 늘고 있다. 저마다 개성이 강하고 유튜브나 SNS처럼 빠르고 자극적인 것에 길들어져서, 더불어 지내야 하는 학급 공동체 생활을 어려워하는 아이들이 많아지고 있기 때문이다. 친구의 잘못을 이르는 아이부터, 감정을 다스리지 못하고 때리거나 소통을 못해 갈등을 일으키는 아이, 반응이 없고 모든 일에 소극적인 아이, 부정적으로 생각하는 아이까지 마음에 회복이 필요한 아이들을 하루에도 수십 번씩 교실 안에서 만나게 된다. 칭찬, 상담, 충고, 조언 등 어떤 방법을 사용해도 생각과 행동이 쉽게 변하지 않는 학생들의 모습을 보면 좌절감이 들 때가 한두 번이 아니다.

유치원을 졸업하고 초등학교에 입학하는 학생들의 수준 차가 너무 큰 것도 문제다. 기본 생활 습관이 안정적으로 갖춰진 학생이 있는 반면, 혼자서 밥 먹기, 수업 준비, 학습 습관이 전혀 갖춰지지 않아 학교 적응에 어려움을 겪는 학생들도 있다. 대체로 이런 학생들은 자신감이 부족하고 정서나 사회성에도 문제가 있어 교실에서 자주 갈등을 일으키곤 한다. 이해 속도와 학력 격차가 다른 다인수 학급에서 교사가 배움이 느리거나 숙제를 안 해 온 학생에게 집중하면, 어쩔 수 없이 다른 학생들에 대한 관리가 상대적으로 소홀해지고 수업 분위기가 산만해진다. 학력 격차뿐 아니라 생활의 지혜, 상식 수준이 다양한 많은 학생들을 동시에 지도해야 하는 교사들의 부담이 클 수밖에 없다.

여러 어려움을 가진 아이들을 보듬고 이끌어야 하는 교사들에게, 함께 어우러져 지내야 하는 공동체인 학급을 맡아 운영하는 일은 늘 큰 부담이 된다. 학급운영의 어려움으로 교실이 붕괴되기도 하고, 그로 인해 몸과 마음이 병들어 교직을 떠나는 교사들도 생기고 있는 것이 우리 교육의 현실이다.

그림책으로 시작해 보자

새 학기가 시작되기 전부터 교사들은 자신이 맡게 될 학급을 위해 많은 계획과 준비를 한다. 그만큼 매년 1~2월은 새로 만나게 될 아이들에 대한 설렘이 가득한 시간이기도 하다. 3월부터 시작되는 아이들과의 생활은 톱니바퀴처럼 굴러간다. 여러 개의 톱니바퀴 중에서 작은 톱니바퀴 하나라도 멈춰 버리면 잘 굴러가던 톱니바퀴들도 일제히 멈춘다.

작은 톱니바퀴가 멈춰 버리는 이유는 다양하다. 가정의 무관심으로 불안정한 감정을 가진 아이, 친구들과의 갈등으로 학교생활에 적응하지 못한 아이, 집중력이 부족해서 학습 결손이 된 아이…. 자신의 어려움을 교사에게 솔직하게 이야기하는 경우도 있지만, 마음속 깊이 꼭꼭 숨겨 두는 아이들도 있다. 각각의 상황에 맞춰 교사들은 솔로몬의 지혜를 발휘해 올바른 결정을 내려야 하고, 아이의 마음을 헤아리며 토닥여 주는 상담사가 되어야만 한다. 그림책을 통해 아이들의 이야기에 공감하며, 아이들에게 새로운 세상을 볼 줄 아는 넓은 시야를 갖게 해 줄 수 있다.

학사 일정을 가만히 들여다보면 학교의 한 해는 비슷한 흐름을 가지고 있다. 입학식 또는 시업식으로 시작하여 종업식을 끝으로 그해 학년도의 교육과정이 마무리된다. 담임교사는 한 해의 교육과정을 운영하면서 교과 수업과 생활 지도를 하고 틈틈이 학교, 학년, 학급의 행사들에 맞춰 함께 할 활동을 계획하고 운영해야 한다. 이렇게 해마다 반복되는 크고 작은 행사들을 교육과정에 잘 녹이는 데에 그림책만 한 것이 없다.

학년의 특성을 반영하여 활동에 대한 안배를 고려해야겠지만, 학생들은 그림책과 만남으로써 다양한 생각거리를 얻고 빛을 발하며 넓은 사고의 장으로 뻗어 간다. 각각의 상황에 적절한, 주제에 맞는 다양한 그림책이 무수히 많다. 비슷한 행사나 활동일지라도 어떤 그림책과 엮어 활동하는가에 따라 시작과 결과가 달라진다. 한 예로, 학급 환경을 꾸밀 때 그림책을 함께 읽고 그림책의 주제에 따라서 학급 환경을 꾸밀 수 있다. 그림책의 주제에 대해 명확하게 생각해 볼 수 있을 뿐 아니라, 학급 환경 꾸미기까지 연결할 수 있다.

담임으로서 학급운영을 하다 보면 정말 많은 고민과 노력이 필요한데, 그림책을 활용하면 학급운영의 부담도 줄일 수 있다. 그림책은 다양한 주제를 담고 있을 뿐 아니라 함께 읽는 데 오랜 시간이 들지 않아, 아이들과 함께 읽고 주제를 나누기에 탁월한 매체다. 그림책으로 아이들과 이야기를 나누며 학급을 좀 더 즐겁고 원활하게 운영할 수 있을 것이다.

모두를 따뜻하게 안아 주는 그림책

아이들을 모두 집으로 보내고 교실에서 다음 수업 준비를 하고 있는데, 여러 명의 아이들이 칼로 여러 곳이 찢긴 듯한 오리털 점퍼를 들고 교실로 몰려왔다. 오리털이 흩날리는 중에 점퍼의 주인은 얼굴이 창백하게 질려 속상해하고, 다른 아이들은 모두 흥분 상태였다. 교실이 비었던 시간은 체육 시간과 점심시간밖에 없었다며 아이들은 소리를 높였다.

다음날 아이들에게 그림책 「공룡이 왔다」를 읽어 주었다. 친구의 공룡을 만지고 싶어서 가지고 놀다가 망가뜨리고, 혼자 걱정하며 마음을 졸이는 아이의 이야기였다. 그림책을 읽고 친구의 장난감을 고장 낸 아이의 마음에 대해 이야기 나눴다. 잠깐 만지려던 것인데 고장 난 장난감 때문에 아이의 마음은 온통 불안하다. 반 아이들과 둘러앉아 점퍼를 입을 수 없게 된 아이의 마음을 먼저 헤아려 주고, 주인공 아이의 마음을 생각하며 우리 반 친구의 옷을 찢은 그 아이의 지금 마음이 어떨지 생각해 보는 시간을 가졌다.

아이들과 여러 이야기를 나누면서 왜 점퍼가 그렇게 되었을까를 생각해 보았다. 실수였을지도, 어쩌면 친구에 대한 미움 때문이었는지도 모른다는 이야기들이 나왔다. 원으로 둥글게 앉은 아이들은 서로에게 속상한 마음을 털어놓는 시간을 갖자고 하였다. 한 명씩 돌아가며 친구에 대한 서운함, 속상함, 오해 등을 이야기했다. 눈물을 흘리며 이야기하는 아이도 있었고, 눈물을 흘리며 사과하는 아이도 있었다. 전에 있었던 일로 사과할 타이밍을 놓쳐서 계속 마음에 남아 있었다고 말하는 아이의 이야기를 들으며, 점퍼를 찢은 그 아이의 마음을 다시 생각하였다.

엄청 미안해하고 다시는 그러지 않겠다고 다짐하고 있을 것이라고 서로 이야기 나누며, 점퍼를 그렇게 만든 친구를 찾는 일은 하지 않기로 했다. 모두가 서로의 속마음을 이야기하면서 한바탕의 소동은 끝이 났다. 그림책을 읽으며 주인공 아이의 마음에 공감해서인지, 반 아이들은 더 이상 그 일을 이야기하지 않았다. 오히려 그 뒤로 더욱 서로를 위해 주면서 돈독한 반이 되어 한 해를 잘 마무리할 수 있었다.

대화의 물꼬를 터 주는 그림책

부모의 이혼으로 힘들어하는 아이가 있었다. 아이에게 다가가 말을 걸어도 대답은 늘 "네", "아니오" 뿐이었다. 아이는 또래 친구들과 잘 어울리지 못했는데, 볼 때마다 늘 교실 변두리를 공허하게 돌고 있는 느낌을 받았다. 아이의 아빠는 생계가 바빠 통화가 어려웠고 엄마는 가정 폭력으로 집을 나간 상황이라, 혹여 전화번호가 노출될까 봐 본인 연락처를 알려 주지 않았다. 교사인 내가 아이에게 해 줄 수 있는 건 상담센터와 연결하고 꾸준히 관심을 갖고 지켜봐 주는 것밖에 없었다.

아이의 마음을 조금이나마 위로하고 편안하게 해 주고 싶어 어느 날, 이태준 작가가 쓴 「엄마 마중」을 읽어 주었다. 갑자기 집을 나간 엄마에 대한 그리움이 있지 않을까 싶었고, 이 책의 결말을 통해 아이에게 희망을 주고 싶었다. 늘 엎드려 자던 아이가 이 책을 펼치자 그림책을 응시하기 시작했고, 책을 덮는 순간까지 책 내용에 집중했다. 그림책을 읽고 쉬는 시간에 아이가 처음으로 먼저 말을 걸어 왔다.

"선생님, 그럼 아이는 엄마를 만난 게 맞아요?"

이 질문을 계기로 아이와 대화의 물꼬를 텄다. 그렇게 조금씩 아이와 계속 대화를 이어 나갔고, 그 뒤로도 아이의 마음과 맞는 그림책을 한 권씩 읽어 주었다. 그림책은 글 한 문장, 그림 한 컷이 마음에 훅 들어와 단단한 마음의 빗장을 이렇게 녹여 내기도 한다.

'마음 씨앗'을 심어 주는 그림책

학급에 오랜 시간 동안 사이가 좋지 않았던 두 학생이 있었다. 저학년 때부터 시작된 갈등이 쌓인 채로 고학년이 되었고, 그사이 감정의 골은 더 깊어져서 학급의 다른 학생들에게도 크게 영향을 주었다. 학생들의 관계가 나아지기를 바라며 그림책 「여우」, 「시소」, 「알도」, 「백주의 결투」, 「직선과 곡선」, 「친구의 전설」, 「마음 여행」 등을 여러 회차에 걸쳐 읽어 주고, 아이들과 함께 이야기를 나누었다.

그림책의 인물들로 이야기를 시작하니 학생들과 자연스럽게 관계에 대해 생각해 볼 수 있었다. 개별 상담을 할 때도 그림책 이야기로 상담을 시작하니, 학생들이 쉽게 마음을 열고 자신의 이야기를 할 수 있었다. 그림책 「마음 여행」처럼 자신의 마음을 들여다보고 어려움을 극복해 나가는 과정에서 학생들의 마음이 더욱 커지고 성장하는 것을 느낄 수 있었다. 그림책을 함께 읽고 이야기 나누며 생각을 넓히고 마음을 들여다보았던 그 시간들이 '마음 씨앗'으로 남아, 언젠가 필요한 순간에 학생들에게 힘과 위로가 되어 줄 거라고 믿는다.

학생들과 행복한 1년을 보내기를 바라며

교실에서 학생들과 행복한 1년을 보내고 싶은 마음은 모든 교사들의 바람이다. 아이들과 원활하게 소통하기 위해 다양한 노력을 계속하지만, 끊임없이 일어나는 크고 작은 문제들 속에 교사들은 몸과 마음이 소진되기 일쑤다. 아무리 진심을 담아 "…해라", "…하지 말아야 한다" 이야기해도, 교사의 훈화는 학생들에게 한 귀로 듣고 한 귀로 흘리는 잔소리가 되기 쉽다.

학생들과 교사 사이를 가로막는 두터운 장벽을 무너뜨릴 그 특별한 도구가 바로 그림책이다. 다양한 교실 상황에서 그림책들은 놀랍도록 다양하게 변주되며 아이들과 함께한다. 투박한 교사의 언어를 부드럽고 따뜻한 공감의 언어로 바꾸는 마법을 발휘하기도 한다. 교사와 학생이 함께 웃음을 터뜨리고, 때로는 감동으로 눈물짓게도 한다. 학생들과 마음을 열고 대화하고 싶은 선생님, 평화롭고 행복한 교실을 만들고 싶은 선생님들에게 그림책은 최고의 선택이 될 것이다.

그림책을 사랑하는 마음을 담아
그림책사랑교사모임

1부

특별한 우리 반, 학급의 하루

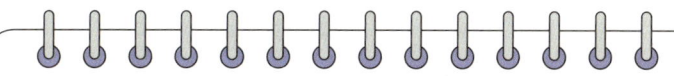

인사

인사로 전하는 마음

새 학급을 맡을 때마다 서로 존중하고 배려하며 선생님 말씀에 경청하는 이상적인 학급을 기대하게 된다. 그러나 현실은 기대에 미치지 못하는 경우가 많다. 아직 자기중심적인 학생들이 서로 배려하고 이해하는 것이 쉽지 않기 때문이다. 학생들에게 생각과 마음이 조금 더 성숙할 수 있는 기회를 만들어 주자. 학교생활의 하루를 시작하는 아침을 어떻게 맞느냐에 따라 학생들의 마음에 큰 영향을 줄 수 있다.

우리 반 인사를 만들어 반갑게 인사하며 시작하는 하루하루를 만들어 본다. 또 '고마워, 사랑해'처럼 학생들이 듣고 싶은 말을 연습하여 서로의 마음을 따뜻하게 전하는 학급 분위기를 만들어 간다. 시간이 쌓일수록 학생들의 마음과 생각이 긍정적으로 열리는, 즐겁고 행복한 교실의 모습을 발견하게 될 것이다.

그림책 「인사를 나눠 드립니다」
이한재 글·그림, 킨더랜드

주인공 민철이가 엘리베이터에서 만난 10층 아저씨와 8층 아저씨께 인사를 한다. 민철이의 우렁찬 인사에 두 아저씨의 얼굴이 환해진다. 학교 가는 길에서도 민철이는 만나는 이웃들에게 인사를 한다. 학교에서 만난 친구들에게 건네는 민철이의 인사는 교실마저 활기차게 바꿔 버린다. 주위 사람에게 전하는 짧은 인사의 소중함을 느끼게 한다.

그림책 표지처럼 인사말 적기

일상에서 만나는 사람에게 마음을 전달하는 첫 번째 방법은 '인사' 일 것이다. 우리는 다양한 인사말을 통해 감정을 나누고 마음을 전할 수 있다. 그림책 「인사를 나눠 드립니다」에는 다양한 인사말이 나온다. 사람을 만나는 여러 상황에서 어떤 말들을 주고받으며 마음을 전할 수 있는지 배울 수 있다.

책 읽기 전 활동으로, 그림책 표지를 보며 학생들과 이야기를 나눈다. 「인사를 나눠 드립니다」의 표지에는 주인공 민철이가 여러 사람들과 나누는 인사말들이 담겨 있다. 학생들에게 표지에 나온 주인공 민철이의 모습만 보여 주고, 민철이는 어떤 인사말을 했을지 상상해 보게 한다. 먼저 자신의 생각을 발표하도록 하고, 포스트잇에 민철이가 했을 것 같은 인사말을 한 줄씩 쓰도록 한다. 그림책 표지처럼 꾸민 종이를 미리 준비하여 칠판에 붙여 두고, 글을 다 쓴 학생들은 자유롭게 나와서 준비해 놓은 종이에 포스트잇을 붙이도록 한다.

「인사를 나눠 드립니다」 표지   학생들이 꾸민 표지

인사말 메아리로 따라 하기

그림책을 읽기 전, 학생들에게 그림책에 나오는 인사말이 담긴 카드를 2~3장씩 나눠 준다. 그리고 교사가 그림책을 읽을 때 자신이 갖고 있는 카드에 적힌 인사말이 나오면 일어나 그 인사말을 따라 하기로 학생들과 약속을 정한다. 이렇게 하면 자신이 갖고 있는 카드가 언제 나올지 긴장하며 책 읽기에 집중하는 학생, 친구가 일어나서 인사하는 모습을 즐겁게 바라보는 학생 등 책을 읽는 내내 다양한 학생들의 모습을 볼 수 있다.

감동	안녕히 가세요	감사합니다
반갑습니다	고마워	안녕하세요
좋은 아침	오랜만이야	안녕히 주무셨어요
안녕	반가워	그동안 잘 지내셨어요
조심히 가세요	축하해	친구들 안녕

그림책에 나오는 인사말

그림책을 읽는 동안 자신이 가진 카드에 적힌 인사말이 나오면 손을 반짝반짝 흔들어 보는 활동을 해보는 것도 좋다. 그림책을 읽을 때 몸을 움직이게 하면 학생들이 좀 더 그림책에 집중한다.

우리 반 인사로 마음 전하기

학생들과 그림책으로 즐겁게 인사하는 연습을 했다면, 독후 활동으로 우리 반만의 인사를 만들어 본다. 우리 반 인사를 정하면 학생들과 1년 동안 즐거운 마음으로 인사하며 하루를 시작할 수 있다.

학생들에게 미니 보드와 마커펜을 나눠 주고, 각자 반 친구들과 선생님을 만났을 때 하고 싶은 인사 방법을 쓰도록 한다. 다 쓰면 한 명씩 돌아가며 교실 앞에 나와 인사 방법을 설명한다. 인사할 때의 동작도 함께 설명하여 친구들의 이해를 도울 수 있도록 한다. 각자 설명을 마치면 투표 프로그램을 이용해 4가지를 선택하여 '우리 반 인사'로 정한다.

우리 반 인사를 정하면 A4 종이에 인사 방법을 그림과 글로 표현하여 코팅한 다음, 등교할 때마다 볼 수 있도록 교실 문 바닥에 붙여 놓는다.

하이파이브 인사   하트 인사   배꼽 인사   윙크 인사

등교할 때 선생님을 만나면 자신이 인사하고 싶은 방법을 그린 그림 위에 서서 선생님께 인사한다. 그날의 기분에 따라 다른 방법으로 인사를 할 수 있다. 교사는 학생과 같은 방법으로 인사하며 학생들을 맞이한다. 우리 반 인사를 정해서 아침마다 하면, 학생들이 더 재미있는 방법을 추천해 주기도 한다. 그럴 때 인사 방법을 하나씩 추가하면 조금 더 즐겁게 아침맞이 인사를 하며 마음을 전할 수 있다.

그림책 「말」
재미난책보 글, 박재현 그림, 어린이아현

그림책 제목은 '말'이지만 표지에 등장하는 사람들은 입이 없다. 그리고 어딘가 한곳을 응시하고 있다. 무슨 내용일지 호기심을 끄는 표지를 넘기면, 우리가 주고받는 말에 대한 다양한 생각을 만날 수 있다. 말을 통해 자신의 생각과 느낌을 표현하고, 다른 사람과 말을 주고받으며 생각을 키워 나가게 된다는 것을 깨닫게 된다.

듣고 싶은 말을 외쳐 주는 행복 샤워

말은 크게 자신이 듣고 싶은 말과 하고 싶은 말로 나눌 수 있을 것이다. 그림책을 읽고 학생들과 '듣고 싶은 말'과 '하고 싶은 말'에 대해 이야기를 나눠 본다. 수업에서 학생들이 듣고 싶은 말로 '사랑해'가 가장 많이 나왔다. 학생들이 많이 들을 것 같은 말이지만, 계속해서 듣고 싶은 말인 것 같다. 각자 듣고 싶은 말들을 종이에 쓰고, 종이 밑에 자신의 이름을 작게 쓴다. 칠판에 학생들이 듣고 싶은 말을 적은 종이를 붙이고, 교사가 먼저 종이에 적힌 내용을 읽어 주면 학생들이 함께 큰 소리로 따라 말한다.

교사	○○는 "너는 최고야!"라는 말을 듣고 싶다고 하네요. 우리 함께 "○○야, 너는 최고야!"라고 말해 줄까요.
학생들	○○야, 너는 최고야!
교사	○○은 "사랑해"라는 듣고 싶다고 하네요. 우리 모두 "○○야, 사랑해" 하고 말해 줄까요.
학생들	○○야, 사랑해.

 자신이 듣고 싶은 말을 친구들이 한목소리로 외쳐 주면 듣고 있는 학생의 얼굴에 행복한 웃음이 가득 번진다. 듣고 있는 학생뿐 아니라 말을 하는 친구들 얼굴에도 행복이 번진다. 학생들은 좋은 말은 듣는 사람뿐 아니라, 하는 사람도 행복하게 한다는 것을 느끼게 된다.

말을 주고받으며 캐치볼 놀이하기

공을 던질 때 상대방이 잘 받도록 던지면 받는 사람이 안전하게 받을 수 있다. 하지만 조금만 방향을 다르게 하거나 힘 조절을 못하면 상대방이 공을 받기 어렵다. 말도 공놀이와 같다. 아침 활동 시간에 공을 주고받으며 집에서 있었던 일들을 이야기하는 캐치볼 놀이를 해본다. 서로의 이야기에 공감하는 태도를 기를 수 있다.

캐치볼 놀이 방법

1. 공을 가지고 있는 학생이 어제 자신에게 있었던 일을 한 문장으로 표현한다.

    (예) 어제 마트에 가서 새 옷을 샀어.

2. 공을 받을 친구들은 손을 든다. 공을 가지고 있는 학생이 손을 든 친구 중 한 명에게 공을 던진다. 공을 받은 친구는 어울리는 대답을 찾아 말하며 공을 다시 던져 준다.

    (예) 새로 산 옷이 너랑 정말 잘 어울려.

3. 다시 공을 받은 학생은 어울리는 답을 찾아 이야기한다.

    (예) 칭찬해 줘서 고마워.

4. 이야기가 마무리되면 공을 갖고 있는 학생은 새로운 학생에게 공을 준다. 공을 받은 학생은 자신에게 어제 있었던 일을 한 문장으로 말하며 다시 놀이를 시작한다.

공을 주고받을 때 다칠 위험이 있으므로 천으로 된 공을 사용하는 것이 좋다. 또 효과음이나 타이머 등을 활용하여 공을 갖고 있는 시간을 제한하면 학생들이 공을 좀 더 적극적으로 주고받는다.

천으로 된 공   놀이하는 모습

　캐치볼 놀이를 할 때 천으로 된 공 대신 털실을 이용할 수도 있다. 털실을 이용할 경우, 책상을 교실 뒤쪽으로 밀고 학생들이 모두 동그랗게 앉는다. 첫 번째 학생이 어제 자신에게 있었던 일을 이야기하며 다른 학생에게 자신이 갖고 있는 털실을 굴린다. 털실을 받은 친구도 자신에게 어제 있었던 일을 이야기하며 다른 친구에게 털실을 굴린다. 한 번 이야기를 한 친구에게는 털실을 굴리지 않도록 하여, 학급의 모든 학생들이 한 번씩 이야기할 수 있도록 한다. 모든 학생들의 이야기가 끝나면 교실 바닥에 멋진 모양의 도형이 완성된다.

함께 읽으면 좋은 그림책

- 「단어수집가」 피터 레이놀즈 글·그림, 문학동네
- 「이럴 땐 어떻게 말할까?」 김은의 글, 신민재 그림, 위즈덤하우스
- 「참 좋은 말」 앙젤 들로누아 글, 마농 고티에 그림, 한울림어린이

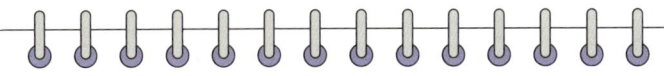

아침 활동

공감하며 시작하기

　아침에 교실로 들어온 학생들은 가방을 내려놓지도 않고 친구들과 수다를 떨기 시작한다. 보통 8시 40분에서 50분 사이에 등교하기 때문에 9시 수업 시작 전까지 시간 여유가 있다. 하루로 치면 10분 남짓한 시간이지만 일주일이면 적어도 50분, 짧지 않은 시간이다. 이 시간을 활용해 일 년 동안 꾸준하게 아침 활동을 하면 초등 192일 기준으로 9,600분, 즉 160시간이나 된다. 좋은 습관을 기르기에 충분하다.

　이 시간을 활용하여 자신의 감정을 표현하는 감정 출석부 활동, 그림책 한 문장 필사와 한 줄 글쓰기 활동을 해보면 어떨까. 감정 출석부 활동을 통해 학생들은 매일 자신의 감정을 들여다볼 수 있다. 감정을 글로 표현하고 친구들의 감정에 공감하며 자존감과 타인에 대한 배려를 기를 수 있다. 또 그림책 문장 필사와 한 줄 글쓰기를 하며 자신의 삶을 들여다보고 더 나은 나로 발전시킬 수 있다.

그림책 읽기는 분량 부담이 적고 학생들에게 하루를 다짐하는 마음이 들게 하여 아침 활동으로 맞춤하다.

그림책 「감정에 이름을 붙여 봐」
이라일라 글, 박현주 그림, 파스텔하우스

일상에서 경험하는 풍부한 감정을 45개의 단어로 표현하였다. 무언가를 결정하고 행동할 때 감정이 주요하게 작용하고, 그 감정으로 수많은 정보를 얻을 수 있다는 것을 알게 한다. 나에게 찾아오는 감정이 소중하며, 적절하게 표현하는 것이 중요하다는 것도 깨닫게 된다.

감정 이름 카드 만들기

지금 자신이 어떤 감정을 느끼고 있는지를 알고 잘 표현하며, 다른 사람의 감정 표현을 보면서 학생들은 공감과 배려를 배운다. 먼저, 감정을 잘 표현할 수 있도록 어떤 감정 단어들이 있는지 알아본다.

교사	(그림책 제목의 중간 글자를 가리고) 네모에 들어갈 단어가 무엇일까요?
학생 1	마음이오. 감정에 '마음'을 붙여 봐 같아요.
학생 2	감정이 마음이니까, '단어'를 붙여 봐 같아요.
학생 3	감정에 '자아'를 붙여 봐 같아요. 감정을 표현하면서 자신을 찾아가라는 의미일 것 같아요.

그림책 제목에 들어가는 단어를 추측하며 학생들이 그림책에 호기심을 갖게 한 다음, 그림책을 통해 상황에 따른 다양한 감정을 표현하는 단어들을 알아본다. 그리고 나서 자신이 느끼는 감정을 자신만의 감정 카

드로 만들어 본다. 학생들은 감정 카드를 만들며 자신이 어떤 감정을 느꼈던 경험을 떠올리고 자신의 감정 표현을 되돌아보며, 다양한 감정을 이해할 수 있다. 이때 그림책에 나오는 감정 단어를 예시로 보여 주면 좋다.

감동	걱정	고마움	궁금함	그리움	기쁨	놀람	다정함	당황
두려움	만족	미안함	미움	믿음	부담	부러움	불쌍함	불안
뿌듯함	사랑	상쾌함	서러움	수줍음	슬픔	신기함	실망	억울함
역겨움	열정	외로움	우울	자랑	자신감	좌절	즐거움	지루함
질투	짜증	창피함	편안함	포기	행복	화	후회	희망

「감정에 이름을 붙여 봐」에 나온 감정 단어

> 감정 카드 만드는 방법

1. A4 도화지를 8등분으로 접는다.
2. 각 칸에 감정을 나타내는 단어를 쓰고, 그 단어에 어울리는 그림을 그린다.
3. 도화지를 여러 장 나눠 주어 감정 카드의 종류를 다양하게 만들게 한다.
4. 감정 카드 그림이 완성되면 접은 선을 따라 오린다.
5. 개인별로 카드를 지퍼백에 넣거나, 구멍을 뚫고 고리에 걸어 보관하도록 한다.

감정 출석부 쓰기

아침에 등교하면 자신이 만든 감정 카드 중에서 그날의 감정을 나타내는 카드를 고른다. 고른 감정 카드를 감정 출석부에 붙이고, 포스트잇에 그 감정에 대한 한 줄 글쓰기를 써서 감정 날씨 판에 붙인다. 전날 있었던 일을 떠올리거나, 아침에 등교하며 있었던 일, 등굣길 풍경을 생각하며 감정 카드를 골라 글을 적을 수 있고, 그날 학교 시간표를 생각하며 기대나 설렘의 감정을 표현할 수도 있다. 자신의 감정을 매일 표현하고 다른 사람들의 감정을 살펴보면서 학생들은 공감과 배려를 배우며 성장한다.

> 감정 출석부 쓰는 방법

1. 자신의 감정을 표현할 수 있는 감정 카드를 하나 골라 감정 출석부에 붙인다.

2. 포스트잇을 이용해 그 감정 카드를 고른 자신의 마음 상태를 한 줄 글로 쓴다.
3. 감정 날씨 판에 자신의 감정에 대한 글을 쓴 포스트잇을 붙인다.
4. 하교 전 감정 출석부의 감정 카드를 떼어 지퍼백이나 고리에 걸어 보관하고, 감성 날씨 판에 있는 포스트잇은 떼어서 자신의 배움 노트에 붙인다.

> 감정 날씨 판에 쓰는 내용

1. 전날 있었던 일을 생각하며 쓴다.
   (예) 어제 놀이터에서 친구와 놀다가 친구가 내 다리에 걸려 넘어져서 미안했다. / 할머니가 돌아가시고 얼마 뒤에 할아버지가 돌아가셔서 엄마가 많이 슬퍼하셨다. 나도 슬프다.
2. 아침에 일어났을 때의 상황이나 감정을 생각하며 쓴다.
   (예) 아침에 늦잠을 자서 학교에 지각할까 봐 걱정하며 떨리는 마음으로 학교에 왔다. / 밤에 무서운 꿈을 꾸었는데 아침에 일어났는데도 계속 무섭다.
3. 아침 등굣길에 보고 듣거나 촉감으로 느낀 것 등 관찰한 것을 쓴다.
   (예) 비가 많이 와서 우산을 쓰고 왔는데도 신발과 바지가 다 젖어 찝찝하고 축축하다. / 아침에 학교 오는데 새소리가 크게 들렸다. 새소리를 들으며 학교에 오니 더 신이 났다.
4. 학교 교과 시간이나 하루 일과를 생각하며 쓴다.
   (예) 오늘 체육 시간에 좋아하는 배구를 해서 기대된다. / 연극 수업이 있는 날이라 오늘은 어떤 수업을 할지 궁금하다. / 학원에서 영어 시험을 보는데 공부를 많이 하지 않아서 긴장된다.

자신이 만든 감정 카드에서 자신의 감정을 골라 감정 출석부에 붙인다.

감정 카드를 고른 이유를 포스트잇에 적어 감정 날씨 판에 붙인다.

그림책 「아마도 너라면」
코비 야마다 글, 가브리엘라 버루시 그림, 상상의힘

쉬운 문장과 아름다운 그림으로 우리 안에 가지고 있는 무한한 가능성과 단 한 번뿐인 삶의 소중함을 깨닫게 한다. 아이들에게 할 수 있다는 의지를 갖게 하고, 어른에게는 힘겨운 시간을 이겨 내라고 응원의 메시지를 보낸다. 자신을 긍정적으로 생각하게 하는 그림책으로, 필사를 하기에 적합하다.

마음에 남는 문장 필사하기

필사(筆寫)는 '베끼어 씀'이라는 뜻으로, 말 그대로 글을 그대로 베껴 쓰는 것을 말한다. 좋은 글을 베껴 써 보며, 글을 깊이 있게 읽을 수 있을 뿐 아니라 자기만의 방식으로 글을 해석할 수 있다. 그림책을 읽고 마음에 남는 문장을 필사하며 학생들은 다양한 문체를 익히고 어휘력을 증진시키면서 자신의 삶에 비추어 생각을 표현하고 글로 나타낼 수 있다.

아침 활동으로 그림책 필사를 하기 위해 필사 공책을 마련한다. 필사 공책은 학년에 따라 줄 공책을 이용할 수 있지만, 중학년부터는 글을 필사하고 생각과 느낌을 적은 다음 그림을 그릴 수 있도록 줄이 없는 공책이나 수첩으로 제공한다. 스프링으로 된 줄 없는 작은 수첩, 제본된 무지 수첩, 드로잉 북 형식의 공책을 준비하면 좋다. 새 학기를 시작하면서 필사를 시작할 수 있도록 공책은 새 학기 첫날에 나눠 준다.

아침 활동으로 그림책을 매일 읽으며 필사를 하기 위해 3월 첫 주에 필사 방법을 안내한다. 필사를 처음 하는 학생들에게 그림책 「아마도 너라면」을 소개하면 좋다. 자신을 소중하게 여기고 존중하는 마음을 갖게 하는 좋은 문구들이 아름다운 그림과 함께 나오기 때문이다. 자신에게 보내는 응원의 메시지를 읽으며 학생들은 자신이 소중한 존재이며 무한한 가능성이 있는 존재임을 깨닫게 된다.

그림책을 읽은 다음 필사를 하기 전, 한 명씩 일어나 가장 마음에 남는 문장이나 인상 깊은 문장을 이야기한다. 자신뿐 아니라 친구들이 선택한 문장을 들어 보며 학생들은 공감과 소통 능력을 키운다. 그림책 내용을 자신만의 글로 소화하기 위해서도 문장을 그대로 베껴 쓰고 생각과 느낌을 적어 보는 활동을 하면 좋다. 각자 자신들에게 의미 있는 문장을 필사하고, 그 문장에 대한 자신의 경험이나 느낌 등을 적게 한다.

1학기에 교사가 그림책을 선정하여 읽어 주었다면, 2학기에는 학생들이 순서를 정해 한 명씩 돌아가면서 그림책 읽어 주기를 한다. 골라 온 그림책을 반 학생들에게 읽어 주고, 읽어 준 학생이 필사를 했으면 좋겠다고 생각하는 문장을 정한다. 그 문장을 정한 이유를 반 학생들에게 이야기하고 모두가 그 문장을 필사한다. 문장 필사가 끝나면 그 문장에 대한 자신의 생각이나 느낌을 한 줄 글쓰기로 적어 발표한다.

주로 필사 공책에 그림책 문장을 필사하지만, 가끔은 검은 도화지에 은색 네임펜이나 젤펜을 이용하여 필사하도록 해도 좋다. 매일 그림책을 읽고 필사를 하면서 학생들은 그림책을 더 깊이 이해하고 자신의 삶을 되돌아볼 수 있다.

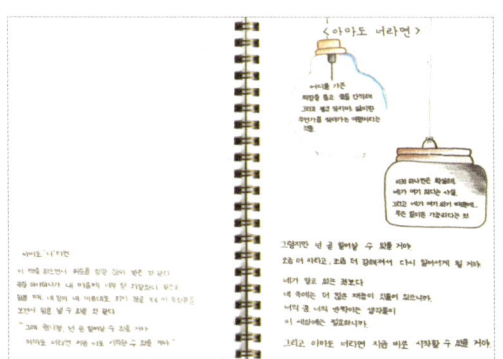
「아마도 너라면」 필사

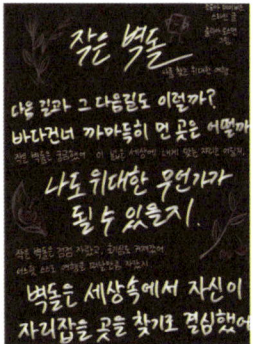
「작은 벽돌」 필사

「소년과 두더지와 여우와 말」
찰리 맥커시 글·그림, 상상의힘

소년이 집으로 가는 길에서 두더지, 여우, 말을 차례로 만난다. 소년은 삶에 대해 궁금한 점이 많고, 두더지는 케이크에 집착하며, 상처가 있는 여우는 친구들의 이야기를 들어주는 편이고, 덩치가 큰 말은 많은 경험과 지혜가 있다. 특별한 네 친구가 관계를 맺으며 서로 주고받는 대화를 통해 삶이란 무엇인지, 삶에서 가장 중요한 것은 무엇인지 생각하게 한다.

긴 호흡으로 필사하기

그림책 한 권을 읽고 마음에 드는 문장을 골라 필사를 할 수도 있지만, 한 권의 책을 매일 한 장씩 읽으며 문장을 필사하는 방법도 있다. 「소년과 두더지와 여우와 말」은 각 장에 나오는 글의 의미를 생각하며 자신의 삶을 돌아보고 생각을 표현하기에 적합한 그림책이다. 장마다 나오는 짧은 대화글이 자신의 현재 상태에 대한 질문을 끌어 내어, 스스로 그 질문에 답하며 활동하기 좋다. 그림책 작가를 소개하고 그림책 앞부분에 실린 작가의 말을 함께 읽은 다음, 학생들과 이야기를 나눈다.

교사	"난 아주 작아" 말하는 두더지에게 소년은 "네가 이 세상에 있고 없고는 엄청난 차이야"라고 말했는데, 이 말의 의미는 무엇일까요?
학생 1	아주 작아도 이 세상에 있는 건 중요하다는 의미 같아요.
학생 2	보잘것없이 느껴져도 아주 소중한 존재라는 말 같아요.
교사	이 문장을 나에게 하는 질문으로 바꿔 볼까요?
학생 3	잘하는 것이 없는 나도 이 세상에 있다는 것으로 큰 의미일까?
학생 4	내가 이 세상에 있다는 것이 어떤 차이를 가져오는 걸까?

학생들과 한 문장으로 질문을 만들고 이야기를 나눈 뒤, 필사 공책에 그림책 문장을 쓰고 자신의 생각과 느낌을 적게 한다. 시간을 많이 쓸 수 없는 아침 활동이기 때문에 그림은 그리지 않는다. 하지만 그림책의 그림이 너무 아름다워서인지 많은 학생들이 쉬는 시간을 이용해 필사 공책에 그림을 그려 넣는 모습을 볼 수 있다. 매일 꾸준히 한 장의 문장을 필사하고 자신의 생각을 한 줄 글쓰기로 표현하면 3개월 뒤에 나만의 「소년과 두더지와 여우와 말」 책이 탄생한다. 그림책의 좋은 문장을 보고,

생각을 나누고, 글로 표현하는 활동을 꾸준히 하며 학생들은 자연스럽게 삶을 글로 표현하고 문학적 감수성을 키우게 될 것이다.

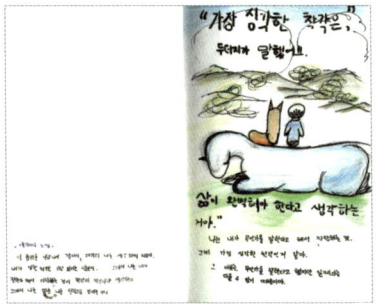

함께 읽으면 좋은 그림책

+ 「마음 의자」 허아성 글·그림, 리틀씨앤톡
+ 「상자 안에 무엇이 있을까?」 다리오 알비시 글, 아멜리 그로 그림, 시원주니어
+ 「작은 당부」 제인 고드윈 글, 안나 워커 그림, 모래알
+ 「첫 번째 질문」 오사다 히로시 글, 이세 히데코 그림, 천개의바람

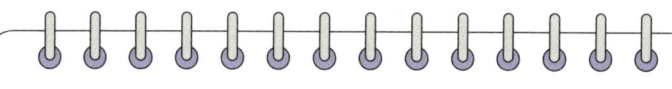

감사

좋은 하루 보내기

감사하며 사는 사람일수록 행복감이 높고 미래에 대해 더 낙관적으로 느낀다고 한다. 감사란 자신에게 주어진 것들을 당연하게 받아들이지 않고 고맙게 생각하는 것이다. 일상에서 감사할 줄 아는 사람은 행복을 자주 경험하며, 동시에 타인도 행복하게 만든다. 감사하는 태도가 삶에 긍정적인 변화를 가져와 행복을 증가시키기 때문이다.

최근 여러 연구에 따르면 감사하는 태도와 습관은 본능으로 타고나는 것이 아니라, 삶의 덕목으로서 학습과 일상의 실천을 통해 길러질 수 있다고 한다. 평범한 일상에서 감사함을 느끼고 표현하기란 생각만큼 쉬운 일이 아니다. 매일 꾸준히 실천하는 습관으로 자리매김할 수 있도록 학생들에게 특별한 도움을 주자.

그림책은 행복과 감사를 배우고 실천하는 데 좋은 교재가 된다. 학생들과 함께 그림책을 읽으며 감사한 순간을 찾아 이야기를 나누어 보면 좋겠다. 이를 통해 다 함께 기분 좋은 하루를 보낼 수 있을 뿐 아니라 학생들의 행복을 위해서도 매우 의미 있는 활동이 될 것이다. 학급 구성원 모두가 감사하며 보내는 좋은 하루들이 차곡차곡 쌓여서, 모두 행복한 일상을 보낼 수 있기를 바란다.

그림책 「첫 번째 질문」
오사다 히로시 글, 이세 히데코 그림, 천개의바람

담백하고 다정하게 일상의 소중함을 노래하는 오사다 히로시의 시와 맑고 아름다운 이세 히데코의 수채화가 더없이 잘 어울리는 시그림책이다. 마음속에 잔잔한 물결을 일으키는 많은 질문들에 대해 깊이 생각하다 보면 무심히 지나쳤던 순간들이 얼마나 아름답고 소중한지 새삼 깨닫게 된다.

좋은 하루는 어떤 하루일까

학생들과 함께 그림책 「첫 번째 질문」을 같이 읽는다. 그림책의 장면과 질문에 담긴 의미를 생각하고 음미할 수 있도록 천천히 읽어 준다. 책을 읽고 나서 학생들에게 그림책에서 가장 인상적이었던 질문은 무엇이었는지 물어보았다. 학생들은 좋은 하루란 어떤 하루인지, "고마워!"라고 말한 적이 있는지, "아름다워!"라고 망설임 없이 말할 수 있는 것은 무엇인지, 행복이란 무엇인지 등의 질문을 꼽았다. 여러 질문들 중 '좋은 하루란 어떤 하루인가요?'를 주제로 이야기를 나눈다.

학생 1   좋은 하루는 재미있는 일이 있었던 하루입니다. 친구들과 신나게 축구를 하며 노는 것이 제일 좋습니다.

학생 2   좋은 하루는 기분 좋은 말을 들은 날입니다. 선생님이나 부모님께

	칭찬을 받은 날은 하루 종일 행복합니다.
학생 3	여행을 가서 맛있는 음식을 먹은 날이 가장 좋은 하루였습니다.
학생 4	다른 사람들을 도와주어서 마음이 뿌듯한 하루가 좋은 하루입니다.

이어서 각자가 생각하는 '좋은 하루'를 마인드맵으로 정리한다. 함께 이야기를 나누고 마인드맵 활동을 하면서 학생들은 좋은 하루가 대체로 가족이나 친구, 또는 이웃과 연결되어 있다는 것을 발견한다. 기쁘고 행복한 순간이 대부분 '누군가'와 함께하고 있을 때라는 사실을 깨닫게 되는 것이다. 미처 느끼지 못한 순간에도 세상은 나와 함께하며 끊임없이 도움을 주고 있다는 것을 의식하게 되면서, 학생들은 우리를 둘러싸고 있는 관계의 소중함을 느끼고 새삼 감사하게 된다. 「첫 번째 질문」에서 '좋은 하루란 어떤 하루인가요?', '오늘 "고마워"라고 말한 적이 있나요?'라는 두 질문 역시 연결되어 있음을 알게 된다.

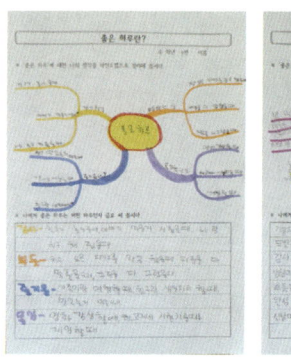 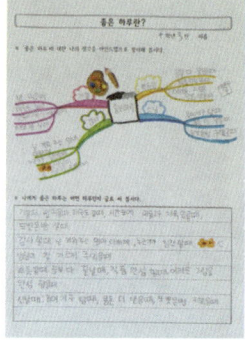 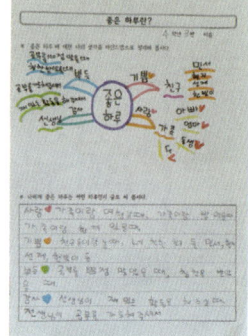

감사의 순간 포착하기

일상생활을 잘 들여다보면 당연히 여기고 무심히 지나쳤던 많은 순간들이 있다. 그 순간들을 감사하는 시선으로 다시 보면, 삶의 곳곳에서 기쁨과 감사의 순간을 찾을 수 있다. 하루 일과를 돌아보며 감사한 순간을 찾아보는 습관을 들이면 좋은 하루, 더 나아가 행복한 삶을 사는 데 큰 도움이 된다.

생활 속에서 꾸준히 찾은 감사의 순간들을 패들렛을 이용해 감사 통장으로 만드는 활동을 해본다. 매일 감사한 일을 찾아 사진과 글로 패들렛에 올리면, 그 글을 읽은 친구들은 서로 댓글을 달아 준다. 패들렛으로 감사 통장에 감사의 순간들을 쌓고 서로 격려하며, 학생들은 일상의 소소한 감사 경험들을 함께 나눌 수 있다. 이를 통해 하루의 모든 순간들이 감사한 일로 가득하다는 것을 알게 된다. 무수히 많은 감사의 순간들을 떠올리며 저절로 감사하는 마음을 갖게 되는 것이다.

감사하는 습관 만들기

세상에 존재하는 모든 것들은 서로 유기적으로 연결되어 있고, 그 안에서 영향을 주고받으며 살아간다. 그런 까닭으로 일상의 모든 것들이 감사한 일이며, 나 자신에게 감사하고 가족과 친구, 이웃들에게도 감사하다. 살아있는 생명, 자연환경, 우리들이 사용하는 수많은 물건들도 감사의 대상이 된다. 삶의 모든 순간을 특별한 선물로 여기고, 매일 꾸준히 감사의 마음을 갖는 것은 좋은 하루, 행복한 삶을 위한 첫걸음이다.

  감사 습관을 갖기 위해 매일 꾸준히 '좋은 하루' 공책에 감사한 것을 적도록 한다. 좋은 하루 공책은 다음 주에 실천할 세 가지 목표, 좋은 글이나 명언, 감사, 하루 한 권의 독서 등을 기록하는 공책으로, 학생마다 한 권씩 마련하여 꾸준히 적게 하면 좋다. 좋은 하루 공책의 '감사' 코너에 나 자신, 다른 사람(가족, 친구, 이웃 등), 나의 삶(물건, 자연, 의식주, 일) 등 내 주변의 모든 것들에 대해 감사한 일을 찾아 매일 감사한 마음을 적게 한다. 좋은 하루 공책을 통해 목표를 설정하여 기록하기, 매일 감사함을 느끼고 표현하기 등을 꾸준히 실천하면서 학생들은 좋은 습관, 좋은 하루를 쌓아 가게 될 것이다.

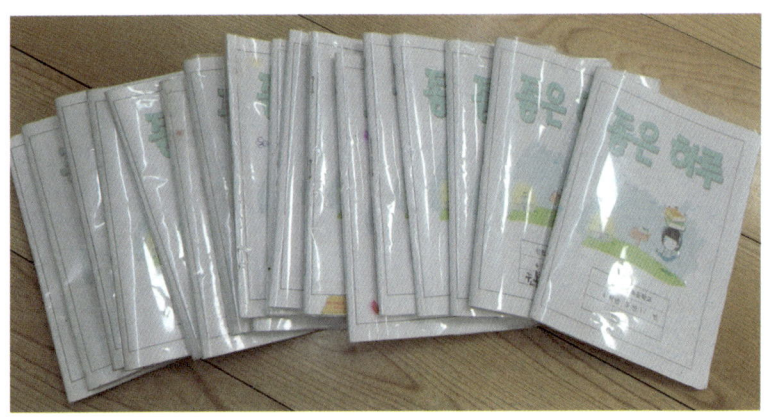

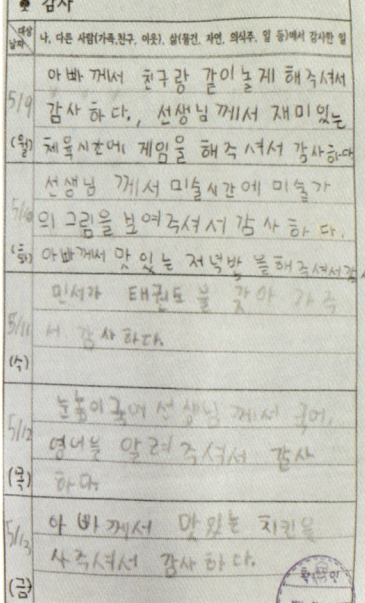

그림책 「밤의 노래」

천미진 글, 곽수진 그림, 다림

불을 환히 켜 놓고 우리의 밤을 지키는 이들이 있다. 119 구급차와 소방차는 망설임 없이 달려가고, 깨끗한 거리를 위해 환경미화원의 빗자루는 경쾌하게 움직인다. 등대의 불빛, 고깃배의 어부, 비행기 안의 조종사와 승무원, 공사장에서 일하는 사람들과 택배 배달원, 철책을 지키는 군인들…. 밤의 노래가 세상을 따스하게 감싸는 모습을 보며, 우리의 평온한 일상을 위해 깨어 있는 이웃들에 대해 감사하게 된다.

감사 나무 책 만들기

매일의 감사한 순간을 떠올리며 함께 협동 그림책을 만들어 본다. 우리가 편안하고 행복하게 살아갈 수 있도록 보이지 않는 곳에서 도움을 주는 수많은 대상들에게 구체적으로 감사함을 표현하고, 그 내용을 엮어서 한 권의 학급 그림책으로 만든다. 이때 감사한 대상을 자신과 가족, 학교, 이웃, 자연, 사물 등으로 나누어 생각하도록 하면, 좀 더 구체적이고 다양한 감사 활동이 이루어진다.

나무 모양 도안이 그려진 색도화지와 색연필, 사인펜 등의 채색 도구, 풀, 가위, 다양한 열매 모양으로 오린 작은 종이를 준비한다. 나무의 외곽선을 따라 나무 도안을 오려 내고, 각자가 느꼈던 감사한 일들을 열매 모양의 종이에 적은 다음 나무에 붙인다. 감사 열매가 있는 나무를 각자 원하는 대로 예쁘게 꾸며 완성한 다음, 학생들이 만든 감사 나무를 모두 연결하여 학급의 감사 나무 그림책[1]으로 완성한다.

---

1 『ARBRE』(Amandine Laprun) 그림책의 형식 참고

감사 표현하기

그림책 「밤의 노래」를 읽고, 보이지 않는 곳에서 우리의 삶을 보살펴 주는 사람들을 생각하며 함께 이야기해 본다. 학생들은 눈에 보이지 않는 다양한 곳에서 수많은 사람들이 묵묵히 일하고 있음을 알게 된다. 우리들이 편안하게 살아갈 수 있는 것도 자신의 자리에서 수고로움을 마다하지 않고 땀 흘리며 일하는 이들이 있기 때문임을 실감한다.

학생 1   학교 화장실이나 복도를 깨끗하게 청소해 주시는 분이 정말 감사해요.

학생 2   교문 앞에서 매일 우리를 반겨 주시고, 학교를 지켜 주시는 배움터 지킴이님이 생각납니다.

학생 3   우리에게 맛있는 급식을 주시는 영양사 선생님, 조리사님들이 고맙습니다.

학생 4   밤중에 갑자기 배가 아파서 응급실에 실려 갔는데, 그때 저를 치료해 주신 간호사님이 참 고마웠어요.

그 밖에도 의사, 군인, 소방대원, 환경미화원 등 정말 많은 분들이 곳곳에서 세상을 밝게 해 주는 것에 감사하며, 주변의 감사한 사람들에게 직접 마음을 전해 본다. 먼저 종이 접시, OHP 필름, 도일리 페이퍼, 풀, 유성 매직이나 네임펜, 편지지와 편지 봉투 등을 준비한다. 감사의 마음을 담은 글귀를 생각하고, OHP 필름에 유성 매직이나 네임펜으로 자유롭게 디자인하여 쓰도록 한다. 감사 글귀는 인터넷 검색을 통해 예쁜 캘리그래피를 보고 따라 쓰는 것도 가능하다. 그다음, OHP 필름을 둥글게 잘라 도일리 페이퍼에 붙인다. 마지막으로 종이 접시에 감사의 글귀가 적힌 도일리 페이퍼를 붙이고, 가장자리를 예쁘게 꾸민다.

  종이 접시 꾸미기를 완성하면, 각자 감사한 마음을 전하고 싶은 대상에게 편지를 쓰고 작은 음료수와 함께 마음을 전한다. 자신이 만든 예쁜 접시에 간식이나 음료수를 담아 배움터 지킴이님, 조리사님 등 고마운 분들께 전하며 학생들은 무척 뿌듯해하고 기뻐하였다. 누군가에게 감사한 마음을 전하는 일이 결국은 자신을 더 행복하게 한다는 것을 깨닫게 된다.

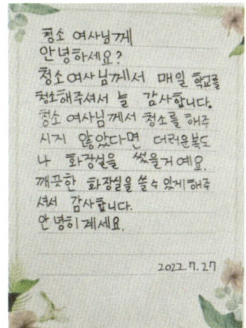 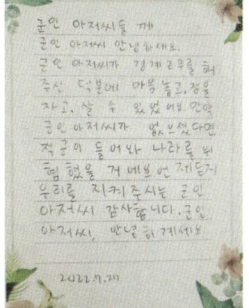 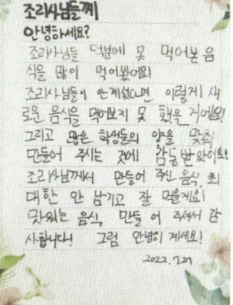

매일 좋은 하루를 보내며 감사하는 삶은 우리가 꿈꾸는 행복한 삶의 모습일 것이다. 학생들이 진심으로 감사함을 느끼고 일상에서 자연스럽게 표현할 수 있도록 꾸준히 교육하고 연습의 기회를 주자. 학생들이 따뜻하고 섬세한 눈으로 주변을 보며, 우리를 지켜 주고 도와주는 손길들에게 감사의 마음을 표현할 수 있기를 바란다. 또한 좋은 하루를 보내는 감사 활동이 일회성 활동이 아니라 습관이 되고 내면화될 수 있도록 지속적인 관심과 노력이 필요하다. 가정과 학교, 이웃과의 관계에서 일상적으로 감사를 표현할 수 있도록 실천적인 프로그램이나 프로젝트를 기획하여 꾸준히 진행하면 더 의미 있을 것이다.

함께 읽으면 좋은 그림책

- 「우리가 잠든 사이에」믹 잭슨 글, 존 브로들리 그림, 봄볕
- 「대추 한 알」장석주 글, 유리 그림, 이야기꽃
- 「고맙습니다」박정선 글, 백보현 그림, 한울림어린이
- 「어둠을 치우는 사람들」박보람 글, 휘리 그림, 노란상상

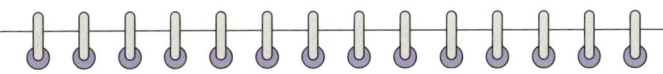

발표

당당하게 말하는 멋진 나

코로나 팬데믹 기간 동안 학생들은 온라인 재택 학습을 하면서 혼자서 문제를 풀거나 학습하는 시간이 많았다. 이제 상황이 어느 정도 진정되어 등교를 하지만, 학생들은 여전히 마스크로 입을 가리고 되도록 다른 사람과 이야기하는 것을 자제하라고 권고받는다. 수업을 하다 보면 그 때문에 생기는 여러 가지 어려움이 느껴진다. 필요 이상 긴장하면서 발표를 하지 않으려는 학생들이 많아지고, 이야기를 하더라도 목소리가 작아서 도저히 들을 수 없는 경우도 많다. 다른 사람의 말을 집중해서 경청하지 않는 학생들도 전보다 훨씬 늘었다. 수업 분위기는 좀 더 조용해진 반면, 활발하게 의견을 주고받으며 의사소통하는 모습은 보기 힘들어졌다.

학생들이 발표 불안을 줄이고 자신의 의견을 적당한 목소리로 편안하게 표현할 수 있도록 그림책을 활용한 수업을 진행하였다. 그림책을 읽으며 자신의 상태를 확인하고 발표를 잘하기 위한 여러 활동을 하면서 기본 학습 습관을 자연스럽게 기를 수 있다.

그림책 「틀려도 괜찮아」
마키타 신지 글, 하세가와 토모코 그림, 토토북

그림책 「틀려도 괜찮아」는 학생들에게 틀려도 괜찮으니 그냥 손을 들라고 한다. 일어서는 순간 머릿속이 하얘지고 아무 생각도 나지 않는 학생들에게, 친구들의 수군거리는 소리가 들리는 것 같아 발표를 망설이는 학생들에게, 교실은 틀려도 괜찮은 곳이며 틀리면서 점점 답을 찾아가는 안전한 곳이라고 말해 준다. 친구들의 시선에 기죽지 말고 당당하게 발표하다 보면 점점 잘하게 된다고 격려한다.

발표 불안 경험 나누며 긴장 빼기

그림책을 읽기 전에 '도전! 빵점 퀴즈'를 풀어 본다. 발표가 두려운 이유는 내가 생각한 답이 틀릴지 모른다는 불안 때문이다. 틀려도 괜찮다는 생각이 들도록 정답을 맞히려고 고민하기 전에 이것저것 먼저 말해 보는 연습을 한다. 빵점 퀴즈는 틀린 답을 말해서 문제를 모두 틀리면 0점이 되는데, 0점을 맞는 것이 100점으로 인정되는 놀이다. 정해진 틀을 벗어나, 한 개의 답만 존재하는 것이 아니라 오히려 여러 가지 답이 있을 수 있음을 일깨워 준다.

- 도전! 빵점 퀴즈 예

  1. 우리 반은 몇 반일까요? (해당 반 말고 모든 반)
  2. 원숭이가 가장 좋아하는 과일은? (바나나 말고 모든 과일. 사과, 딸기, 자두 등)

3. 학교에서 책을 빌리고 읽는 곳은 어디인가요? (도서관 말고 급식실, 화장실, 보건실 등)

4. 우리나라의 꽃은 무엇일까요? (무궁화 말고 장미, 나팔꽃, 개나리 등)

5. 여름이 가고 오는 계절은 무엇인가요? (가을 말고 봄, 겨울, 여름)

6. 담임선생님 이름은 무엇일까요? (○○○ 말고 모든 이름)

학생들이 처음에는 문제를 푸는 방식을 이해하지 못해 정답을 말하는 학생이 있을 수 있다. 하지만 문제를 풀면서 점점 방법을 알게 되고, 엉뚱한 대답을 들으며 모두 함께 웃게 된다. 수업에서는 학교에서 책을 읽는 곳이 어디냐는 문제에 '화장실'이라고 한 친구가 큰 소리로 대답해 학생들이 특히 즐거워했다. 정답을 이야기해야 한다는 긴장을 풀고 생각나는 대로 마음 편히 말해 보는 활동을 하며, 발표를 어려워하는 학생들도 모두 참여하게 된다.

활동을 하고 그림책 「틀려도 괜찮아」를 함께 읽는다. 이야기의 주인공처럼 답을 알지만 손을 들지 못했던 경험과 그 이유에 대해 함께 이야기 나눈다.

교사	여러분도 주인공처럼 손을 들고 발표를 할까 말까 고민한 적이 있나요?
학생 1	예. 수학 시간에 답은 아는데 손들지 못했어요.
학생 2	국어 시간에 주말에 있었던 일 발표할 때 하고 싶은 이야기가 있었지만 용기가 나지 않았어요.
학생 3	궁금한 것이 있었는데 손들고 물어보지 않았어요.
교사	왜 손을 들고 발표하지 않았나요? 그 이유가 뭘까요?
학생 3	다른 친구들이 그 이야기를 왜 하지 하며 놀릴까 봐 창피해서요.

학생 1   틀릴까 봐 겁이 나요.
학생 2   다른 사람이 하겠지 하고 그냥 있어요.
학생 4   선생님이 시켜야만 해요.

 학생들이 발표를 어려워하는 이유 중 하나는 다른 사람의 반응을 많이 의식하기 때문이다. 학생들이 마음 편히 발표하려면 우리 반의 분위기가 어떤지 살펴볼 필요가 있다. 놀리는 사람은 없는지, 잘 듣고 칭찬하거나 격려하는 사람은 누구인지 학생들과 함께 찾아보고 어떻게 행동해야 하는지 생각해 보는 시간을 갖는다.
 그리고 나서 나에 대한 소개를 담은 '진진가(진짜진짜가짜)' 놀이를 한다. 진진가 놀이는 나에 대한 사실 2가지와 거짓 1가지를 색도화지 절반 크기에 적고, 주먹 만하게 구긴 다음 한데 모아 섞는다. 한 사람씩 나와서 구겨진 색도화지를 한 장 뽑아 문제를 내고, 그 문제를 낸 사람이 누군지를 맞히는 놀이다. 친구들은 발표자의 내용을 잘 듣고 틀린 것 1가지를 찾아내야 한다. 이 활동을 하려면 발표자의 목소리가 커야 모든 학생들이 들을 수 있고, 듣는 사람도 집중해서 들어야 친구에 대한 정보를 얻을 수 있다.
 이 활동은 자신의 이야기가 아닌 다른 사람의 이야기를 하기 때문에 학생들이 부담 없이 발표할 수 있다. 놀이처럼 즐겁게 참여하며 똑바로 서서 바른 자세로 발표할 때의 긴장감을 빼게 된다. 골고루 모든 학생이 발표하도록 한다.

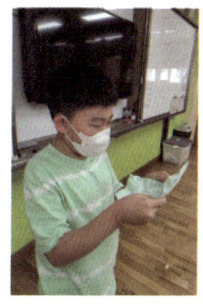 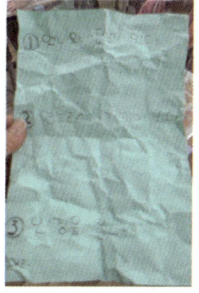 

그림책 「아주 무서운 날」
탕무니우 글·그림, 찰리북

발표를 하는 학생들의 마음을 섬세하게 그렸다. 지진, 해일, 외계인 침공, 커다란 괴물의 눈 등으로 표현한 수업 전날, 관심이 온통 발표 수업에 가 있는 발표 당일 등교 장면, 긴장하고 불안한 아이의 신체 현상을 자세히 묘사한 장면, 발표 후 자리로 돌아갈 때 발을 헛디뎌 넘어지는 장면 등에서 많은 학생들이 공감한다. 자신의 의견을 여러 사람 앞에서 발표하는 일이 학생들에게는 엄청나게 큰일이라는 것을 잘 보여 준다.

발표할 때의 불안 정도 표현해 보기

놀이를 통해 마음의 긴장을 풀고 서로 허용하는 분위기를 만든 다음, 그림책 「아주 무서운 날」을 함께 읽고 자신의 불안 정도를 스스로 점검해 보는 시간을 갖는다. 먼저, 발표하는 모습을 영상으로 촬영하여 다 함께 시청한다. 영상을 다 함께 보기 원하지 않는 학생은 교사와 학생만 함께 본다. 영상을 보면서 자신의 모습을 관찰하도록 하고, 긴장을 하면 어떤 행동이나 동작을 하게 되는지 이야기를 나눈다.

손에서 땀이 나고 가슴이 두근거린다는 등 학생 스스로 인지하는 것들도 있지만, 손톱을 물어뜯거나 고개를 숙이고 실내화를 바라보거나 몸을 흔드는 등 자기도 모르게 하는 동작을 영상에서 발견할 수 있다. 발표할 때 자신의 상태를 진지하게 점검하고, 심리적으로 긴장하거나 불안할 때 자신의 행동이나 신체 변화를 발견하는 활동은 불안을 낮추는 데 도움이 된다. 자신의 모습을 안다고 해서 당장 고쳐지는 것은 아니지만, '내가 이렇게 하고 있구나' 하고 인지하면 불안이 감소할 뿐 아니라 의식적으로 하나씩 고쳐 나갈 수 있다.

'발표력 향상 프로젝트' 사전 설문지에 자신의 발표 불안 정도를 적어 본다. 불안 정도를 글로 쓴 다음 숫자로 표시해 본다. 발표력을 향상시키려면 어떻게 하면 좋을지 방법에 대해서도 스스로 찾아본다.

사전 설문지에 자신의 상황을 적은 다음, 아이스크림 막대로 불안 정도를 표시한다. 막대의 개수로 불안 정도를 나타내는데, 1~5개로 표시할 수 있다. 1개는 발표가 즐겁고 두려움이 거의 없는 단계이고, 5개는 발표가 매우 두렵고 피하고 싶고 여러 가지 신체 증상이 나타나는 단계다. 자신에게 해당되는 단계만큼 막대를 가져오고, 발표할 때 나타나는 자신의 몸 상태나 특이한 행동 등을 막대마다 하나씩 적는다. 뒷면에는 어떻게 하면 이런 행동을 고칠 수 있는지 개선 방법을 적어도 좋다. 발표 불안 증상을 모두 적으면 빵 끈을 활용해 막대를 서로 연결한다.

이 활동을 하며 학생들은 자신의 불안 정도를 점검하게 된다. 수업에서 학생들은 '친구들 앞에 서면 긴장한다, 몸이 떨린다, 말이 생각 안 난다, 많은 사람들이 나만 봐서 부담스럽다, 치마나 바지를 만지게 된다, 막상 발표하려니까 어렵다' 등으로 표현하며 자신의 상태를 알아 갔다. 또 막대 뒷면에 적은 어려움을 해결할 수 있는 방법으로 '말할 내용을 외운다, 천천히 숨을 내쉰다, 아무도 없다고 생각한다, 친한 친구를 보고 말한다, 발표할 때 떨리면 준비를 안 했다고 생각한다' 등 다양한 방법을 제시하였다.

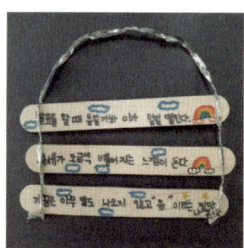  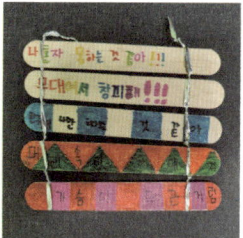

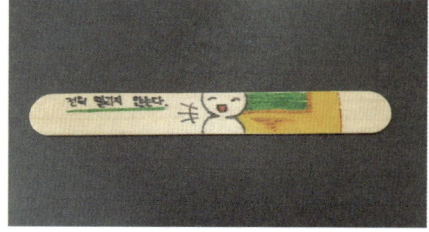 

5단계로 나타낸 발표 불안 정도

발표 불안 해소 연습하기

그림책 「아주 무서운 날」에서 주인공은 새로 산 샤프를 들고 발표를 하는데, 긴장한 탓에 떨어뜨려 발표가 엉망이 되어 버린다. 그림책의 경우와 반대로, 발표를 앞둔 상황에서 마음이 진정되지 않고 불안할 때 나를 편안하게 해 주는 물건이 힘이 되는 경우가 있다.

학생들에게 몸에 지니거나 손에 쥐고 있으면 힘이 되는 물건을 찾아 가져오게 한다. 인형, 지우개, 연필, 책, 종이접기 색종이, 줄넘기, 큐브, 어렸을 때부터 가지고 있었던 헝겊 등 자신이 가져온 물건을 손에 쥐고 발표하도록 하고, 그 물건이 어떤 효과가 있는지, 어떻게 사용하는지 등을 소개하는 시간을 갖는다. 수업에서 학생들은 자신이 좋아하는 물건을 가지고 발표했을 때 훨씬 긴장이 덜 되고 자연스럽게 발표할 수 있었다고 하였다. 학원에서 영어 프레젠테이션을 할 때 물건을 손에 쥐고 발표했더니 떨리지 않고 끝까지 잘할 수 있었다고 말한 학생도 있었다.

초등학교 학생들은 자신의 의견을 긴장하지 않고 평소처럼 자연스럽게 말할 수 있도록 다양한 방법을 찾아 습관을 만들어 주는 것이 중요하다. 떠올리기만 해도 느긋해지고 긴장이 풀리는 물건을 손에 쥐고 발표해 보는 것도 좋은 방법 중 하나다.

용기를 주는 물건들

다양한 주제로 발표하기

발표를 재미있고 편안하게 할 수 있음을 배웠다면, 다양한 주제로 말하기 연습을 해본다. '친구를 도와주었던 일, 크게 혼났던 일, 가장 무서운 것' 등을 적은 발표 주제 카드를 만들어, 학생이 선택하거나 카드 뽑기를 하여 주제에 따라 발표한다. 말하기 곤란하거나 생각이 나지 않는 주제는 통과하고 다시 선택할 수 있도록 한다. 2~3주에 한 번 정도 자신이 발표하고 싶은 주제를 정해 발표 칼럼 쓰기로 확장하면 좋다. 글을 써 보고, 쓴 글을 보면서 발표하면 더욱 자신 있게 발표할 수 있다.

대부분의 학생들이 발표를 꺼리고 피하고 싶어 하지만, 발표에 대한 자신감은 학습에 대한 자신감으로 이어져 이후 학교생활에 큰 영향을 준다. 교실에서 학생들이 관심을 갖는 주제를 찾아 놀이처럼 수시로 말하게 해 주자. 많이, 자주 발표해 보는 것이 자신감을 키우는 가장 좋은 방법이다.

함께 읽으면 좋은 그림책

- 「하나도 안 떨려!」 주디스 비오스트 글, 소피 블랙올 그림, 현암주니어
- 「간장 공장 공장장」 한세미 글, 대성 그림, 꿈터
- 「내가 말할 차례야」 크리스티나 테바르 글, 마르 페레로 그림, 다봄

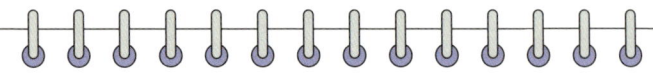

용기와 격려

친구에게 보내는 응원

 수업 도중 화장실에 다녀오겠다던 학생이 체육 시간 매트 운동이 끝날 무렵에야 조용히 들어왔다. 매트에서 구르기를 하는 것이 겁이 나서 숨어 있었다는 아이의 대답을 들으며, 실패할까 봐 걱정하고 두려워하는 모습이 몹시 안타까웠다. 성적이 좋지 않거나, 발표나 달리기를 못해서 불안해하고 의기소침해하는 학생들을 자주 만나게 된다. 학생들이 걱정과 두려움에 지지 않고 당당히 맞서는 용기를 가질 수 있도록, 어려움에 굴하지 않고 힘차게 자신의 삶을 살아갈 수 있도록 응원과 격려가 필요하다.

 심리학자 알프레드 아들러는 "만일 나의 아이들에게 단 하나의 재능을 줄 수 있다면 용기를 주겠다"는 말을 하였다. 굳이 저명한 심리학자의 말을 빌리지 않아도 일상의 삶에서 용기는 매우 중요하다. 두려움 없이 확신을 갖고, 어려운 상황에서도 담대하게 나아가는 용기가 있다면 삶의 많은 문제들을 해결하고 행복한 삶을 누릴 수 있을 것이다. 용기를 기르려면 어떻게 해야 할까? 스스로의 노력도 필요하지만, 서로 힘이 되어 주고 함께하며 응원과 격려를 아끼지 않을 때 더 큰 용기가 생긴다. 그림책이 주는 용기와 격려, 학급 친구들이 주는 용기와 격려를 느끼며 학생들은 어려움을 이겨 내고 노력하며 앞으로 나아갈 수 있을 것이다.

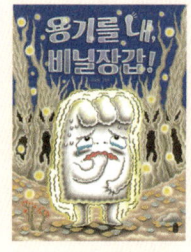

그림책 「용기를 내, 비닐장갑!」
유설화 글·그림, 책읽는곰

장갑 초등학교의 별빛 캠프가 열리는 날, 얇고 투명해서 모든 것이 걱정인 비닐장갑은 친구들과 함께 산에 오른다. 그런데, 어두운 산길에서 선생님과 장갑 친구들이 낭떠러지로 굴러떨어지고 말았다. 비닐장갑이 혼자서 산속을 내려가 선생님과 친구들의 위험을 알려야 하는 상황, 겁 많은 비닐장갑은 캄캄한 어둠이 무서웠지만 결국 용기를 내어 특별한 기지를 발휘한다.

그림책으로 이야기 나누기

「용기를 내, 비닐장갑!」은 걱정과 두려움으로 자신감을 잃은 아이들에게 당당히 두려움에 맞설 수 있는 용기를 선물한다. 그림책을 읽기 전에 학생들과 함께 긴장되거나 두려웠던 경험에 대해 이야기를 나눈다.

학생 1	친구들 앞에서 발표를 할 때 긴장되거나 떨립니다.
학생 2	잠자다가 깼는데, 캄캄한 방에 혼자 있을 때 무서웠습니다.
학생 3	처음 수영장에 갔을 때 물에 빠질까 봐 떨렸습니다.
학생 4	체육 시간에 선생님이 한 사람씩 해보라고 할 때 떨립니다.
학생 5	시험 볼 때 모르는 문제가 많아서 빵점 맞을까 봐 걱정됩니다.

걱정과 고민을 함께 나누며, 학생들은 누구나 다양한 상황 속에서 걱정과 두려움을 느낀다는 것을 알게 된다. 각자의 고민과 두려움에 대해 이야기한 뒤, 「용기를 내, 비닐장갑!」을 읽는다. 학생들은 별빛 캠프를 앞두고 온갖 걱정과 불안으로 벌벌 떨던 주인공 비닐장갑이 용기를 내어 문제를 해결하는 모습을 보며 깊이 공감하게 된다. 비닐장갑의 이야기를 읽고, 서로 느낀 점을 이야기 나눈다.

학생 1 바람에 날아갈까 봐 벌벌 떠는 비닐장갑이 불쌍했는데, 나중에 용기를 내는 모습이 훌륭했습니다.
학생 2 비닐장갑은 가벼워서 낭떠러지에서 떨어지지 않았는데, 자기의 좋은 점을 알고 힘을 냈으면 좋겠어요.
학생 3 반딧불이를 생각한 것도 좋았어요. 위급한 상황에서 그런 생각을 해낸 것은 정말 대단해요.
학생 4 투명한 것은 비닐장갑만의 장점이라고 생각합니다. 무엇이든 다 보이니까, 원하는 대로 모습을 바꿀 수가 있어요.
학생 5 비닐장갑이 자신의 장점을 알고 자신감을 가졌으면 좋겠습니다.

얇고 가벼운 비닐장갑은 늘 위축되고 자신감 없는 겁쟁이였지만, 투명한 자신의 장점을 떠올리고 용기를 내어 문제를 해결하였다. 그림책을 읽고 나서 학생들은 때로 약점이 강점이 될 수 있으며, 누구나 자신만의 장점을 갖고 있다는 것을 알게 된다.

용기 충전소로 격려하기

걱정이 많은 비닐장갑처럼 학생들도 저마다 고민이나 나누고 싶은 이야기가 있다. 고민이 있는 친구에게 용기와 격려를 전할 수 있는 '용기 충전소'를 만든다. 용기 충전소는 패들렛에 각자의 고민을 올리면 친구들이 서로 조언하고 격려해 주는 온라인 소통 공간이다. 패들렛에 익명으로 쓴 고민에 대해 친구들은 조언이나 격려의 답글을 달아 준다. 고민에 대한 답글을 쓸 때는 책임감을 갖도록 작성자의 이름을 쓰게 한다.

용기 충전소에는 학생들이 쉽게 공감할 수 있는 고민들이 많이 올라온다. 학업, 친구나 동생과의 관계, 과식이나 핸드폰 사용, 진로 등에 대해서 많은 학생들이 고민을 올렸다. 온라인 소통 공간 '용기 충전소'에서 학생들은 서로의 고민에 공감하며 진심을 담아 조언하고 격려하는 모습이었다. 친구들의 진지하고 의젓한 응원 덕분에 고민을 덜고 마음이 따뜻해졌다는 의견이 많았다.

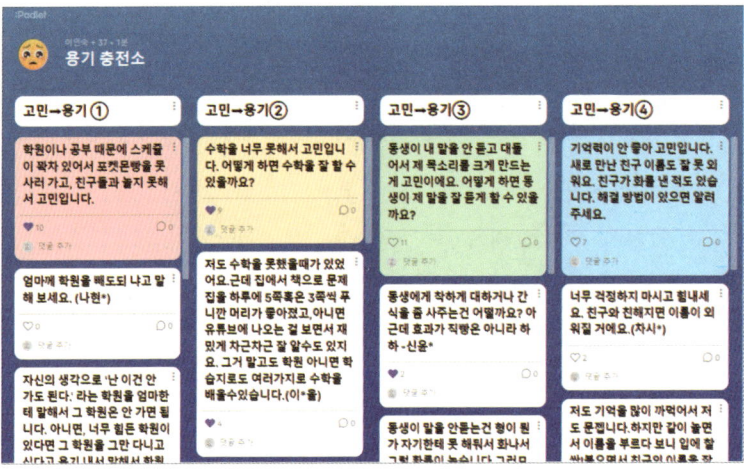

친구들을 응원하는 온라인 소통 공간

응원 선물 나누기

용기 충전소의 격려 글을 읽으며 학생들은 마음을 담은 따뜻한 글이 누군가의 고민을 덜고 용기를 줄 수 있다는 것을 알게 된다. 이어서 자기 자신, 또는 친구에게 힘이 나는 말, 용기를 샘솟게 하는 말을 담아 응원 선물을 만든다.

활동 방법

- 준비물 : A4 용지, 투명 비닐장갑, 유성 매직 또는 네임펜, LED 티라이트, 투명 컵 / 토퍼 도안, OHP 필름, 풀, 가위, 채색 도구, 토퍼 막대, 스카치테이프
1. 흰색 A4 용지에 장갑을 스케치하고, 장갑 안에 용기와 격려의 말을 써서 예쁘게 꾸민다.
2. 종이 장갑을 오려, LED 양초와 함께 비닐장갑 안에 넣고 불을 켠다.
3. 격려 토퍼[2]도 함께 만든다. 미리캔버스에 접속하여 '메뉴 – 텍스트'를 클릭한 다음, 원하는 글꼴을 선택하여 격려와 응원의 문구를 쓴다.
4. 글자 색은 흰색, 외곽선은 검은색으로 지정하고 두께를 원하는 만큼 조절한다. 자간과 행간도 원하는 대로 조절할 수 있다.
5. '메뉴 – 요소'를 클릭하여, 원하는 그림을 검색하여 삽입한다.
6. 도안이 완성되면 예쁘게 꾸민 뒤 오려 내어 OHP 필름에 붙인다.
7. 스카치테이프로 토퍼 막대를 붙여 격려 토퍼를 완성한다.

---

2 유튜브 토니배블만만세 참고

격려의 말을 담고 환하게 불을 밝힌 비닐장갑과 토퍼는 학생들의 기분 좋은 탄성을 자아낸다. 정성껏 만든 응원의 선물을 친구나 가족에게 선물하며 서로 격려하는 시간을 가지면 더욱 의미있다.

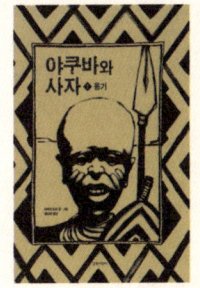

그림책 「야쿠바와 사자」
티에리 드되 글·그림, 길벗어린이

아프리카의 어느 작은 마을에 사는 소년 야쿠바는 사자를 찾아 길을 떠난다. 마을의 전사가 되기 위해서는 용감하게 사자와 홀로 맞섬으로써 모두에게 용기를 보여야만 하기 때문이다. 드디어 야쿠바는 사자를 만나지만, 쓰러진 사자는 말한다. 만일 피 흘리고 있는 자신을 죽이면 모두에게 전사로 인정을 받을 것이고, 자신을 살려 준다면 고귀한 마음을 가진 어른이 되는 대신 따돌림을 받을 것이라고. 야쿠바는 과연 어떤 선택을 할까?

가치 수직선 토론하기

가치 수직선 토론이란 논제에 대한 개인의 의견을 수직선 위에 표시한 뒤, 의사 결정의 이유를 적고 토론하는 기법이다. 특정 가치에 대한 생각이나 기준은 사람마다 각기 다를 수 있다. 하나의 가치에 대해 찬성과 반대로만 중요도를 따질 수 없는데, 가치 수직선 토론은 가치에 대한 서로 다른 생각이나 판단을 한눈에 볼 수 있어 교육적인 효과가 매우 크다.

가치 수직선 토론을 할 때는 주어진 논제에 대해 다양한 판단이 가능하고 나만의 생각을 나타낼 수 있는 질문을 던져야 한다. 찬성과 반대, 옳고 그름처럼 양극화된 의견보다 가치 정도가 연속성이 있고 세분화된 선택지를 제시하되, 소수 의견도 비난하지 않고 존중해야 한다. 학생들과 그림책 「야쿠바와 사자」를 읽고, 가치 수직선 토론을 해본다.

활동 방법

1. 가치 판단이 필요한 주제인 '야쿠바는 어떤 선택을 해야 할까?'를 토론 주제로 제시한다.
2. 야쿠바의 선택에 대한 자신의 의견을 생각해 본다.
3. 의사 결정의 5단계(예 : 매우 반대 – 반대 – 중립 – 찬성 – 매우 찬성)에 따라 구분된 수직선 위에 자신의 이름을 써서 붙인다.
4. 의사 결정의 이유를 포스트잇에 써서 붙이고 서로 의견을 발표한다.
5. 친구들의 다양한 의견을 살피고 나서, 새롭게 의사 결정을 한다. 이때 생각에 변화가 있는 경우 자신의 의견을 바꿀 수 있다.
6. 가치 수직선 토론에 대한 느낀 점을 나눈다.

먼저, 그림책 「야쿠바와 사자」를 읽다가 사자가 "자, 둘 중 하나다. 비겁하게 날 죽인다면, 넌 형제들에게 뛰어난 남자로 인정받겠지. 만약 내 목숨을 살려 준다면, 넌 스스로 고귀한 마음을 가진 어른이 되는 거야. 대신 친구들에게 따돌림을 받겠지. 어느 길을 택할지 천천히 생각해도 좋아. 날이 밝기까지 아직 시간이 있다"고 말한 부분에서 읽기를 멈춘다.

토론의 주제인 '야쿠바는 어떤 선택을 해야 할까?'에 대해 자신의 생각을 돌아보고, 가치 수직선 5단계 중 자신의 의견에 해당되는 위치에 이름을 붙인다.[3] 수업에서는 '(사자를) 꼭 죽여야 한다(6명), 죽여야 한다(2명), 모르겠다(2명), 살려 주어야 한다(4명), 꼭 살려 주어야 한다(5명)'로 찬성과 반대 의견이 비슷하게 나왔다. 각자 자신의 선택에 대한 이유를 포스트잇에 쓰고 의견을 나눈다.

학생 1	야쿠바는 사자를 죽여야 합니다. 어차피 사자는 혼자 죽거나 다른 사람이 죽일 텐데, 차라리 야쿠바가 죽여서 전사가 되는 게 좋을 것 같아요.
학생 2	저는 사자를 살려 주어야 한다고 생각합니다. 피 흘리는 사자를 죽일 바엔 그냥 친구들에게 따돌림을 당하는 게 나을 것 같아요.
학생 3	저도 살려 주어야 한다고 생각해요. 전사는 용맹하기도 해야 하지만 정정당당해야 한다고 생각합니다.
학생 4	저는 잘 모르겠어요. 사자를 살려 주면 따돌림을 받고, 죽이면 사자가 불쌍해서 결정하기가 어렵습니다.

---

3   학토재의 가치 수직선 토론 키트 활용

자신의 선택과 그 이유에 대해 이야기 나눈 다음, 이유를 적은 포스트 잇을 이름 위에 붙인다. 친구들의 의견을 꼼꼼히 읽어 보고, 다시 한번 의사 결정을 하도록 한다. 수업에서는 처음에 선택했던 것과 다른 결정을 한 학생들이 많았다. '(사자를) 꼭 죽여야 한다(4명), 죽여야 한다(1명), 모르겠다(2명), 살려 주어야 한다(7명), 꼭 살려 주어야 한다(5명)'로 전체적으로 살려 주어야 한다는 의견이 많아졌음을 알 수 있다.

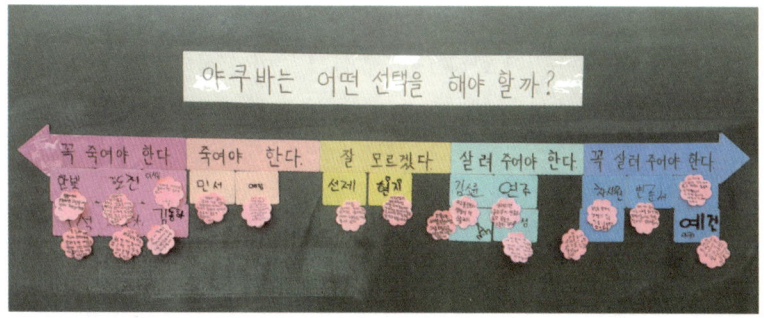

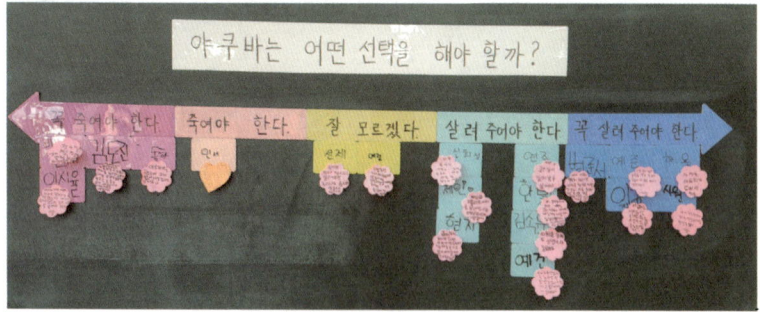

토론 전후 의견의 변화

토론을 한 다음 그림책을 끝까지 읽는다. 수업에서 학생들은 야쿠바의 선택에 대해 무척 다양한 의견을 보였는데, 대부분 사자를 죽이지 않은 행동이 더 멋진 용기라는 의견이었다. 학생들은 그림책 「야쿠바와 사자」

를 통해 용기에 대해 더 깊이 생각하게 된다. 힘이 세거나 강한 것만이 용기가 아니라 생명을 존중하는 마음, 두려움 없이 자신의 신념과 가치를 지키는 고귀한 마음도 용기라는 것을 깨닫게 되는 것이다.

용기 사전 만들기

용기는 일상에서 쉽게 실천할 수 있는 사소한 것부터 자신의 생명을 거는 위대한 용기까지 매우 다양하다. 생활 속에서 스스로 실천할 수 있는 용기에는 어떤 것들이 있는지 함께 이야기를 나누고, 학생들 각자가 생각하는 용기를 중심으로 학급 구성원이 다 같이 '용기 사전'을 만든다.

먼저, A4 용지, 풀, 색연필, 사인펜, 네임펜 등의 채색 도구를 준비한다. 각자 A4 용지에 '용기'를 한 문장으로 정의하고 관련된 그림을 그린다. 그림이 완성되면 종이의 오른쪽 끝부분에 1~2cm 정도를 남기고 반으로 접는다. 남긴 부분을 뒤로 접어 풀칠하고, 다른 학생의 작품을 연결하여 용기 사전을 완성한다.

그림책을 통해 학생들은 우리의 삶 속에서 용기가 꼭 필요한 가치라는 것을 알게 된다. 또 진정한 용기란 그저 주저함 없이 앞으로 나아가는 것이 아니라, 존중과 배려를 바탕으로 하는 고귀한 마음임을 깨닫는다.

아이들은 살아가면서 때로 힘들고 좌절할 것이다. 불안과 두려움으로 길을 잃고 헤매기도 할 것이다. 그럴 때마다 용기 내어 자신의 가치를 지키며 성장할 수 있도록 꾸준히 격려하고 응원해 주자. 그림책을 통해 끊임없이 소통하여 학생들의 삶 속에 용기가 뿌리내릴 수 있도록 도와주자.

함께 읽으면 좋은 그림책

- 「용기란 뭘까?」 허은미 글, 이영림 그림, 소담주니어
- 「블랙 독」 레비 핀폴드 글·그림, 북스토리아이
- 「고민 식당」 이주희 글·그림, 한림출판사
- 「용기 모자」 리사 데이크스트라 글, 마크 얀센 그림, 책과콩나무
- 「천하무적 용기맨」 김경희 글·그림, 비룡소
- 「하늘을 날고 싶은 아기 새에게」 피르코 바이니오 글·그림, 토토북

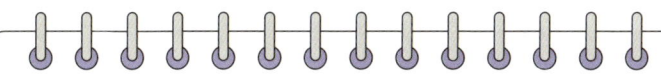

일기

하루의 삶 마무리하기

학급에서 일기 지도를 시작할 때마다 학생들이 "일기 주제가 뭐예요?", "쓸 내용이 없어요", "일기 몇 줄 써요?" 같은 걱정 어린 반응을 보인다. 학교 갔다가 학원을 들러 집에 오는 일을 반복하는 학생들은 매일 같은 일상에서 일기 주제를 찾지 못하고 어려워한다. 무엇을 써야 할지 모르겠다는 아이들이 대부분이다.

자신의 삶이 담긴 일기를 하루아침에 잘 쓰기는 어렵다. 자신의 하루 생활에서 스스로 글감을 찾아내고, 그날의 경험을 바탕으로 일기를 써야 자유롭고 솔직한 글이 나올 수 있다. 일상에서 어떻게 주제를 찾는지, 그 주제를 어떻게 써야 하는지에 대한 꾸준한 안내와 지도가 필요하다.

스스로 일기 주제를 찾아내려면 적극적으로 자신의 일상을 살피고 삶을 돌아봐야 한다. 학생들이 일상에서 주제를 찾아 글을 쓰도록 도울 때 그림책은 최고의 안내서가 될 수 있다. 그림책에는 많은 사람들이 공감할 만한 일상이 담겨 있어 학생들의 경험을 불러일으키기에 좋다. 어떻게 자유롭고 솔직하게 써야 하는지 글의 표현도 배울 수 있다. 그림책을 통해 자신의 삶과 주변을 살피고 꾸준히 일기를 쓰며 학생들은 한 뼘 더 성장할 것이다.

그림책 「싫은 날」
성영란 글·그림, 반달

숙제를 하지 않고 잠이 든 다음날 아침, 여덟 시를 알리는 시계 종소리에 눈을 뜬 영희는 숙제도 안 하고 지각까지 하면 더 혼날 것 같은 걱정에 쉽게 일어나지 못한다. 천재지변이 일어나기를 바라며 학교 가기 싫은 영희의 마음을 독백으로 표현하였다.

하루의 경험에서 일기 주제 찾기

3월 첫날 학생들과 인사를 하고, 한 해의 학급운영을 안내하면서 준비하도록 하는 것 중 하나가 일기장이다. 일기장은 일반 줄 공책을 준비하도록 하는데, 1학년은 처음 일기를 쓰므로 10칸 쓰기 공책을 이용하여 위 다섯 줄에 그림을 그리는 그림 일기의 형식으로 쓰게 한다. 2학년은 14줄, 3~4학년은 21줄, 5~6학년은 25줄 공책을 사용하면 좋다.

일기 쓰기를 지도하기에 앞서, 그림책 「싫은 날」을 읽어 준다. 하루 동안 경험한 일에서 일기의 주제를 스스로 찾기 어려워하는 학생들에게 주제 찾는 방법을 알려 주기 위해서다. 「싫은 날」에는 숙제를 하지 않은 것에 대한 아이의 걱정과 불안이 잘 나타나 있다. 대부분의 학생들이 마음껏 놀고 싶은 마음과 학교나 학원 숙제를 걱정하는 마음이 동시에 일어나는 경험을 한다. 영희의 하루를 그림책으로 보며 아이들은 자신도 학교 재량 휴업일에 등교했던 경험이나 놀다가 숙제를 못해서 천재지변이 일어나 학교에 가지 않아도 되기를 바랐던 마음을 떠올린다. 이런 경험들이 일기의 좋은 글감과 주제가 될 수 있음을 이야기한다.

일기의 주제는 하루를 되돌아보며 재미있었던 일이나 다른 날과 달랐던 새로운 경험, 보고 듣고 감각적으로 느꼈던 일 등을 생각하여 정할 수 있다. 매일 똑같은 일상 같지만, 한 가지를 유심히 관찰하거나 마음에 남는 일이 없었는지 깊이 생각하면 주제를 찾을 수 있다. 하루 일과에 따라 각기 다른 주제를 담은 일기의 첫 문장을 학생들에게 예시로 들려주고, 첫 문장에 담긴 일기의 주제를 찾아보게 한다. 이때 게임처럼 진행하면 학생들이 더욱 집중한다.

- 주제 찾기 예

  <학교 가는 길>

  – 아침에 학교 가는 구름다리를 건널 때 하얀 벚꽃이 나를 반겨 주며 활짝 웃고 있었다. 봄에 피는 벚꽃! 봄이 되어 보이는 것은 무엇일까? (주제 : 봄에 볼 수 있는 것)

  – 아침에 학교에 가는 길에 내가 제일 좋아하는 친구 ○○를 만났다. 내 친구를 소개해 보겠다. (주제 : 내 친구 소개)

  – 아침에 눈을 떴는데 하늘 색이 이상했다. 미세먼지 때문이라고 엄마가 말씀해 주셨다. (주제 : 미세먼지, 환경 오염)

  <학교에서>

  – 학교에서 근린공원에 체험 학습을 갔다. 와~ 봄날의 소풍이다! (주제 : 체험 학습)

  – 여름 방학을 맞이하여 5교시에 물총 놀이를 하였다. 내 물총을 받아랏! (주제 : 물총 놀이)

- 2교시에 바들바들 떨리는 수학 시험을 보았다. 으~ 떨려! (주제 : 수학 시험)

<학교 밖, 집에서>
- 저녁에 집 근처 ○○에 가서 가재를 데려왔다. 가재야~ 우리 집에 온 것을 환영해! (주제 : 우리 집에 온 가재)
- 태권도가 끝나고 집으로 오는데 작은 아기 새 한 마리가 폭풍에 실려 바닥에 떨어져 있었다. 어떻해, 다리가 부러졌나? (주제 : 땅으로 떨어진 아기 새)
- 아침 10시쯤 학교 앞에 모여서 배구 시합을 하러 홍천으로 갔다. 우리는 배구 선수다. (주제 : 배구 시합)

자신의 일상에서 주제를 찾아 글을 쓸 때는 자유롭고 솔직하게 쓰는 것이 중요하다. 「싫은 날」에서 영희의 마음을 글로 표현한 것처럼 내 상황이나 마음을 문장으로 자세히 쓰도록 한다. 상황에 대한 다양한 감정을 있는 그대로 표현하는 것이 중요하다는 것을 학생들과 이야기 나눈다.

그림책 「배운다는 건 뭘까?」
채인선 글, 윤봉선 그림, 미세기

아이들은 모든 일상에서 무언가를 배운다. 보고 듣고 감각적으로 느끼며 배움이 일어날 뿐 아니라, 주변의 많은 사람들을 통해서도 배움을 얻는다. 각자 자신에게 맞는 방법과 속도로 하나씩 배워 가는 일상을 통해 더 멋진 인생을 살 수 있다는 깨달음을 주는 그림책이다.

기억에 남는 배움에서 주제 찾기

학교에서, 가정에서, 친구와 만나는 모든 일상에서 배움이 일어날 수 있다. 아이들은 그 과정에서 자존감과 타인을 배려하는 마음을 키울 수 있다. 하루 동안 자신에게 일어난 배움이 무엇인지 생각해 보고 그 과정을 돌아보며 아이들은 부쩍 성장한다.

배움을 자신의 삶에 적용하기 위해서는 자신만의 글로 표현해 보는 것이 좋다. 일기는 자신에게 일어난 배움을 자신의 글로 표현하기에 적합하다. 일기에 하루 동안 자신에게 일어난 배움에 대해 써 보게 한다. 학교에서, 가정에서, 친구들과의 만남에서 매일 자기에게 일어나는 배움에 대하여 생각해 보고, 그것을 통해 알게 된 것, 그것에 대한 생각이나 느낌을 일기로 쓰며 자신을 성찰하고 더 나은 배움을 향해 나아갈 수 있다.

그림책 「배운다는 건 뭘까?」를 함께 읽고 배운다는 것은 무엇이라고 생각하는지 학생들과 함께 비유적 표현을 통해 알아본다. 이미지 카드를 이용해 배운다는 것이 무엇인지 표현하도록 했을 때 학생들은 기회 확장기, 작은 씨앗을 큰 나무로 성장시키는 햇빛과 바람과 물, 꿈을 향한 열쇠 등으로 표현하며 배움의 중요성에 대해 이야기하였다.

많은 학급에서 수업 시간에 배운 내용을 수업 교과 순으로 노트에 작성하도록 하는데, 배움이 일어난 것에서 일기 주제를 찾기 위해 배움 공책을 살펴보도록 하면 좋다. 먼저, 배움 공책을 보며 수업 시간에 공부한 내용 중에서 자신에게 흥미로웠거나 새롭게 알게 된 내용, 배운 것을 통해 스스로 다짐하게 된 내용, 더 알아보면서 공부해 보고 싶은 내용들을 생각하고 일기에 구체적으로 적는다. 배운 내용을 생각하며 일기를 쓸 때, 1교시부터 마지막 수업까지 무엇을 했는지 나열만 하거나 수업 내용의 이론만으로 일기를 채우지 않도록 주의한다.

그림책 「진정한 일곱 살」
허은미 글, 오정택 그림, 만만한책방

일곱 살 아이의 말과 행동에서 자기 존재에 대한 자신감과 당당함을 볼 수 있다. 자신이 좋아하는 것과 잘하는 것을 표현하고 양보의 마음과 용기를 가진 '진정한' 일곱 살의 모습에서 유쾌함을 느낄 수 있다.

그림책 내용을 내 삶에 적용하여 주제 찾기

그림책은 학생들의 삶과 연계된 내용이 많다. 학생들과 「진정한 일곱 살」 그림책을 읽으며 '진정한'의 의미는 무엇일지 이야기 나눈다. 수업에서 학생들은 '진정한'의 의미를 '참다운, 솔직한, 진심으로, 진짜' 등으로 말하였다. 진정한 일곱 살인 주인공의 행동을 보며 우리 학생들이 일곱 살이었을 때는 어떤 것을 좋아하고 어떤 놀이를 주로 했는지 이야기한다. 그리고 현재 ○학년인 학생들은 진정한 ○○ 살인지 생각해 본다. 진정한 ○○ 살은 무엇을 의미하는지, 진정한 ○○ 살은 어떻게 해야 하는지 서로 의견을 나누며 자신의 생활을 되돌아본다.

학생들과 진정한 ○○ 살에 대해 충분히 이야기한 다음, 진정한 ○○ 살이 되기 위해 내가 노력해야 할 점들을 일기로 쓰게 한다. '진정한 일곱 살'을 '진정한 ○○ 살'로 바꾸어 자신들의 삶과 연계하여 일기를 쓰면서, 학생들은 자신의 삶을 돌아보고 더 나은 삶으로 발전하기 위해 다짐하고 노력하게 된다.

그림책을 함께 읽고 삶에 적용할 일기 주제를 찾을 때는 각자 느끼는 바가 다르기 때문에 주제를 통일하지 않는다. 학생들이 스스로 그림책의 내용과 연관하여 자신의 삶과 관련된 주제를 찾도록 하는 것이 좋다.

그림책	자신의 삶과 관련된 주제
나는요,	나를 동물에 비유하여 소개하기
용기	새 학기를 맞아 한 해 동안 나에게 필요한 용기는 무엇일까?
나는 나의 주인	나는 나의 주인으로서 무엇을 해야 할까?
중요한 사실	나에 대한 중요한 사실은 무엇일까?
컬러 몬스터	나의 감정의 색깔은?
세상에서 가장 힘센 말	나에게 가장 힘센 말은?
사자가 작아졌어	진정한 용서는 무엇일까? 사과를 잘하는 방법은 무엇일까?
코끼리 아저씨와 100개의 물방울	일을 하시는 부모님을 생각하며 부모님께 감사의 글쓰기
엄마가 너에 대해 책을 쓴다면	내가 엄마에 대해 책을 쓴다면 어떻게 쓸까?
돌 씹어 먹는 아이	우리 가족을 소개합니다(각자의 다른 점과 같은 점)
돼지책	집에서 내가 할 수 있는 일, 해야 하는 일은 무엇일까?
친구에게	난 어떤 친구가 되고 싶은가?
너는 내 친구야, 왜냐하면...	내 친구를 소개합니다
4998 친구	진정한 친구는 어떤 친구일까?
보이지 않는 아이	투명 인간이 나을까, 놀림을 받는 게 더 나을까?
걱정 상자	난 어떤 걱정이 있을까?
상자 세상	우리 집의 쓰레기 조사 및 내가 할 수 있는 환경 지킴이 활동

그림책에서 찾은 일기 주제

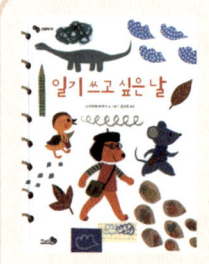

그림책 「일기 쓰고 싶은 날」
니시카타 타쿠시 글·그림, 천개의바람

삼촌이 별이, 달이와 함께 박물관 나들이를 간다. 박물관에 다녀와서도 들떠 있는 별이와 달이에게 삼촌은 나들이 일기 쓰는 방법을 알려 준다. 즐거운 일과 신나는 일을 언제까지나 담아 둘 수 있는 책, 오랜 시간이 지나도 그때의 나를 만날 수 있는 책이 일기 책임을 알게 한다.

일기 쓰는 방법 알아보기

학생들이 일기의 주제를 스스로 찾을 수 있도록 연습한 후 일기 쓰는 방법을 안내한다. 학생들과 「일기 쓰고 싶은 날」 그림책을 함께 읽으며 일기에는 무엇을 쓰는지, 일기는 어떻게 쓰는지에 대해 생각하고 그림책에서 소개한 나들이 일기장 만드는 법을 알아본다. 그림책에서 학생들은 일기에 사진이나 그때의 상황을 알려 주는 물건, 스티커 등을 붙일 수 있음을 알게 된다. 그림책을 읽고 일기란 무엇인지 비유하는 표현을 사용하여 이야기하도록 했을 때, 학생들은 기억하고 싶은 일을 기억할 수 있는 나만의 역사책, 그때의 상황으로 돌아가게 해 주는 타임머신 등으로 대답하였다.

일기를 쓸 때는 가장 먼저 날짜와 날씨를 쓴다. 맨 위에 날짜를 쓰고, 그 옆에 날씨를 문장으로 쓴다. 일기는 일반적으로 형식을 갖춰 쓰지는 않지만, 1학년이라면 10칸 쓰기 공책에서 위의 5줄에는 그림을 그리고 그 아래에 일기를 쓰게 하는 것이 좋다. 교육과정에서 그림일기 쓰는 방법을 지도할 때 안내하도록 한다. 2~6학년은 줄로 된 공책을 사용하는데, 줄의 앞에 네모 칸을 만들어 처음, 가운데, 끝의 형식으로 글을 쓰는 것을 추천한다.[4]

처음 칸 옆에는 어떤 주제로 일기를 쓸 것인지 한두 문장으로 쓴다. 일기의 제목을 쓰고 무엇에 대해 쓸 것인지를 설명하거나, 제목은 따로 쓰지 않아도 된다. 두 번째 칸 옆에는 주제에 대해 자세히 쓰고, 세 번째 칸 옆에는 주제에 대한 비유적 표현이나 생각이나 느낌, 자신의 다짐 등을 쓴다. 각 네모칸에는 글과 어울리는 그림을 그려 넣으면 좋다. 이렇게 칸을 나누어 일기를 쓰면 스스로 찾은 주제를 한두 문장으로 요약하는 연습을 할 수 있을 뿐 아니라, 형식을 갖추어 주제에 맞는 글쓰기를 할 수 있다. 또 마지막 칸에서 글을 마무리할 때, 자신의 하루를 돌아보며 비유적 표현이나 반성, 다짐을 통해 더 성장하는 자신을 응원하게 된다.

학생들이 일기를 쓸 때 분량에 대한 걱정을 많이 한다. 스스로 주제를 찾는 연습이 충분히 되면 학생들의 일기글은 자연스럽게 길어진다. 쓰고 싶은 주제에 대해 자유롭게 상황을 떠올리며 쓰기 때문에 쓰고 싶은 말이 많아지기 때문이다. 학생들이 스스로 주제를 찾을 수 있도록 연습을 충분히 하게 하고, 교사가 학생의 일기에 대화하듯 대답을 달아 주어도 좋다. 무엇보다 학생이 쓴 그대로 읽어 주는 것이 중요하다. 일기로 평가하지 말고, 잘못된 문장이나 글씨도 고쳐 주지 않아야 학생들의 일기가 삶이 살아 있는 글이 될 수 있다.

---

4 「그림책으로 배우는 삶과 죽음」 저자 임경희 선생님 고안

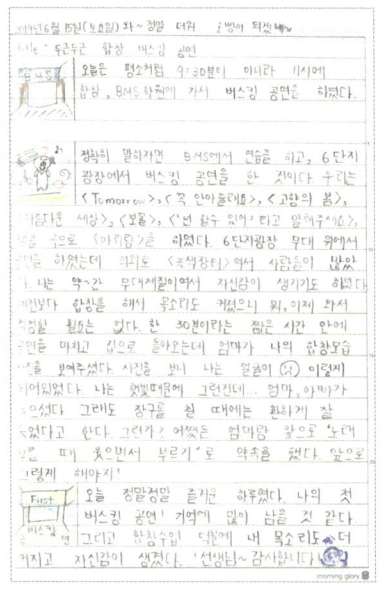
버스킹 공연(경험에서 주제 찾기)

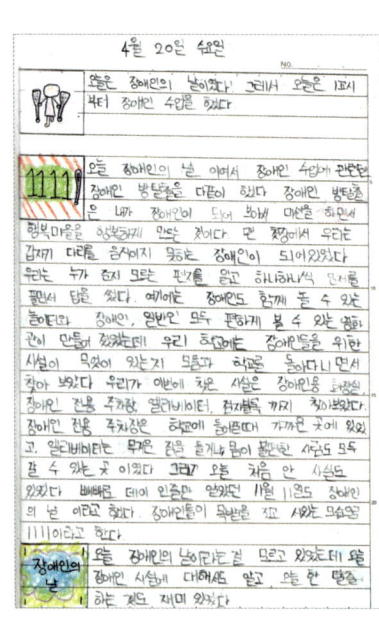
장애인의 날 수업(배움에서 주제 찾기)

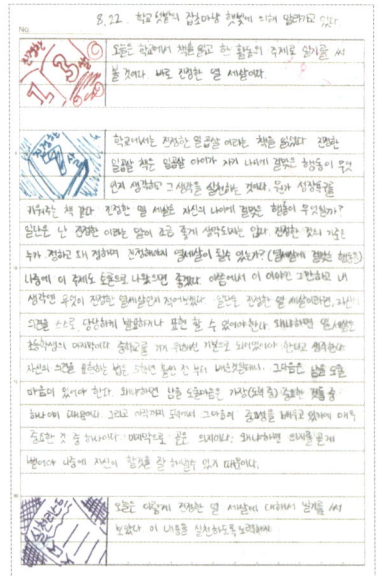
진정한 열세 살(그림책에서 주제 찾기)

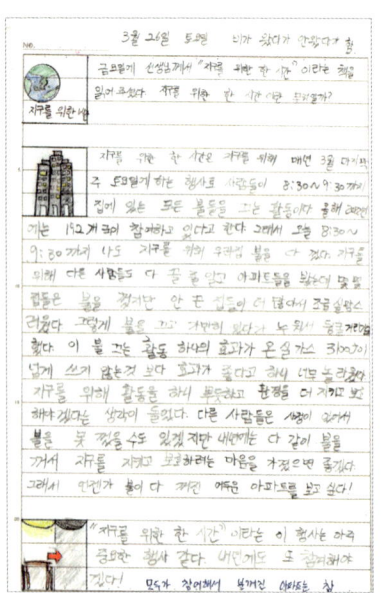
지구를 위한 한 시간 참여(경험에서 주제 찾기)

학생들이 일 년 동안 꾸준히 쓴 일기는 각자의 삶이 담긴 보물이자 역사책이 될 수 있으므로 각자의 일기장을 제본하여 책으로 만들어 준다. 학생들은 자신의 한 해가 담긴 일기장을 소중히 간직하며, 삶을 돌아보고 발전시키는 학생으로 자랄 것이다.

함께 읽으면 좋은 그림책

- 「처음 학교 가는 날」 제인 고드윈 글, 안나 위커 그림, 파랑새
- 「컬러 몬스터 : 학교에 가다」 아나 예나스 글·그림, 청어람아이
- 「로쿠베, 조금만 기다려」 하이타니 겐지로 글, 초 신타 그림, 양철북

2부

시작이 반, 학급의 일 년

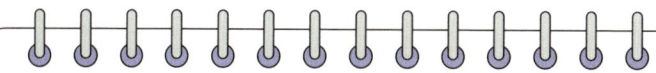

자기소개
떨지 않고 나를 소개하기

　새 학년이 시작될 때마다 빠지지 않는 자기소개는 내향적인 학생들에게 꽤나 힘들고 두려운 일이다. 외향적이고 발표를 잘하는 학생들도 처음 보는 많은 친구들 앞에서 자기를 소개하려면 중요한 설명을 놓치거나 미흡한 부분이 생길 수 있다. 듣는 친구들도 발표하는 친구에게 궁금한 점을 물어보기에는 아직 서먹한 학기 초, 자기소개가 어려울 수밖에 없는 이유다.

　모두가 자연스러운 분위기 속에서 충분한 정보가 오가는 자기소개 방법은 없을까. 친구를 알기 위해 필요한 질문 리스트를 생각해 보고 이를 바탕으로 자기소개 활동을 한다면, 앞에 나서기가 힘든 학생들에게 자기소개 시간이 한결 편하게 느껴질 것이다.

그림책 「너는 어때?」
스테파니 블레이크 글·그림, 한울림어린이

주인공 늑대는 자기가 웃는 방법, 자기가 좋아하는 것, 싫어하는 것 등을 소개하고 상대방은 어떤지 질문한다. 자기를 소개하고 "너는 어때?" 반문하며 상대를 알아 가는 과정을 보여 준다.

서로를 알 수 있는 질문에는 어떤 것이 있을까?

그림책을 읽을 때 학생들이 장마다 "너는 어때?" 묻는 늑대의 질문에 대답하며 본인을 소개하도록 이끈다. 학생들은 책 읽는 것을 좋아하는 늑대의 이야기를 듣고 "나는 유튜브 보는 것을 좋아해", "나는 피아노 치는 것을 좋아해"와 같이 자신이 좋아하는 것을 이야기할 수 있다.

교사	자, 마지막 장이네요. 늑대는 밤에 혼자 자는 것을 가장 무서워한대요. 여러분은 어떤가요?
학생 1	저는 놀이공원에서 티익스프레스를 탈 때 가장 무서웠어요.
학생 2	저는 엘리베이터에 혼자 갇혔을 때 가장 무서웠어요.
교사	이 밖에 서로 알아 가려면 어떤 질문들이 더 필요할까요?
학생 1	좋아하는 친구와 싫어하는 친구 상을 알면 좋을 것 같아요.
학생 2	좋아하는 연예인을 알면 좋을 것 같아요.
학생 3	MBTI를 소개하면 좋을 것 같아요.

교사는 학생들이 발표한 아이디어를 칠판에 모아 적는다. 자기소개가 어렵게 느껴지고 무엇을 소개해야 할지 잘 모르는 학생들은 칠판에 적은

내용을 참고하여 자기소개를 할 수 있다. 그 밖에 자기를 소개할 수 있는 내용을 더 추가할 수 있다고 알려 준다.

나의 MBTI	나의 생일
내가 좋아하는 연예인	내가 좋아하는 색
내가 좋아하는 계절	내가 등교하는 시간(학교 같이 가자)
내가 좋아하는 과목과 싫어하는 과목	내가 좋아하는 것과 싫어하는 것
내가 좋아하는 음식과 싫어하는 음식	내가 좋아하는 게임
내가 좋아하는 친구 부류	내가 잘하는 것
내가 싫어하는 친구 부류	내가 쉬는 시간에 즐겨하는 것

자기소개 질문 예

나를 가장 잘 소개할 질문과 답 생각하기

칠판에 나온 다양한 질문 예시를 보며 나를 소개하기에 가장 적절한 질문을 뽑아 보게 한다. 평범한 답이 나오는 질문도 좋고, 나를 나타내기에 가장 적합한 답이 나오는 질문도 좋다. 이때 모둠을 구성하여 질문을 더 만들어 보도록 하거나, 함께 자기소개를 하기에 좋은 질문에 대해 생각해 보도록 할 수 있다. 하지만 학기 초에는 서로 서먹하여 모둠 활동이 제대로 이루어지기 어려울 수 있으므로, 모둠보다는 개인 활동으로 진행하는 것이 좋다. 질문 정하는 것을 어려워하는 학생들이 많을 경우, 짝 활동으로 대체한다.

자기소개할 질문을 뽑을 때는 답을 어떻게 할 것인지 함께 생각하는데, 칠판에 적힌 다양한 질문과 교사가 추가로 생각한 질문을 활용하여 교사가 먼저 시범을 보여 준다. 다음과 같이 교사가 어떻게 생각해서 질문을 뽑았는지 예시를 보여 주고, 나를 소개하기에 가장 적합한 질문을 고르게 한다.

> 나는 자기소개할 때 이름과 MBTI, 등교 시간을 꼭 소개해야겠어. 쉬는 시간에 뭘 하면서 보내는지도 추가해야지.
> 일단 '홍길동' 내 이름을 먼저 소개해야지.
> 그리고 요새 유행하는 내 MBTI로 나를 소개해야겠어. 내 MBTI는 ESPJ야. 라고 말하면 다들 내가 외향적인 줄 알 텐데 그건 아니야. 외향적인 성격을 가지고 있지만 그래도 처음 보는 사람 앞에서 발표하는 건 조금 어려워한다고 같이 이야기해야지. 내 발표가 서툴러도 이해해 달란 말도 추가해야지.
> 나는 ○○아파트에 살고, 내 등교 시간은 8시 30분이라고도 말해야겠다. 그럼 같은 아파트에 사는 친구가 있다면 내 등교 시간에 맞춰 같이 등교할 수도 있을 거야.
> 나는 쉬는 시간에 할리갈리 보드 게임하는 걸 좋아하니까, 나처럼 할리갈리하는 걸 좋아하는 친구는 같이 놀자고 해야겠다.

교사의 예 들어 주기

스크랩북으로 나를 나타내는 그림책 만들기

나를 가장 잘 소개할 질문과 답을 생각했다면 이것을 바탕으로 나만의 그림책을 만든다. 그림책을 만들 때 종이를 이어 붙여 만들어도 되지만, 스크랩북을 이용하면 완성도가 높아져 더 만족스럽다. 인터넷 포털 창에 '무지 스크랩북'으로 검색하여 6X6 사이즈의 스크랩북을 구매한다. 가격은 500원부터 1,000원 사이로 예산에 맞게 구입하되 저학년이라면 5쪽, 고학년이라면 10쪽짜리를 추천한다.

나만의 자기소개 그림책을 만들 때는 다음 사항에 유의한다.

— 스크랩북의 재질을 고려하여 연필, 색연필, 사인펜 등을 활용한다.

- 잘못 그렸을 경우, A4 종이를 오려 위에 덧대어 그린다.
- 답만 간단히 쓰기보다 어울리는 그림을 함께 그려 넣는다.
- 글과 그림은 스크랩북 크기에 맞게 되도록 크게 쓰고 그린다.
- 그림책 표지에 나의 이름을 꼭 적는다.
- 단색보다는 다양한 색을 사용하여 다채롭게 꾸민다.

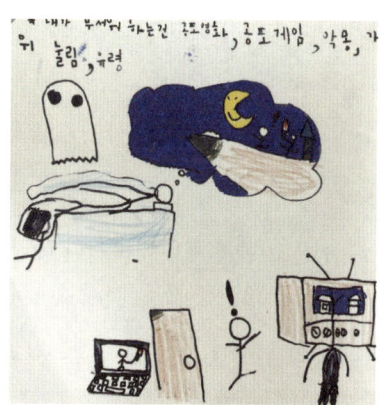

나만의 그림책은 옆으로 넘기도록 만들어도 되지만, 위로 넘기는 형태로도 만들 수 있다. 스크랩북을 자유롭게 사용할 수 있다고 미리 알려 주

어, 위치와 방향에 구애받지 않고 더욱 창의적으로 꾸미도록 한다.

다 만들면 나만의 그림책을 활용하여 자기소개를 한다. 반 전체 학생들이 같이 보기에는 스크랩북의 크기가 작으므로 실물 화상기를 이용한다. 발표를 잘하는 학생들은 보조 자료가 없어도 쉽게 발표하지만, 발표를 어려워하는 학생들을 포함해 학기 초라 긴장한 학생들에게 나만의 자기소개 그림책은 보조 매체로 매우 효과적이다. 학생들의 발표 긴장도를 완화시킬 뿐 아니라, 발표자의 목소리가 작고 불분명해도 실물 화상기로 크게 내용이 보여 듣는 학생들도 쉽게 집중한다.

학급에 전시하기

발표가 끝난 그림책은 모두 거둬서 학급 문고 한쪽에 비치하거나 학급의 빈 공간을 활용해 전시한다. 모든 친구들의 발표 내용을 기억하기는 어려우므로 궁금한 친구의 책을 꺼내어 볼 수 있게 하면 좋다. 학급 문고에 비치할 때는 꽂힌 상태에서도 누구의 그림책인지 알기 쉽도록 그림책 등에 이름을 쓰게 한다. 사물함이나 책꽂이 또는 창틀 위에 두거나 비스듬히 기대어 놓아도 좋고, 예산이 넉넉하다면 꼬마 이젤을 구입하여 전시하면 좋다.

전시에 그치지 않고 포스트잇을 사용하여 후속 활동을 할 수 있다. 학생들에게 포스트잇을 나누어 주고 쉬는 시간에 친구의 자기소개 그림책을 읽은 후 궁금하거나 공감하는 점을 포스트잇에 적어 책에 붙이게 한다. 책 주인은 자기 책에 붙은 추가 질문에 답하여 친구에게 돌려준다. 자기소개 그림책을 잘 활용하면 학기 초 학생들의 교우 관계 형성에 도움이 된다.

그림책 「우리 엄마 ㄱㄴㄷ」
전포롱 글·그림, 파란자전거

ㄱㄴㄷ 자음 순서에 따라 우리 엄마를 소개한다. ㄱ에서는 엄마가 좋아하는 고양이를, ㄴ에서는 엄마가 눈물이 많음을, ㄷ에서는 엄마의 돈을 소개한다. 다음 자음에서는 엄마를 어떻게 소개할지 맞혀 보는 재미가 있다.

ㄱㄴㄷ 순으로 자기소개하기

「우리 엄마 ㄱㄴㄷ」를 읽고, 나만의 ㄱㄴㄷ 소개를 할 수 있다. 나를 소개할 수 있는 소재를 ㄱㄴㄷ에 맞게 찾아 자기소개를 하는 것이다. 이 활동은 학생 수가 적은 학급에서 하면 좋은데, 나를 소개할 수 있는 정보량이 적고 내용이 함축적이어서 서로 어느 정도 아는 사이에서 하는 것이 효과적이다. 저학년보다 단어 학습량이 풍부한 고학년에 추천한다. ㄱㄴㄷ 소개법은 자기소개에서도 유용하지만 교과 내용 중 조사 학습이나 스무고개 게임에도 활용할 수 있다.

> ㄱ 급발진을 잘해. 자제하려고 노력하고 있어.
> ㄴ 나랑 더 친해졌음 좋겠어.
> ㄷ 도마뱀을 키워.
> ㄹ 라면을 좋아해.
> ㅁ 머리가 좋진 않지만 늘 노력해.
> ㅂ 밥을 잘 안 먹어.
> ㅅ 소고기는 좋아해.
> ㅇ '응, 아니야'라는 말을 하지 않으려고 노력해.
> ㅈ 자신감이 넘쳐.
> ㅊ 축구가 세상에서 젤 좋아.
> ㅋ 컴퓨터 게임을 하는데 잘 못해.
> ㅌ 토요일을 좋아해.
> ㅍ 평범하진 않아.
> ㅎ 핸드폰을 좋아해서 엄마한테 잘 혼나.

ㄱㄴㄷ 자기소개 예

함께 읽으면 좋은 그림책

+ 「뭐라고 불러야 해?」 천준형 글·그림, 달그림

+ 「내 이름이 담긴 병」 최양숙 글·그림, 마루벌

+ 「내 이름」 신혜은 글, 이철민 그림, 장영

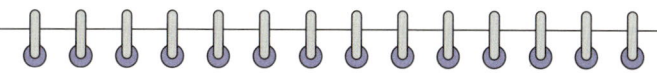

1인 1역

모두가 학급의 주인이 되도록

    1인 1역은 학급 내에서 필요한 일을 정하고 역할을 나누어, 학생들이 그 역할을 하나씩 맡아서 수행하는 것이다. 학년 초 학급 세우기 활동에서 1인 1역을 정할 때 어떻게 분위기를 조성하고 결정하는가에 따라 학생들의 자발성이 달라진다. 빠르게 역할을 정하려면 가위바위보로도 정할 수 있다. 하지만, 교실의 주인으로서 학생들이 필요한 역할에 대해 고민하며 함께 의미를 담아 역할을 정한다면 참여 의식이 높아지고 책임감도 강해질 수 있다.

    '우리 학급에서 1인 1역은 당연해'라는 인식을 심어 주기에 앞서, '왜 우리가 역할을 나눠야 하는가', '어떻게 하면 더 나은 공동체로 1년을 보낼 것인가' 하는 질문에 대한 답을 찾는 것으로 시작하면 어떨까? 이 과정을 통해 학생들은 자기 스스로 선택하고 책임지는 행동을 하며 성취감을 느낄 뿐 아니라, 적극적이고 주도적인 삶을 살게 된다.

그림책 「왜 내가 치워야 돼」
정하영 글·그림, 책속물고기

평소에는 사이좋은 친구지만, 청소 앞에서는 다른 습관을 갖고 있는 두 친구의 이야기다. 두 주인공이 청소를 두고 벌이는 갈등의 과정이 실감 나게 그려진다. 교실에서도 이와 비슷한 상황이 자주 일어나는데, 청소를 두고 교사가 하게 될 몇 십 번의 잔소리를 대신하기에 좋은 책이다. '누가 치워야 할까'보다 '왜 치워야 할까'를 먼저 생각하게 한다.

비슷한 경험이나 느낌 나누기

다 함께 둥글게 앉아서 그림책을 읽고 드는 생각과 느낌을 편안하게 나누어 보면 좋다. 그림책 「왜 내가 치워야 돼」는 누군가는 꼭 해야 할 일이고, 하지 않으면 생길 수 있는 여러 문제 상황에 대해 해결 방법을 고민해 보게 한다. 또 마음가짐에 대해서도 돌아보게 한다.

어느 교실에서나 내가 하기 싫은 역할을 상대방에게 떠넘기는 일 때문에 다양한 갈등이 일어나곤 한다. 이야기를 나누며 학생들은 누구의 행동이 나쁘다고 단순히 결론짓기보다 서로의 입장에서 무엇이 부족했는지, 어떻게 하면 서로 행복할 수 있는지 생각하게 된다. 또 네가 하지 않으니 나도 모른 체하겠다는 태도에 대해서도 자연스럽게 생각하게 된다.

교사	「왜 내가 치워야 돼」와 비슷한 경험, 책을 읽으며 들었던 생각이나 느낌을 나누어 볼까요?
학생 1	누구는 어지르고 누구는 청소하게 두기보다 저는 차라리 같이 치울 것 같아요. 엄마가 원래 어지르고 치우고 하는 거라고 알려 주셨어요.

학생 2	여기에 나오는 즐리처럼 나도 혼자 치운 적이 있었기 때문에 공감이 되었어요. 서로 도와서 잘 치워야겠다고 생각했어요.
학생 3	내가 버린 쓰레기는 어떤 방법으로든 되돌아온다는 것을 알았어요. 나도 그리처럼 잘 안 치우지만, 이 책을 읽고 쓰레기를 꼭 치워야겠다는 생각이 들었어요.
학생 4	내가 하지 않으면 다른 사람도 하지 않는다는 걸 알게 되었고, 다른 사람이 하지 않는다고 나도 하지 않으면 똑같은 사람이 된다고 느꼈어요.

학생들의 경험과 생각에서 시작하여 학급의 역할로 이야기의 흐름을 이어 간다. 교실은 많은 사람들이 함께 생활하는 공간이므로, 청소뿐 아니라 다양한 역할들이 필요하다고 확장하여 이야기한다. 그리고 나서, 모든 학생들이 학급의 구성원으로서 필요한 역할은 무엇이 있으며 어떻게 역할을 정하면 좋은지 등을 함께 고민하고 결정하도록 한다. 이런 과정을 통해 자신이 하고 싶고 필요하다고 생각하는 역할을 맡으면 좀 더 주도적으로 실천하게 된다.

해보고 싶은 역할 찾기

학생들이 해보고 싶은 역할을 찾을 수 있도록 우선 교실을 산책하듯 다녀 보게 한다. 교실 구석구석 무엇이 있는지, 무엇이 어디에 있는지 등을 살펴보면서 필요한 역할이나 해야 할 일이 떠오를 수 있다. 교실을 둘러보면서 찾은 역할과 지금까지 학교생활을 하며 느꼈던 필요한 역할을 적극적으로 떠올리고, 올해 우리 학급에 필요할 것 같은 역할 등을 생각하여 각자 공책에 적게 한다. 이때, 교사는 구체적인 역할이 나올 수 있도록 자세하게 안내하고, 내가 우리 학급에 어떤 도움을 줄 수 있는가에 대해서도 생각해 보게 한다. 학생들에게 필요하다고 생각하는 역할, 우리 교실에서 할 수 있는 역할과 하고 싶은 역할 등을 생각해서 쓰도록 하면 다양한 역할이 나온다.

각자 공책에 정리한 것을 바탕으로 모둠별로 1차 협의를 한다. 중복된 역할을 정리한 다음, 칠판에 전체 학생들이 생각한 역할을 붙여서 공유한다. 모둠에서 1차로 비슷한 활동을 정리했더라도 전체를 모으면 또 중복되는 역할이 있을 수 있다. 각 모둠의 의견을 유목화하여 칠판에 게시하고, 모두가 내놓은 역할에 대해 일정한 시간 동안 학생들이 충분히 공유하도록 한다. 이 과정에서 '아, 이런 역할이 우리 반에 꼭 필요하겠구나', '친구들이 비슷한 생각을 하고 있구나' 하는 공감대가 형성된다.

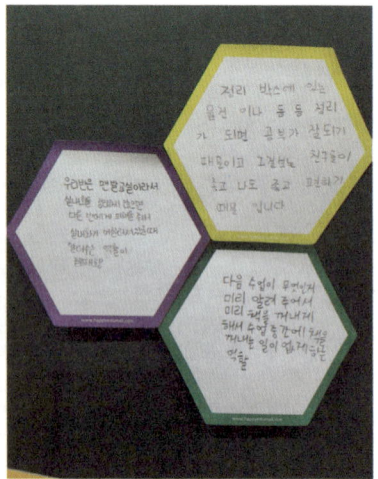

역할에 이름을 달고 지원하기

학급에서 필요한 역할을 찾아보았다면, 이제는 대표하는 역할에 이름 달기를 한다. 비슷한 역할이지만 학생들의 표현은 다양할 수 있다. 학급 회의를 통해 역할에 대한 중복된 의견들을 확인하며 구체적인 실천 방법과 함께, 그에 맞는 이름을 묻고 결정한다. 이 과정에서 학생들의 관심이 높아질 뿐 아니라, 내가 해보고 싶은 역할에 대한 긍정적인 이미지가 만들어질 수 있다.

다음으로, 자신이 해보고 싶은 역할 3가지를 정해 지원서를 작성하게 한다. 지원서에는 내가 하고 싶은 역할과 그 역할에 내가 어울리는 이유(나의 장점), 우리 반에 어떤 도움을 줄 수 있는지 등을 자세하고 설득력 있게 써야 한다고 안내한다.

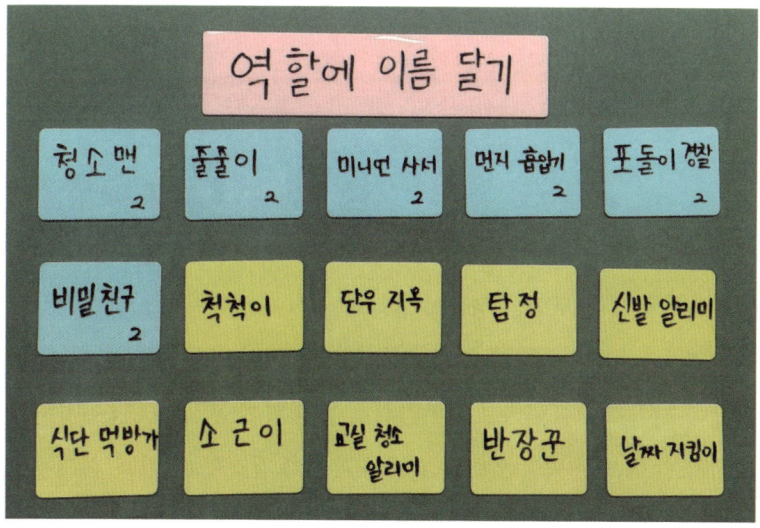

지원서를 받아 보면 학생들이 몰리는 역할이 있다. 이때 바로 결정하지 않고, 학생들이 스스로 결정할 수 있도록 시간을 두는 것이 좋다. 한 역할에 지원자가 몰렸다고 가위바위보 등의 방법으로 급하게 결정하면 자신이 맡게 되는 역할에 대한 관심과 흥미가 감소할 수 있다. 학생들이 스스로 결정하고 선택할 수 있도록 충분히 시간을 주면 훨씬 민주적으로 결정된다.

이때 학생들에게 그림책 「때문에」[5]를 읽어 주면 좋은데, 이 책은 오케스트라 공연에서 하나의 곡이 아름답게 연주되기 위해서는 많은 사람들의 크고 작은 수고가 필요하다는 것을 알게 해 준다. 책을 읽으며 학생들은 학급이라는 공동체에서, 각각의 역할이 소중함을 알고 서로 존중하는 마음을 갖게 된다. 나 때문에, 친구 때문에, 우리 때문에 일어날 멋진 순간들은 모두가 자기 위치에서 최선을 다해 역할을 완수했을 때 가능하다는 것을 느끼고, 함께 이루어 가는 아름다운 과정을 기대하게 된다.

스스로 역할 정하기

역할을 정하는 방법은 학급 상황에 따라 다양하게 할 수 있다. 우선, 지원서 첫 번째 희망란에 적은 역할에 이름표를 붙이고, 가장 적게 지원한 역할부터 맡을 학생을 정한다. 지원서 내용이 충분히 설득력이 있는 경우를 중심으로 선정한다. 많은 학생들이 몰려 있는 역할은 먼저 학생들에게 두 번째, 세 번째 희망 역할로 옮겨 가도 된다고 한다.

대체로 많은 학생들이 옮겨 가면서 자연스럽게 조정이 되는데, 그래도 부동의 희망자가 여럿이라면 지원서를 바탕으로 교사와 친구들을 설득하는 말하기를 하도록 한다. 이 과정은 절대로 강압이나 강요하는 것이 아님을 강조하되, 최종 선택과 결정은 학생들이 하는 것이라고 하면 대부분 상황이 정리된다. 그럼에도 불구하고 역할이 정해지지 않을 경우 시간을 두고 기다려 본다. 이 과정에서 학생들이 스스로 역할을 결정하고 행동에 대한 책임을 질 수 있다는 의식의 변화가 책임감으로 이어질

---

5 「때문에」 모 윌렘스 글, 앰버 렌 그림, 보물창고

수 있다. 자신에게 결정권이 있음을 인지하여 내적인 힘과 자신감이 증진되면 학생들은 스스로의 경험을 통해 책임감 있는 선택과 행동을 익혀 간다. 1인 1역뿐 아니라, 생활 전반에 영향을 주게 될 것이다.

  1인 1역 정하기 과정을 마무리하면서 학생들에게 그림책 「나는 나의 주인」[6]을 읽어 주면 좋다. 부모가 혹은 선생님이 시키니까 하기보다, 스스로 주인이 되어 자신의 것을 지키고 계획하고 실천하도록 돕는 책이기 때문이다. 1인 1역을 맡고 꾸준히 실천 의지를 다지게 하는 데 도움이 될 뿐만 아니라, 가꿈과 성장의 의미도 생각해 보게 한다. '내가 나의 주인이 되고 학급의 주인이 되자' 는 마음으로 실천 의지의 마음을 담아 공책에 필사를 하도록 한다. 그리고 나서 정해진 역할을 표로 출력하여 교실에 붙여 두고 언제나 확인할 수 있도록 돕는다. 「나는 나의 주인」에 나오

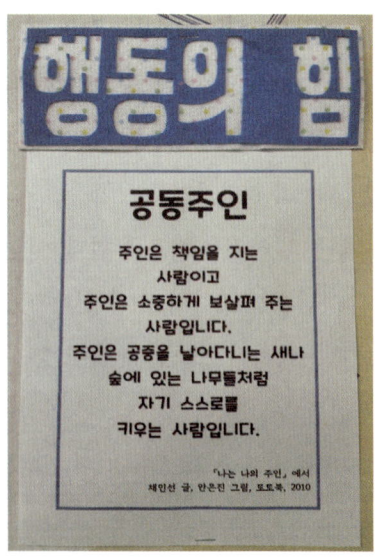

---

6 「나는 나의 주인」 채인선 글, 안은진 그림, 토토북

는 문장을 함께 게시하여 실천할 수 있는 마음의 힘을 잃지 않도록 한다. 1인 1역이 원활하게 진행이 되지 않을 경우에도 문장을 따라 쓰게 하면 좋다.

  1인 1역은 1년 내내, 혹은 한 학기 동안 유지하기보다 학생들이 다양한 역할을 경험할 수 있도록 역할을 바꿀 수 있는 기회를 여러 번 주면 좋다. 맨 처음 1인 1역을 정할 때는 여러 단계를 밟아야 하지만, 이후에 역할을 정할 때는 훨씬 수월하게 할 수 있다. 학급 회의 시간 등을 통해 학생들이 정기적으로 자신의 1인 1역에 대해 돌아보는 시간을 갖도록 해 준다. 둥글게 앉아 돌아가며 자신이 정한 의미 있는 역할을 어떻게 실천하고 있는지 나눔의 시간을 가지면 학생들이 스스로 노력한다.

함께 읽으면 좋은 그림책

- 「생명을 지키는 사람들의 하루」 에릴 내시 글, 아나 알베로 그림, 책속물고기
- 「반짝반짝 청소할 시간!」 페니 해리스 글, 위니 저우 그림, 썬더키즈
- 「개미에게 배우는 책임감」 최재천 글, 박상현 그림, 리잼
- 「책임이 뭐예요?」 길해연 글, 박민주 그림, 키즈김영사

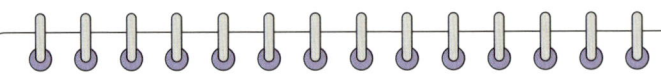

짝꿍
좋은 친구 관계를 맺는 연습

　대부분의 학급에서, 달에 한 번 혹은 학기에 두 번처럼 규칙을 정해 아이들의 자리를 바꾸는 짝꿍 정하기 활동을 한다. 짝꿍은 내 옆자리 친구가 되어, 나와 가장 가까운 곳에서 수업을 들으며 나와 상호작용하고 나에게 도움을 준다. 이 때문에 어떤 친구와 짝이 되느냐는 학생들의 가장 큰 관심사 중 하나로, 학교생활 만족도에도 큰 영향을 끼친다.

　짝꿍 정하기 활동이 단순하게 내 옆자리 친구를 정하는 데 그치지 않고, 짝꿍의 의미와 역할에 대해 생각해 보는 기회가 되도록 한다. 짝꿍이 되어 함께 보내는 시간은 서로를 더 많이 알아 가고 좋은 친구 관계를 맺을 수 있는 소중한 시간이다. 나와 생각이나 성격이 달라 마음에 들지 않는 친구와 짝꿍이 되더라도, 그 안에서 함께 잘 지내는 연습을 하는 기회가 되도록 한다.

그림책 「코뿔소가 달려간다」
허은미 글, 황K 그림, 웅진주니어

이 그림책은 나를 괴롭히고 함부로 대하는 친구보다 더 싫은 짝꿍에 대한 내 마음의 변화를 담고 있다. 처음에는 싫게만 느꼈던 짝꿍이지만, 나를 위해 코뿔소처럼 달려가서 내 편이 되어 주는 짝꿍의 모습에 내 마음이 달라진다. 예전이나 지금이나 짝꿍의 모습과 행동은 변함없지만, 내가 어떤 시선으로 바라보느냐에 따라 짝꿍의 모습이 다르게 다가온다는 걸 보여 준다.

내가 좋아하는 짝 VS 내가 싫어하는 짝

그림책을 읽고 학생들과 이야기를 나눈다. 그림책 내용에 대해 질문하여 좋아하는 짝꿍과 싫어하는 짝꿍의 모습을 생각해 보고, 내가 친구를 대하는 태도에 대해서도 되돌아보게 한다. 학생들에게 내가 좋아하는 짝꿍과 싫어하는 짝꿍은 어떤 말과 행동, 태도를 가지고 있는지 물어서 칠판에 정리한다. 저학년인 경우 교사가 칠판에 적어 주고, 중학년 이상이면 학생들이 직접 붙임종이나 작은 보드에 써서 칠판에 붙이게 한다.

좋아하는 짝(친구)	싫어하는 짝(친구)
내가 모르는 걸 알려 주는 짝	나를 놀리는 짝
내가 어려워할 때 도와주는 짝	공부 시간에 장난하는 짝
친절하게 말하는 짝	나를 때리는 짝
내 얘기를 잘 들어 주는 짝	내 말을 따라 하는 짝
준비물을 빌려 주는 짝	나를 무시하는 짝
수업 시간에 열심히 하는 짝	내 물건을 함부로 만지는 짝

그동안 경험했던 짝꿍의 모습을 떠올리며 좋아하는 짝꿍과 싫어하는 짝꿍의 모습을 정리한 다음, 나는 어떤 짝꿍이었는지 스스로 점검해 볼 기회를 갖는다. 눈을 감고 교사가 말하는 짝꿍에 내가 해당하는지 손가락으로 접어 보며 나는 몇 점짜리 짝꿍인지 생각해 본다. 이 과정을 통해 나는 친구들이 좋아하는 모습의 친구인지 조금 더 노력이 필요한 친구인지 스스로 살펴볼 수 있다.

나는 ○○ 같은 짝꿍이 될래요

내가 어떤 시선으로 보느냐에 따라 짝꿍은 충분히 달라 보일 수 있다. 또 어느 누구도 완벽한 짝꿍이 될 수는 없으며, 좋은 짝꿍이 되기 위해서는 서로에 대한 배려와 이해가 필요하다. 그림책에서 내 짝꿍을 당당한 코뿔소에 비유했던 것처럼, 나는 내 짝꿍에게 이런 짝이 되겠다는 약속을 동물에 비유해서 표현해 보게 한다. "내 짝과 잘 지내기 위해서 나는 어떤 짝꿍이 되어 주면 좋을까요? 동물에 비유해 표현해 보세요" 하며 보드에 쓰거나 활동지에 그리게 한다.

모두 적으면 한 명씩 "나는 ○○ 같은 짝꿍이 될래요. 그 이유는 …입니다" 형식으로 발표하며 친구들 앞에서 약속하는 시간을 갖는다. 이어 '멋진 친구 되는 방법' 노래를 함께 부른다.

다음번 짝꿍을 바꿀 때 한 번 더 이 활동을 하고 싶다면 이번에는 동물 대신 내가 존경하는 사람으로 변경하여 할 수 있다. 예를 들어, '손흥민처럼 점심시간에 함께 축구하며 놀아 주는 짝꿍이 되고 싶어요'라고 하는 것이다. 이 활동은 친구의 의미에 대해 생각하는 친구 사랑의 날 행사 활동으로 해도 좋다.

토끼	쫑긋한 귀로 이야기를 잘 들어 줄래요.	플라밍고	율동할 때 함께 즐겁게 할래요.
코뿔소	다른 친구가 놀리면 쫓아 줄래요.	돼지	깔끔하게 자리를 정돈할래요.
곰	듬직하게 친구의 편이 되어 줄래요.	꼬꼬닭	소리를 내어 수업 시간에 준비하게 알려 줄래요.
거북이	느리지만 제가 할 일을 끝까지 할래요.	말	함께 달리면서 놀아 줄래요.
앵무새	재미있는 이야기를 들려줄래요.	수달	블록 놀이를 함께 할래요.
다람쥐	맛있는 게 생기면 나눠 줄래요.	판다	친구를 즐겁게 해 주면서 함께 놀래요.
기린	예쁘고 친절하게 말할래요.	악어새	필요할 때 도와줄래요.
강아지	만나면 먼저 반갑게 인사할래요.	돌고래	친구가 모르는 문제를 알려 줄래요.
따삐르	교실, 복도에서 사뿐사뿐 걸을래요.	사슴	바른 자세로 앉을래요.
북극곰	하얀 털로 포근하게 안아 줄래요.	비둘기	친구의 부탁을 잘 들어줄래요.
원숭이	구름사다리에서 함께 놀래요.	개미	함께 협동해서 공부할래요.
물개	칭찬하고 박수쳐 줄래요.	나무늘보	조용하게 말할래요

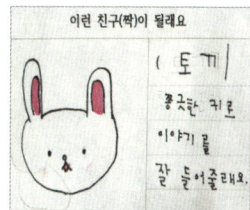  

동물에 비유한 예

동물 카드로 자리 정하기

학생들이 적은 동물 카드를 칠판에 붙이고 어떤 동물끼리 짝이 되면 좋을지 이야기 나눈 뒤, 동물 카드끼리 짝을 지어 자리를 정해 준다. 학생들이 비유한 동물을 적은 종이를 통에 넣고, 통 속에 든 동물 이름 쪽지를 뽑으면 그 자리가 학생의 자리가 된다. 예를 들어 아래 사진의 경우, 내가 기린 쪽지를 뽑았다면 기린 동물 카드가 있는 1분단 첫 번째 줄 왼쪽 자리가 내 자리가 된다.

재미를 더하고 싶다면, 내가 뽑은 동물 쪽지를 현재 내 짝꿍의 등에 짝꿍이 보지 않도록 하며 붙인다. 이렇게 자신의 등에 어떤 동물 쪽지가 붙어 있는지 알지 못하는 상황에서, 내가 어떤 동물인지 알아내고 동시에 내 자리를 찾는 놀이를 한다. '멋진 친구가 되는 방법' 노래를 두세 번 반복하여 재생하는 동안 학생들은 자유롭게 돌아다니며 둘씩 만나 다음과 같이 놀이한다.

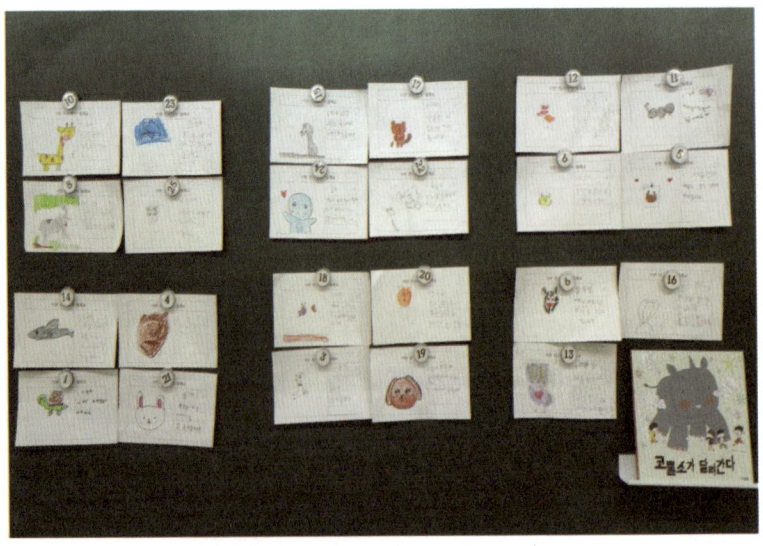

학생 1	반가워!
학생 2	반가워!
학생 1, 2	가위바위보!
학생 1(이긴 학생)	나는 어떤 동물이야? (이기면 진 친구에게 힌트를 받을 수 있다.)
학생 2(진 학생)	너는 귀가 길어 친구들의 이야기를 잘 듣는구나. (친구 등에 붙은 동물 이름을 보고 그 동물의 좋은 점을 이야기해 준다.)
학생 1(이긴 학생)	알려 줘서 고마워.

학생 1, 3	가위, 바위, 보!
학생 1(이긴 학생)	나는 어떤 동물이야?
학생 3(진 학생)	너는 보드라운 털로 따뜻하게 해 줘.

이런 식으로 반복하며 내가 어떤 동물인지를 알 수 있는 힌트를 모은다. 노래가 끝나면 자리에 앉아 내가 어떤 동물인지 한 명씩 돌아가며 발표한다. 이때 친구가 예상한 동물이 맞으면 칭찬 구호를, 틀리면 또 다른 힌트를 주어 맞힐 수 있게 도와준다.

학생 1	저는 귀가 길어 친구의 이야기를 잘 들을 거 같다는 힌트를 받아서 토끼인 것 같습니다. (뒤를 돌아 등에 붙은 쪽지를 보여 준다.)
학생들	(박수) 잘했어!

모두 어떤 동물인지 확인하고, 놀이 소감을 말한다. 학생들은 친구의 힌트를 통해 내가 어떤 동물인지 알아 가는 과정에 흥미롭게 참여한다. 한 명씩 돌아가며 예상한 동물을 이유와 함께 발표할 때는 조용히 경청

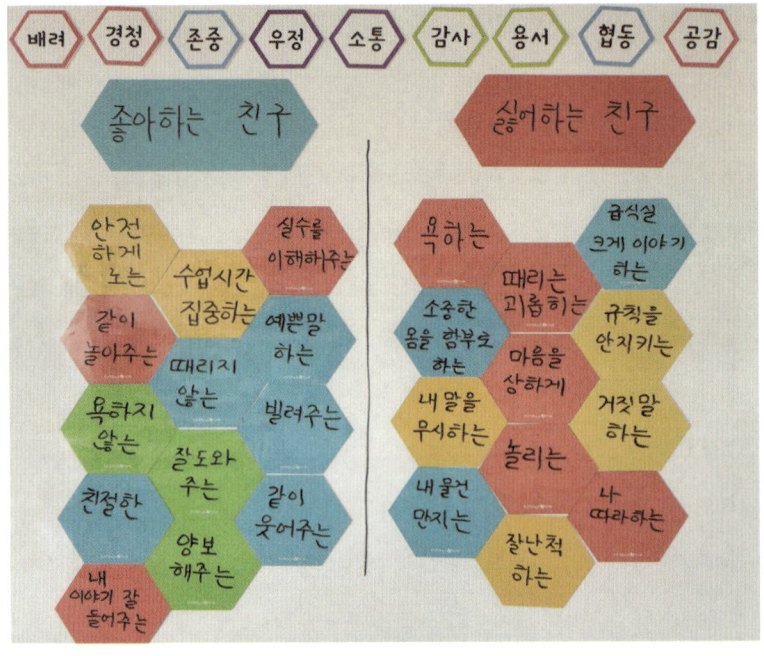

하고, 친구가 동물을 맞히면 함께 박수 치며 기뻐해 준다. 교실에서 짝꿍과 잘 지내기 위해 필요한 모습을 다시 한번 살피며 가치 덕목에 대한 이야기를 나누어 본다. 학생들은 짝꿍과 함께 잘 지내기 위해 필요한 덕목으로 협동, 존중, 배려 등을 꼽았다.

지금 짝꿍과 헤어지고 새 짝꿍 만나기

학생들은 동물 카드에 따라 정해진 자리로 이동하고, 새 짝꿍과 서로 인사를 한다. 새 짝꿍을 만나면 요일과 시간을 정하여 짝과 둘만의 시간을 갖도록 미션을 주면 좋다. 그에 앞서, 정해진 기간 동안 함께 지낸 짝꿍과 헤어질 때는 꼭 짝꿍과 헤어지는 이별식을 한다. 먼저, 종이를 보지 않고 서로 눈을 맞춘 상태에서 서로를 그려 준다. 서로의 얼굴만 보면서 그리기 때문에 그림은 엉망으로 그려질 수밖에 없다. 하지만 그 과정에서 짝꿍의 모습을 한 번 더 자세히 마주하게 되기 때문에, 눈도 코도 입도 삐뚤게 그려졌지만 오히려 즐거워한다. 짝꿍을 그린 종이에 그동안 짝꿍에게 고마웠던 점과 미안한 점 등을 쓰고, 그것을 짝꿍에게 선물한다.

놀이를 통해 자리를 정했다면 다시 자리를 바꾸기 전까지 고정할 수도 있지만, 학생들의 키나 시력, 몸집 등을 고려하여 한 주에 한 칸씩 뒤로 간다든지, 모둠 내에서 시계 방향으로 자리를 바꾼다든지 등의 규칙을 정하면 좋다. 한 위치에만 앉아서 생기는 불편한 점을 최소화할 수 있게 도와준다. 학생들이 일 년 동안 앉게 되는 자리를 적어 두고, 다양한 위치에 앉을 수 있도록 해도 좋다.

그림책을 활용한 짝꿍 정하기 방법

앞서 설명한 방법 외에 그림책을 활용하여 짝꿍을 정할 수 있는 방법을 소개한다. 먼저, 그림책 속 인물끼리 환상의 짝꿍 찾기를 할 수 있다. 학생들과 그림책 속 등장인물들에 대해 이야기 나누고, 그림책 속에 나오는 인물들 중 환상의 짝꿍이 될 것 같은 커플을 찾아본다. 「슈퍼 거북」의 토끼와 꾸물이, 「알사탕」의 동동이와 구슬이, 「이파라파냐무냐무」의 털숭숭이와 마시멜롱, 「위를 봐요」의 수지와 남자 아이, 「민들레 사자 댄디라이언」의 댄디라이언과 바질, 「강아지똥」의 강아지똥과 민들레 등 그동안 학급에서 아이들과 읽었던 그림책을 떠올리며 잘 어울리는 짝꿍을 찾아 적는다. 인물 이름이 적힌 종이를 통에 넣고 제비뽑기하거나, 칠판에 대형 사다리를 그리고 사다리 타기를 하여 짝꿍을 정할 수 있다.

그림책의 제목을 나누어 적은 쪽지를 만들어, 그림책 제목 완성하기로 짝꿍 찾기를 할 수도 있다. 「지각 대장 존」이라는 제목을 두 개의 쪽지에

'지각 대장'과 '존'이라고 나누어 쓴다. 이렇게 제목을 나누어 적은 쪽지를 교실 이곳저곳에 숨기고 학생들이 찾도록 한다. 한 명씩 내가 뽑은 쪽지의 그림책 제목의 일부를 읽으면, 나머지 제목에 해당하는 친구가 일어나 서로 짝꿍이 되는 방법이다. 기존에 학급에서 읽었던 그림책의 제목을 활용하면 학생들이 쉽게 짝꿍을 찾을 수 있다.

그림책 공통점 찾기로 짝꿍 찾기를 해봐도 재미있다. 그림책이 많은 도서관에 가서 학생들에게 그림책을 각자 한 권씩 고르도록 시간을 주고, 학생들이 골라온 그림책의 공통점을 찾아 짝꿍 정하기 활동으로 연결한다. 작가가 같은 그림책, 주인공이 동물인 그림책, 책등의 색이 같은 그림책, 제목이 같은 글자나 초성으로 시작하는 그림책, 책의 분류 기호가 같은 그림책, 판형이 같은 그림책, 글이 없는 그림책 등 아이들이 자유롭게 서로가 고른 그림책의 공통점을 찾으며 자유롭게 짝을 정하게 한다. 공통점을 찾지 못해 짝꿍을 정하지 못한 경우에는 다시 그림책을 골라 오게 하거나, 교사와 친구들이 공통점을 찾게 도와준다.

함께 읽으면 좋은 그림책

- 「짝꿍」 박정섭 글·그림, 위즈덤하우스
- 「짝꿍 바꿔 주세요!」 다케다 미호 글·그림, 웅진주니어
- 「친구를 모두 잃어버리는 방법」 낸시 칼슨 글·그림, 보물창고
- 「상자 속 친구」 이자벨라 팔리아 글, 파올로 프로이에티 그림, 이야기공간

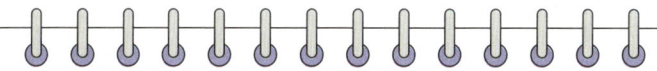

비밀 친구

협력적인 학급 분위기 만들기

스마트폰을 포함해 다양한 미디어가 발달하면서 함께하는 활동보다 개인 활동이 부쩍 늘었다. 더욱이 코로나 팬데믹이 장기화되면서 학생들은 친구들과 소통하고 관계 맺으며 성장할 기회가 적었다. 소통이 어렵고 감정을 표현하지 못하는 아이, 마음이 지치고 회복이 필요한 아이, 주변에 관심을 두지 않는 아이들이 많아지며, 하루에도 몇 번씩 친구 관계에서 어려움을 겪는 학생들을 만나게 된다.

학생들이 친구들과 더불어 살아가는 역량을 기를 수 있는 관계 개선 활동으로 '마니토'를 추천한다. 마니토(Manito)는 '비밀 친구'란 뜻의 이탈리아어로, 제비뽑기 등의 방식으로 선정된 친구에게 자신의 정체를 숨기고 선행을 베풀거나 편지, 선물을 제공하는 등 수호천사가 되어 주는 활동을 말한다. 많은 학급에서 친구 사랑 주간이나 학기 초, 학기 말에 마니토 활동을 하는데, 물질적이고 일회적인 프로그램에서 벗어나 장기적이고 의미 있는 관계 개선 활동이 될 수 있도록 내실 있게 운영한다. 마니토 활동을 통해 배려, 존중, 소통, 공감 등의 가치를 배울 수 있고 협력적인 학급 분위기를 만들 수 있다.

그림책 「외계인 친구 도감」
노부미 글·그림, 위즈덤하우스

외계인을 만나고 온 지구인 소년이 외계인과 친구가 되는 방법을 알려 주는 책이다. 생김새와 성격은 다르지만, 서로에 대해 잘 알고 이해한다면 모두 친구가 될 수 있다는 메시지를 담고 있다. 특별한 UFO와 외계인들 각자의 특징을 소개하는 장면을 구석구석 살펴보는 재미가 있다.

그림책처럼 '나' 소개하기

외계인의 이름과 모습, 성격, UFO의 구조 등을 간단한 글과 그림으로 나열한 도감 형식의 그림책 내용과 연관 지어 '나'를 소개하는 활동을 한다. 외계인 소개 장면에 외계인의 모습이 담긴 메달이 등장하는데, 이것에 착안하여 자신의 캐릭터를 그려 넣어 메달을 만든다. 인터넷을 검색하여 종이 메달이나 그림을 그릴 수 있는 플라스틱 메달을 구매하여 활용한다.

가장 먼저 자기를 간단히 나타낼 수 있는 캐릭터를 정하도록 한다. 캐릭터는 사람의 모습으로 그릴 수도 있고, 자신을 상징하는 물건으로 그릴 수도 있다. 저학년은 자신을 다른 동식물, 물체로 상징화하는 것을 어려워할 수 있으므로 자신의 모습을 단순화하여 그리도록 하고, 중학년 이상은 자신을 다른 동식물, 물체에 비유하여 캐릭터를 만들 수 있다고 소개하면 좋다.

캐릭터를 구상했다면 메달에 자신의 캐릭터를 옮겨 그린다. 종이 메달을 사용할 경우는 색연필, 사인펜 등 대부분의 채색 도구를 활용할 수 있고, 플라스틱 메달은 네임펜(유성펜), 매직을 사용해야 그림과 글씨가 잘 지워지지 않는다. 이 메달은 마니토 활동이 끝나면 마니토 친구에게 기념으로 선물할 특별한 물건이자 우정의 증표가 된다고 미리 설명하면 학생들이 좀 더 정성스럽게 만든다.

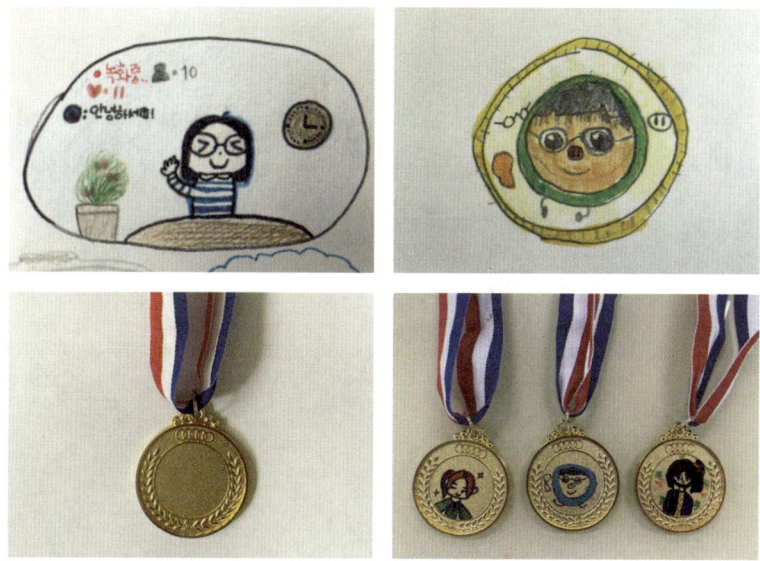

메달을 만든 다음에는 '나'를 소개하는 자기소개서를 만든다. 이때 만드는 자기소개서는 학기 초에 만드는 자기소개서의 형식과 다르게, 「외계인 친구 도감」의 형식을 빌려 온다. 앞 활동에서 메달에 그린 자신의 캐릭터를 A4 크기 도화지에 다시 그리고, 이름을 적는다. 그다음 내가 외계인이라면 살 법한 UFO 공간을 그린다. 그 공간 안에 자신이 좋아하는 것, 싫어하는 것, 듣고 싶은 말, 듣기 싫은 말, 친구들에게 바라는 행동, 조심해 주었으면 하는 행동 등 마니토 활동에 도움이 될 만한 정보를 적는다.

완성된 자기소개서를 학급 게시판에 붙여, 학생들이 마니토 활동 내내 친구들에 대한 정보를 살펴볼 수 있게 한다. 실제로 마니토 활동 기간 중에 학생들이 아침 활동, 쉬는 시간마다 게시판에 다가가 친구들에 대한 내용을 자세히 살펴보는 모습을 자주 볼 수 있다. 마니토가 된 친구뿐 아니라 학급 친구들에 대한 이해도 높일 수 있다.

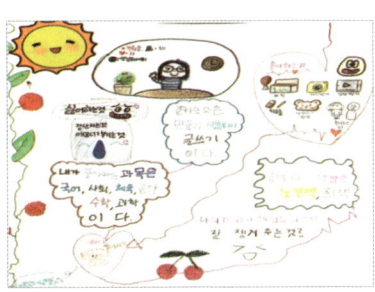
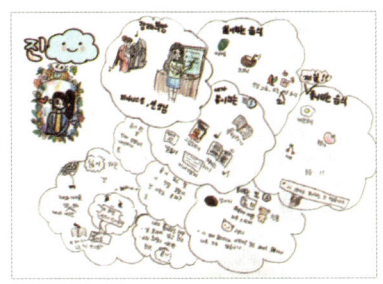

마니토 활동하기

마니토 활동을 막상 시작하면 마니토로 뽑은 친구가 마음에 들지 않는다며 마니토 활동을 하지 않는 학생, 마니토인 것을 들키지 않고 어떻게 활동해야 할지 모르겠다는 학생, 마니토가 누군지 여기저기 알리고 다니는 학생, 반대로 마니토가 누군지 물어보고 다니는 학생 등 다양한 경우들이 생길 수 있다. 마니토 활동을 하기 전에 학생들과 마니토에 대한 이야기를 충분히 나누는 것이 좋다. 마니토 활동은 이미 친한 친구들과 우정을 다지기 위한 것이 아니라 친하지 않은 친구, 잘 모르는 친구와도 좋은 관계를 쌓는 데 중점을 둔다고 미리 이야기 나눌 필요가 있다. 그리고 다음과 같이 마니토 활동을 위한 약속을 정한다.

1. 마니토가 눈치 채지 못하게 몰래 미션을 수행한다.
2. 공개 전까지 마니토가 누군지 이야기하지 않는다. 만약 다른 친구의 마니토를 알게 되더라도 비밀을 지킨다.
3. 마니토가 마음에 들지 않더라도 마니토에게 특별한 관심을 가지며 친구를 관찰하고 새롭게 알아 간다.

학생들에게 위 내용을 담아 서약서를 작성하게 하면 학생들이 활동을 시작하기 전에 마음을 다질 수 있다. 또 활동 과정에서 선물과 편지 등을 주고받기 때문에 활동 전에 학부모들에게 활동에 대한 안내문을 보내 관심과 협조를 구하는 것이 좋다. 안내문에 취지와 활동 과정 등을 상세하게 설명하여 학부모들의 이해를 돕는다.

교사는 학생들에게 마니토 미션과 활동 일지가 담긴 학습지(미니 북)를 제공한다. 마니토 활동의 미션을 미리 제시하면 방법을 몰라서 활동을 못하는 경우를 막을 수 있다. 마니토 미니 북에 마니토 미션의 예시를 정리하여 알려 주고, 자신이 활동한 마니토 활동을 일지처럼 적게 하면 좋다. 미니 북에 자신의 활동을 적으며 많이 하지 못했으면 더 해야겠다는 결심을 하게 되고, 꾸준히 잘했다면 뿌듯함을 느낄 수 있다.

마니토 활동 사전 준비가 끝나면 이제 마니토를 뽑는다. 교사는 A4 용지를 4등분하여 학생들에게 나눠 주고 자신의 이름, 내가 좋아하는 것, 싫어하는 것, 듣고 싶은 말, 듣기 싫은 말을 적게 한다. 다 적은 학생들은

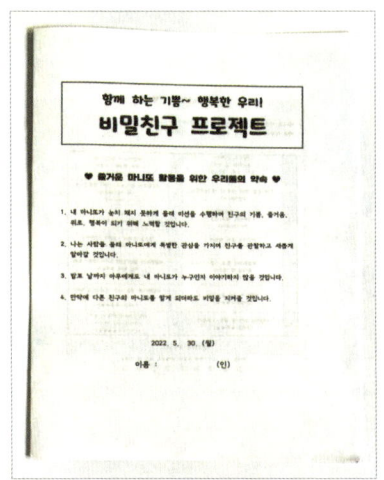

미니 북	마니토 미션
마니토 일지	학부모 안내문

종이를 두 번 접어서 뽑기 통에 넣는다. 학생들이 차례대로 제비뽑기를 하고, 만약 자신이 적은 종이를 뽑은 경우 종이를 다시 뽑기 통에 집어넣고 전체가 새로 제비뽑기를 한다. 하지만 이미 2/3 이상 제비뽑기가 진행된 경우라면 뽑은 학생만 조용히 종이를 통 안에 넣고 다시 뽑는다.

마니토 선정 과정이 끝나면 학생들에게 마니토 활동 기간과 공개식 날짜, 마니토 활동 방법 등을 자세히 알려 준다. 마니토 활동 기간은 학급 상황을 고려하여 1~2주 정도로 정하고, 마니토 미션은 학생들이 쉽게 실천할 수 있는 것으로 제시한다. 미션은 하루에 1개 이상 반드시 실천하도록 하고, 수행한 미션은 활동지에 기록한다. 기록할 때는 그때의 감정을 적게 하여 활동의 기쁨과 설렘, 긴장감 등을 상기할 수 있도록 한다. 같은 반 친구를 마니토로 정해 일정 기간 챙기고 도우면서, 학생들은 배려의 의미를 알고 실천하게 된다.

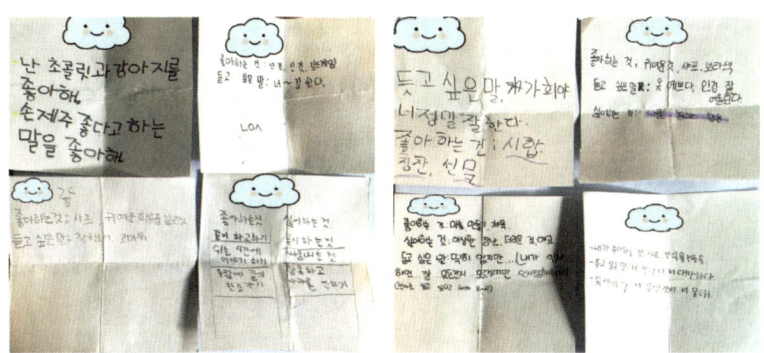

마니토 뽑기

마니토가 잘했을 때 박수 열심히 쳐 주기	마니토와 인사하기 (등교, 하교 시 등)	마니토 자리 정리해 주기
마니토가 듣고 기분 좋아질 말 해 주기	마니토 부탁 들어주기	마니토와 쉬는 시간, 점심시간에 함께하기
마니토에게 편지 쓰기 (쪽지)	마니토 칭찬하기	마니토 웃게 만들기

마니토 활동 예

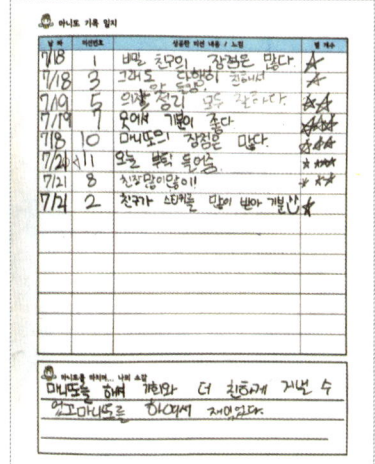 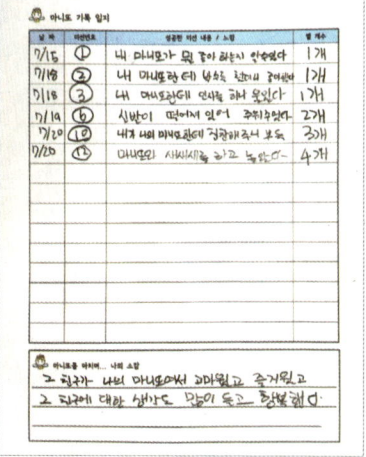

마니토 일지 적기

마니토 공개식 열기

마니토를 공개하기 직전까지 마니토 활동할 수 있도록 시간을 충분히 주고, 마지막 교시에 마니토 공개식을 연다. 공개식 때 마니토에게 줄 선물과 편지도 미리 준비한다. 마니토 공개식은 다음과 같은 순서로 진행한다.

1. 남자 1명, 여자 1명이 순서대로 나와 화이트보드에 자신의 마니토일 것 같은 친구의 이름을 적는다. 잘 모르겠다면 모른다고 적어도 된다.
2. 앞에 나온 학생들은 뒤돌아 서 있고, 마니토가 살며시 걸어 나와 몰래 친구 뒤에 선다.
3. 교사가 "마니토를!" 외치면 앉아 있는 학생들이 "공개합니다!"를 외치며 크게 박수 쳐 준다.
4. 나온 사람은 뒤돌아서 마니토를 확인하고, 편지와 선물, 메달을 교환하며 인사를 나눈다.
5. 위의 방법으로 2명씩 앞으로 나와 계속 진행한다.

마니토 공개의 순간 　　　　마니토와 기념사진 　　　준비한 선물과 편지

학생들이 뒤돌아 서서 자신의 마니토를 기다릴 때 교사는 만남을 기대하게 만드는 배경 음악을 깔아 준다. 수업에서는 안드레아 보첼리가 부르는 <Mai Piu Cosi Lontano>를 틀어 주었다. 예능 프로그램에서 누군가를 기다리거나 만날 때 자주 듣게 되는 성악곡으로, 이 음악을 틀어 주면 누군가를 기다리는 분위기가 한층 살아난다. 학생들은 자신이 추측한 마니토가 맞는지 아닌지 궁금해하며 설렌다. 내가 추측한 마니토가 맞으면 기뻐하고, 추측이 틀리거나 어려웠던 친구라면 깜짝 놀란다. 간혹 함께 나온 친구가 마니토여서 일렬로 서게 되는 경우도 있는데, 이럴 때는 학

생들 사이에 웃음이 터지기도 한다. 의외의 인물이 마니토라는 걸 알게 되면 앉아 있는 친구들이 먼저 격한 반응을 보이기도 하는데, 이때 이름을 이야기하지 않도록 미리 안내한다.

공개식이 끝나면, 마니토 활동을 마치는 소감을 간단히 적고 그 소감을 친구들과 나눈다. 많은 학생들이 친구의 소중함을 느끼고, 호불호와 관계없이 앞으로 친구를 배려하고 돕겠다는 결심을 하게 된다. 학생들에게 배려가 무엇이냐고 물으면 누군가 돕고 이해하는 것이라고 쉽게 말할 수 있지만, 실천은 쉽지 않다. 마니토 활동은 학생들에게 친구 관계에서 우정과 배려를 실천하는 동기가 될 수 있다.

학생 1   마니토가 누구인지 들키지 않기 위해 모든 친구들에게 인사하고 칭찬하니 나도 기분이 좋아졌다. 앞으로도 모든 친구들에게 인사하고 칭찬해야겠다.

학생 2   마니토를 해서 ○○와 더 친하게 지낼 수 있었고 재미있었다. 내 마니토가 누군지 친구들의 마니토가 누군지 추리하는 재미도 있었다.

학생 3   그 친구가 나의 마니토여서 고마웠고 즐거웠다. 그 친구에 대한 생각이 많이 들었고 행복했다. 이런 활동은 자주 했으면 좋겠다.

학생 4   마니토 활동을 하며 들킬까 봐 긴장되기도 했지만 재미있고 즐거웠다. 또 마니토가 ○○라는 것에 깜짝 놀랐고 의외였다.

학생 5   내 비밀 친구가 자리를 오래 비우지 않고 친구들이 의심스레 쳐다보는 바람에 들킬까 봐 활동을 많이 못 해 주어서 미안하다. 내 마니토가 속상했을 것 같다. 마니토 활동을 많이 하지 못해서 아쉬웠지만 재미있었다.

우리 반 친구 도감 만들기

마니토 활동 기간 동안 교실 게시판에 항상 게시하였던 자기소개서를 모아 학급 책 형식의 「우리 반 친구 도감」을 만든다. 친구들의 특징, 좋아하는 것, 싫어하는 것을 파악할 수 있는 자기소개서를 마니토 활동이 끝나고 다시 돌려주기보다 학급 책으로 만들어 책꽂이에 꽂아 두면 학생들이 자주 살펴보며 소중히 관리하는 모습을 볼 수 있다. 마니토의 추억을 간직하고 학급 친구들을 좀 더 이해하고 알아 가는 계기가 될 수 있다.

이 밖에 앞에서 소개한 마니토 활동 방식을 변형하여 다양한 마니토 활동으로 전개할 수 있다. 선물을 주고받거나 긴 기간 활동을 하는 것이 부담스럽다면 칭찬 마니토 활동으로 바꾸어 진행한다. 일주일 동안 마니토로 뽑은 친구의 장점을 살펴보고 칭찬 일지를 적은 뒤, 마니토를 공개할 때 내가 찾은 친구의 장점을 칭찬하고 본받고 싶은 점을 나눈다.

또 마니토를 뽑은 뒤 나의 마니토 친구에 대해 떠올리며 '너BTI' 테스트를 해봐도 좋다. 너BTI 테스트(https://poomang.com/detail/nyvlm?c=3)는 자신이 아닌 상대방에 대해 알아 보는 테스트로, 마니토 친구의 평소 모습을 떠올리며 체크한다. 친구의 성향을 파악해 볼 수 있어, 마니토 활동을 할 때 도움이 된다. 테스트 결과는 마니토 공개식 때 함께 공유하며, 내가 본 친구와 친구가 생각하는 내가 어떤지 알아보는 기회가 될 수 있다.

함께 읽으면 좋은 그림책

- 「친구에게」 김윤정 글·그림, 국민서관
- 「친구란 뭘까?」 조은수 글, 채상우 그림, 한울림어린이
- 「난 네가 부러워」 영민 글·그림, 뜨인돌어린이
- 「무지개 물고기」 마르쿠스 피스터 글·그림, 시공주니어

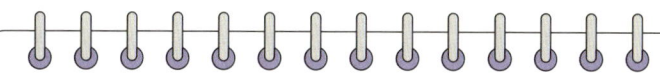

이성 교제

상대를 배려하는 마음의 시작

고학년 교실에서 이성 친구를 사귀는 학생들이 적게는 2~3명, 많게는 10명까지 있을 만큼 이성에 대한 초등학생들의 관심이 높아지고 있다. 한 설문 조사 결과에 따르면 청소년의 52%가 연애 경험이 있고, 처음 이성 교제를 한 시기도 초등학생 때가 35%로 가장 많은 비율을 차지한다고 한다. 성관계를 맺는 학생들의 나이도 점점 낮아지는 추세다. 또 다른 조사 결과에 따르면 2022년 우리나라 청소년의 성관계 시작 나이는 13.6세로, 2020년 평균 14.3세에서 더 빨라진 것을 확인할 수 있다.

사춘기에 들어서는 연령이 해가 갈수록 앞당겨지는 상황에서 더 이상 이성 교제를 중·고등학생들만의 문제로 간과할 수 없다. 이성 교제에 따를 수 있는 심각한 문제를 예방할 수 있도록 학생들과 함께 다양하게 고민해 본다. 이성 친구를 사귈 때 감정을 표현하는 올바른 방법만큼이나 중요한 것이 신체적 접촉 문제다. 상대가 동의하지 않은 과도한 신체 접촉을 요구하지 않고, 원치 않는 접촉은 거절하는 법을 함께 배워야 한다. 친밀하게 느껴지는 이성 친구 사이에도 서로 지켜야 할 선이 있다는 것을 알아야 한다. 올바른 이성 교제에 대해 배우고 생각하는 과정에서 학생들은 다양한 인간관계를 맺어 나가는 방법을 익히게 된다.

그림책 「사랑 사랑 사랑」
맥 바넷 글, 카슨 엘리스 그림, 웅진주니어

사랑이 무엇인지 궁금한 한 소년이 답을 찾아 여행을 떠난다. 답을 찾기 원하는 소년에게 할머니는 "세상에 나가 보렴" 말하고, 소년은 여행을 시작한다. 소년은 여행길에서 만난 다양한 사람들에게 사랑이 무엇인지 묻는다. 답을 찾지 못한 소년은 다시 할머니가 계시는 집으로 돌아온다. 할머니는 집으로 돌아온 소년에게 사랑이 무엇인지 답을 찾았는지 묻고, 소년은 이에 답한다.

사랑을 느꼈던 순간 떠올리기

그림책을 읽고 학생들에게 "그래서 너희가 생각하는 사랑은 무엇이니?" 하고 질문을 던진다. 학생들이 생각하는 사랑은 제각각 달라서 부모님 마음, 우리 집 강아지를 생각하는 내 마음, 언니가 나를 챙겨 주는 마음, 선생님이 우리를 가르쳐 주시는 마음 등 다양한 답이 나올 수 있다. 이성 간의 사랑에 대해 이야기가 나오면 자연스럽게 학생들에게 누군가를 좋아했던 경험이 있는지 묻는다.

초등학교 고학년쯤 되면 이성을 좋아하거나 그런 이야기를 주변에서 듣거나 본 경험이 한 번씩은 있다. 하지만 이에 대해 자신 있게 발표하는 학생이 드물기 때문에 익명으로 종이비행기 날리는 활동을 하면 좋다.

각자 흰색 A4 용지에 누군가를 좋아했던 경험을 익명으로 적고, 종이비행기를 접어 교사의 신호에 맞춰 교실 앞쪽으로 날리게 한다. 이때 친구의 얼굴로 향하지 않도록 주의하고, 교사는 교실 앞에 떨어진 종이비행기를 주워 학생들과 경험담을 공유한다.

> 슬찬이와 1년 만에 전화했을 때. 이전에는 몰랐는데 지금 나에게 가장 중요한 사람은 슬찬이 같다. 오랜만에 전화를 하는데 뭔가 나의 기분을 이해하고 풀어 주는 느낌을 받았다. 사랑인지 모르겠지만 제일 가까운 경험이다.

> 부모님이 나를 안아 주셨을 때 온기를 느꼈고, 나는 그걸 사랑이라고 생각한다. 꼭 안지 않아도 부모님의 말과 행동에서 정신적 온기를 느낀다. 그것이 사랑이다.

> 세븐틴 아이돌 그룹에 사랑을 느꼈다. 세븐틴을 처음 봤을 때 '어떻게 이런 잘생김이 티비를 뚫고 나오지?' 하며 사랑에 빠졌다. 세븐틴 사진만 봐도 행복하다. 세븐틴이 행복해하는 모습만 봐도 나까지 행복해진다. 이런 것이 사랑이다.

종이비행기에 적힌 '사랑을 느꼈던 순간'

학생들이 날린 종이비행기를 펼쳐 하나씩 경험담을 읽어 준다. 친구들이 공감하는 사연도 있고 고개를 갸우뚱거리는 사연도 있다. 다양한 사연들을 읽으며 사랑에 대한 감정은 사람마다 모두 다를 수 있음을 말해 준다. 교사가 종이비행기에 적힌 경험담을 읽어 줄 때 공감하는 내용이 나오면 손을 들게 하여 사랑에 대한 우리 반 친구들의 공감대를 알아볼 수도 있다. 종이비행기에는 깊은 감정이 묻어나는 글도 있지만 비교적 가벼운 감정이 드러나는 글도 있다. 그런 글을 읽어 주면 학생들 사이에서 "그게 사랑이에요?" 하는 질문이 터져 나온다. 이때를 기회로 삼아 학생들과 함께 사랑하는 것과 좋아하는 것의 차이를 짚어 본다.

좋아하는 것과 사랑하는 것의 차이

학생들에게 좋아하는 것과 사랑하는 것의 차이를 질문하여, 감정의 차이를 생각해 보는 시간을 가지면 좋다. 두 감정의 차이를 명쾌하게 설명하기는 어렵지만, 초등학교 고학년쯤 되면 두 감정이 조금 다르다는 것을 알 수 있다.

교사	좋아하는 마음은 무엇일까요?
학생 1	늘 같이하고 싶은 마음이에요.
학생 2	좋아하는 친구와는 짝이 되고 싶어요.
학생 3	같이 놀면 재미있는 마음이에요.
교사	그럼 사랑하는 마음은 무엇일까요?
학생 1	부모님이 저를 생각해 주는 마음이에요.
학생 2	제가 아픈 우리 집 강아지를 생각하는 마음이에요.
학생 3	엄마와 아빠가 서로를 챙겨 주는 마음이에요.
학생 4	코로나에 걸려서 학교에 나오지 못하는 친구가 걱정되는 마음이에요.
교사	여러분은 친구를 사랑하나요?
학생 1	네.
학생 2	아니오. 사랑하는 건 잘 모르겠고, 좋아해요.
교사	좋아하는 마음과 사랑하는 마음의 차이는 무엇인가요?

수업에서 학생들은 좋아하는 것과 사랑하는 것의 차이를 다음와 같이 답하였다.

- 좋아하는 사람과 헤어지면 눈물이 나진 않지만, 사랑하는 사람과 헤어지면 눈물이 나요.
- 좋아하는 사람은 같이 있으면 좋지만, 옆에 없을 때 생각이 나진 않아요. 그런데 사랑하는 사람은 옆에 없으면 생각나요.
- 좋아하는 사람에겐 할 수 없지만, 사랑하는 사람에겐 제 목숨도 줄 수 있어요.
- 좋아하는 사람과는 절교할 수 있지만, 사랑하는 사람과는 절교가 쉽지 않아요.
- 좋아하는 마음은 짧은 시간에도 생기지만, 사랑하는 마음은 오랜 시간이 걸려야 생겨요.

'사랑이란 ○○이다'로 정의하기

좋아하는 것과 사랑하는 것, 두 감정의 차이점을 생각해 본 다음 사랑이란 무엇인지 함께 정의해 본다. 이때 국어 교육과정과 연계하여 비유적 표현을 활용해 사랑을 정의해 보도록 하면 좋다. 칠판에 '사랑은 ○○이다'라고 쓰고, 학생들에게 이 틀에 맞춰 내가 생각하는 사랑을 잘 알고 있는 사물에 빗대어 생각해 보도록 한다.

사랑은 아픔이다. 왜냐하면 같이 있을 땐 잘 모르지만 이별하게 되면 그 사람이 미치도록 보고 싶기 때문이다. 사랑은 늘 아픔과 함께하는 것 같다.
사랑은 반전 영화다. 좋을 때는 항상 좋고 뭐든지 해피 엔딩일 것 같지만, 헤어지고 나면 서로 얼굴도 안 보기 때문이다.
사랑은 안대이다. 공동체 놀이를 할 때 안대를 쓰면 앞이 제대로 안 보인다. 그것처럼 내가 우리 집 강아지를 사랑하면 강아지가 똥오줌을 싸고 미용이 이상하게 되어도 내 눈에는 그런 것들이 하나도 안 보인다.

학생들이 정의한 사랑

활동 후 다시 「사랑 사랑 사랑」 그림책의 마지막 장으로 돌아온다. 마지막 장면을 보며, 사랑에 대한 답을 찾았는지 묻는 할머니에게 소년은 무엇이라고 대답했을지 생각해 본다. 학생들은 혼자 생각했던 그대로 정의하거나, 친구들의 발표를 듣고 자신의 생각을 확장하여 정의할 수도 있다.

그림책 마지막 장 완성하기

내 생각대로 사랑을 정의했다면, 이 정의를 활용해 그림책 마지막 장을 완성해 본다. 그림책이 열린 결말로 끝나기 때문에 나만의 대답으로 마지막 장을 완성하는 활동을 하기에 좋다. 이 활동은 그림책의 마지막 장을 완성하는 것이므로, 그림책 인물의 말투와 비슷하게 쓰도록 미리 안내한다. 하나의 그림책을 완성시키는 것이므로 그림책과 결이 비슷하게 가는 것이 좋다. 또 "사랑은 ○○이야"라고 간단히 적고 끝내지 않도록 그렇게 생각한 이유도 함께 쓰게 한다. 이유를 쓰는 것을 어려워하는 학생이 있다면, 그림책에서 어부가 소년에게 "사랑은 물고기야"라고 답한 뒤 그렇게 생각한 이유를 나타낸 장면을 참고로 보여 준다.

모든 학생들의 활동이 끝나면 칠판이나 게시판에 전시한 뒤 다른 친구들의 작품을 보도록 한다. 나와 비슷하거나 다른 생각이 있는지 살펴보며 사고의 확장을 유도한다. 칠판이나 게시판 사용이 용이하지 않을 경우, 갤러리 워크로 진행할 수도 있다. 학급의 책상을 ㄷ자로 일렬 배치한 뒤 책상 위에 작품을 올려두고 미술관을 관람하는 것처럼 한 줄로 친구들의 작품을 보도록 한다.

그림책 「왈왈이와 얄미」

방정화 글·그림, 베틀북

개와 고양이가 사랑을 싹 틔우며 좋은 만남을 이어 간다. 그러다 감정이 상하는 일이 생기는데, 서로 원하는 것이 달라서 생긴 불화였다. 개는 고양이에게 개만의 스타일로 대하고, 고양이는 고양이 스타일로 대하지 않는 개에게 불만이 쌓인다. 결국 개와 고양이가 서로 이해하고 상대에게 맞춰 배려하는 장면으로 끝이 난다.

상대방을 배려하는 약속 정하기

사랑이라는 감정에 대해 깊게 생각하는 시간을 가졌다면 그 소중한 감정을 바탕으로 이성 친구를 어떻게 대해야 하는지 생각해 본다. 먼저, 학생들과 그림책 「왈왈이와 얄미」를 읽고 이성 교제를 할 때 상대를 배려한다는 것이 어떤 의미인지 생각해 본다. 수업에서 학생들은 "배려의 기준은 내가 아니라 상대예요", "내가 아니라 상대가 편한 대로 맞춰 주는 것이 배려예요", "상대가 원하는 대로 해 주는 것이 배려예요"와 같은 발표를 하였다.

배려의 의미에 대해 생각해 보았다면 이어, 이성 교제를 시작할 때 주의하고 지켜야 할 것에 대해 생각해 보고 서로 약속을 정한다. 사랑이란 감정과 배려에 대해 깊게 생각하고 약속을 정하는 활동을 하며 학생들은 많은 생각을 하게 된다. 상대가 내 마음과 같지 않을 때는 어떻게 해야 하는지, 만남을 시작하거나 헤어질 때는 어떻게 해야 하는지 등을 모둠 친구들과 이야기 나누고 약속을 정하도록 한다.

SNS를 통한 가벼운 장난 고백과 무성의한 이별 통보에 대해서도 학생들과 이야기 나누면 좋다. 자신의 마음을 정성을 다해 표현하는 것 역시 상대를 배려하는 일이라는 것을 알게 해 준다. 이성 교제 수업을 하기 전에 성교육을 통해 나와 타인 사이의 경계(신체적 거리, 물리적 거리, 심리적 거리)에 대해 학습했다면, 청소년기의 이른 성관계와 심리적 가스라이팅의 문제점도 함께 이야기해 볼 수 있다.

함께 읽으면 좋은 그림책

- 「똑, 딱」 에스텔 비용-스파뇰 글·그림, 여유당
- 「연애놀이」 정유미 글·그림, 컬처플랫폼
- 「팔랑팔랑」 천유주 글·그림, 이야기꽃
- 「당신과 함께」 잔디어 글·그림, 다림

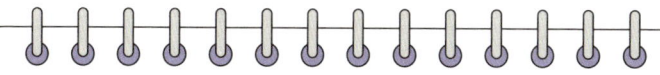

오누이 활동
함께 성장하는
1학년과 6학년

　권정생 작가의 그림책 「강아지 똥」에는 강아지 똥이 주인공으로 나온다. 자신을 더럽다고 놀리는 것에 슬퍼하던 강아지 똥은 꽃을 피울 수 있게 거름이 되어 달라는 민들레의 말을 듣게 된다. 강아지 똥은 자신이 쓸모 있는 존재라는 것을 깨닫고 무척 행복해한다. 사람은 이타적인 존재다. 누군가를 돕고 사회에 기여하며 자신의 존재 의미를 찾고 행복을 느낀다.

　아직 어리게만 보이는 초등학교 학생들도 마찬가지다. 1학년 동생들에게 그림책을 읽어 주며, 학생들은 자존감이 커지고 누군가를 돕는 기쁨, 뿌듯함, 자긍심 등을 느낄 수 있다. 동생에게 읽어 줄 그림책을 고르고 동생에게 질문할 내용을 고민하며 사고력을 확장시킨다. 1학년 동생들도 친근한 언니, 오빠, 누나, 형이 읽어 주는 그림책을 통해 독서에 흥미를 갖고 귀 기울여 듣는 습관을 기를 수 있다.

그림책 「형아만 따라와」
김성희 글·그림, 보림

형과 동생이 어두운 밤길을 걸어 집으로 돌아가는 여정을 보여 주는 그림책이다. 형은 동생의 손을 잡고 무서운 호랑이도, 울퉁불퉁 악어도, 커다란 하마도 재치있게 용감하게 지나쳐 간다. 마지막 모퉁이에서 형이 겁먹었을 때, 이번에는 동생이 도움을 준다.

첫 만남 준비

그림책을 읽고 학생들에게 오누이 활동에 대해 설명한다. 오누이 활동은 6학년과 1학년이 오누이가 되어, 동생들이 초등학교 생활에 잘 적응할 수 있도록 함께하고 도와주는 활동이다. 그림책 속 형이 동생을 든든하고 믿음직스럽게 지켜 준 것처럼 우리도 1학년 동생을 돌보며 지켜 줄 것이라고 안내하고, 동생과 어떤 활동을 함께 하고 싶은지 이야기 나누어 본다. 체육, 교실 놀이, 마을 산책, 요리하기, 영화 보기, 생일잔치 열어 주기, 편지 쓰기, 그림책 읽어 주기 같은 활동들이 나왔는데, 그중 그림책 읽어 주기 활동을 소개한다.

먼저 6학년 선배가 1학년 동생에게 일대일로 그림책을 읽어 주는 활동을 한다. 일대일로 그림책을 읽어 주면, 책을 읽는 중간중간에 여러 가지 이야기를 나누게 된다. 서로의 경험과 생각을 나누며 유대감이 형성될 뿐 아니라 그림책을 좀 더 깊이 이해할 수 있다. 1학년에게는 조금 어려운 책일지라도 선배들이 일대일로 읽으며 설명해 주면 학습에 도움이 되기도 한다.

학기 초 1학년 한 반과 6학년 한 반이 오누이 반을 맺고, 일대일로 짝을 정한다. 대개 남자는 남자끼리, 여자는 여자끼리 짝을 맺고 싶어 하는데,

6학년과 1학년의 남녀 비율이 달라 어쩔 수 없이 몇 명은 남-녀 오누이 짝을 해야 하는 경우가 생긴다. 이 경우 오누이 활동을 시작하기도 전에 불만이 생길 수 있으므로, 애초 성별에 관계없이 같은 번호끼리 오누이 짝을 맺어 주고, 오누이 짝이 누구든 기쁘게 동생을 만나면 좋겠다고 미리 당부하기를 추천한다.

1학년 선생님께 학급 명렬표를 받아 '6학년 1번'과 '1학년 1번'처럼 같은 번호끼리 짝을 맺어 준다. 이때 세상에서 내 아이가 제일 예쁘고 멋지고 사랑스럽다고 느끼는 부모의 마음처럼, 누가 짝이 되든 내 동생이 제일 사랑스럽고 귀엽다는 마음을 가져 줄 것을 당부한다. 1학년 명렬표를 그대로 잘라 6학년 학생들에게 나눠 주면, 간혹 동생 이름을 기억하기 위해 필통에 붙이거나 핸드폰 투명 케이스에 소중히 집어넣는 경우도 있다. 이때 동생 이름표까지 소중히 여기는 것이 멋지다고 칭찬해 주면 학생들이 동생을 더욱 소중히 여기게 된다.

교사	여러분께 부탁하고 싶은 것이 있습니다. 선생님 눈에는 우리 반 학생들이 어느 누구보다도 예쁘고 사랑스럽습니다. 여러분의 부모님 눈에도 여러분이 세상 누구보다 예쁘고 소중할 거예요. 내 동생을 다른 동생과 비교하며 판단하지 말고, 선생님과 같은 마음으로, 부모님과 같은 마음으로 내 동생이 최고라고 여기며 제일 예뻐하고 사랑해 줄 수 있을까요?
학생들	네.
교사	우리 반 친구들이 누구랑 오누이 짝이 되든, 자기 동생을 정말 사랑으로 돌보고 예뻐해 줄 거라고 믿어요. 자, 지금부터 1학년 동생들의 이름표를 번호순으로 나눠 줄 거예요. 1학년 1번과 6학년 1번이 오

누이 짝이 됩니다. 여자 짝이 될 수도 있고, 남자 짝이 될 수도 있어요. 그래도 내 오누이 동생을 듬뿍 아끼고 예뻐해 주길 바랍니다.

학생들 네.

오누이 동생의 이름과 성별만 알고 있는 상태에서 첫 만남에 줄 편지를 쓴다. A4 도화지에 예쁜 카드 양식을 출력하여 사용하면 좋다. 잔잔한 음악을 틀어 놓고 사랑과 응원의 마음을 담아 정성껏 쓰도록 안내한다.

오누이 활동 약속 정하기

장난이 심하고 규칙을 잘 지키지 않는 학생들도 1학년 동생들 앞에서는 의젓하고 멋진 선배의 모습을 보여 주려고 노력한다. 무심코 거친 말을 했다가도 "야, 1학년 동생 앞에서 그런 말 쓰면 안 되지" 하며 서로 주의를 주기도 한다. 6학년은 동생들에게 좋은 본보기가 되려고 노력하고, 1학년 동생들은 일대일로 사랑을 듬뿍 받으며 초기 학교생활 적응에 많은 도움을 받는다. 하지만 6학년의 부적절한 언행을 1학년 동생들이 따라 하거나, 6학년들이 1학년 동생에게 비교하는 말을 해서 상처를 주는 일이 생기기도 한다. 그러므로 오누이 활동을 하기 전에 어떤 태도로 동생을 대할지 미리 의논하고 규칙을 정한다.

모둠끼리 의논하여 오누이 활동을 할 때 주의해야 할 것을 하나씩 허니콤 보드에 적고, 칠판에 비슷한 항목끼리 분류하여 3~5개로 유목화한다. 규칙이 너무 많으면 오히려 기억하기 힘들 수 있으므로 3~5개로 정하고, 프린트하여 벽면에 붙여 학생들이 수시로 볼 수 있게 한다.

 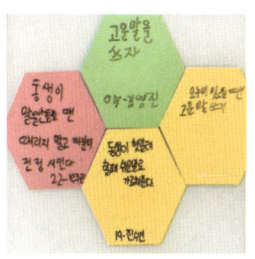 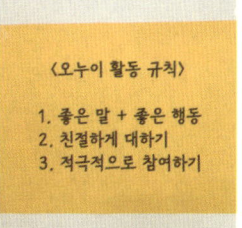

일대일로 책 읽어 주기

한 달에 한 번, 창체 시간이나 국어 시간을 이용하여 일대일로 동생들에게 그림책을 읽어 준다. 6학년이 미리 읽어 주고 싶은 그림책을 골라 놓아도 되고, 함께 도서관에 가서 1학년이 고른 그림책을 6학년이 읽어 줘도 좋다. 지구의 날, 어버이날, 크리스마스 등과 같이 특정한 날과 연관된 주제의 책을 읽어 주는 경우, 교사가 미리 해당 주제의 도서를 학생 수만큼 교실에 빌려 놓고 그중에서 한 권을 고르도록 한다.

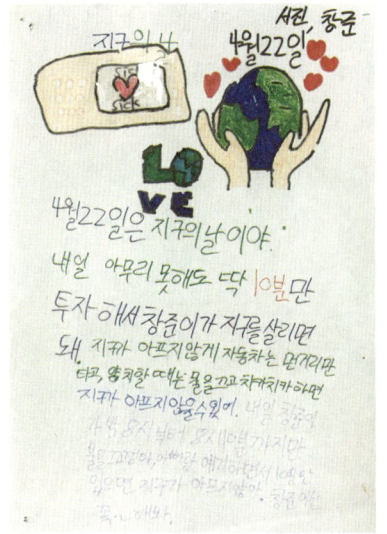 

　지구의 날을 맞이하여 1학년 동생들에게 환경 그림책을 읽어 주고 지구 불 끄기 운동에 함께 참여하기로 하였다. 교사가 학교 도서관에서 미리 빌려 놓은 환경 그림책들을 살펴보고, 동생에게 읽어 주고 싶은 책 한 권을 고르도록 한다. 동생에게 지구 불 끄기 운동과 환경 보호의 중요성을 설명하기 위한 안내장도 준비한다.

　특정 주제의 그림책을 읽어 줄 때는 학생 수만큼 관련 그림책이 필요하다. 학년이 시작하는 3월에 1년 간 읽어 줄 그림책 주제를 미리 생각하여, 관련 그림책 목록을 만들어 놓는다. 학교 도서관에 구비되어 있는 책을 확인하고, 더 필요한 책은 도서 구입 신청을 받을 때 한꺼번에 신청해 놓으면 편하다.

오누이 신문, 뮤직비디오 만들기

오누이 동생과 함께 그림책을 읽고 활동을 할 때마다 소감을 기록한다. 6학년 학생들은 직접 자신의 소감을 적고, 아직 한글을 읽고 쓰는 것이 서툰 1학년 동생들은 소감을 말로 말하면 6학년 선배들이 받아 적는다. 이렇게 차곡차곡 모은 기록을 한 학기에 한 번 오누이 신문으로 발간한다. 신문을 발간한 후 오누이 동생과 함께 그동안 쓴 글을 읽어 보고, 1학년 읽기 자료로 활용할 수도 있다. 온라인 도구 '패들렛'을 활용하면 손글씨로 쓰는 부담 없이 기록할 수 있고 별다른 편집 없이 그대로 출력하여 신문을 제작할 수 있다.

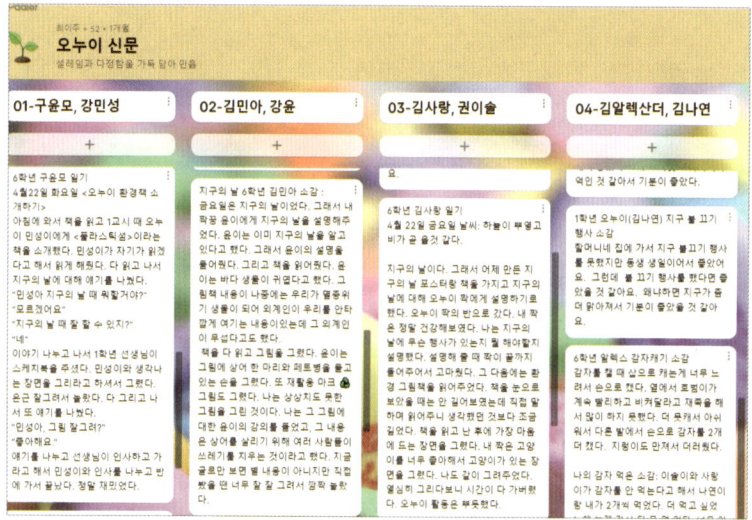

노래로 부를 수 있는 그림책들이 있다. 「모두 다 꽃이야」, 「노을」, 「구두 발자국」 등과 같이 원래 있던 노래를 그림책으로 만든 것도 있고, 「들어와 들어와」, 「숲으로 가자」, 「우리 반」처럼 그림책의 내용을 다듬어 노래

로 부를 수 있게 만든 것도 있다.

선배와 동생이 노래 그림책을 함께 읽고 노래를 익힌 다음 뮤직비디오 만들기를 해도 좋다. 노래 가사를 한 소절씩 나누어 오누이 짝과 함께 어울리는 그림을 그린다. 함께 노래를 부르고, 키네마스터, 블로 등 무료로 동영상을 편집할 수 있는 앱을 활용해 뮤직비디오를 제작한다.

'책 읽어 주는 오누이' 동아리 활동하기

일대일로 그림책을 읽어 줄 수도 있지만, 동아리 활동으로 읽어 줄 수도 있다. 그림책 읽어 주는 동아리는 새 학년의 긴장감이 어느 정도 풀린 4월쯤 신청을 받는다. 1학년 선생님들과 의논하여 일주일에 한 번, 아침 활동 시간에 책을 읽어 주러 갈 요일을 정한다. 책 읽어 주기가 제시간에 끝나지 않을 수도 있으므로, 6학년과 1학년 모두 1교시에 전담 수업이 없는 요일로 정하는 것이 좋다.

2~3명이 한 팀을 구성하고, 1학년 각 반에 팀별로 그림책을 읽어 주러 간다. 동아리 학생 수에 비해 1학년 학급 수가 많다면 1, 2, 3반은 이번 주에, 4, 5, 6반은 다음 주에 읽어 주러 가는 형태로 운영할 수도 있다. 팀별로 한 반에 고정적으로 들어가 매주 다른 그림책을 읽어 주는 방법도 있고, 같은 그림책을 매주 다른 반에서 읽어 주는 방법도 있다. 각각 장점과 단점이 있으니 지도 교사와 학생들의 여건에 따라 결정한다.

	매주 같은 반에 책을 바꿔 들어가는 경우	매주 같은 책으로 반을 바꿔 들어가는 경우
장점	- 동아리 학생들이 다양한 그림책을 접할 수 있음. - 같은 반을 반복해 들어가므로 1학년과 유대 관계가 깊어짐.	- 매주 연습할 필요가 없으므로 교사와 학생의 부담이 적음. - 같은 책을 여러 번 읽어 주므로 충분히 연습하고 완성도 있게 그림책을 읽어 줄 수 있음.
단점	- 매주 다른 책을 연습해야 하므로 학생과 교사의 부담이 많음.	- 여러 그림책을 접하기 어려움.

부끄럼을 많이 타는 학생의 경우 책을 읽어 줄 때 목소리가 작아 잘 들리지 않을 수 있다. 또박또박 정확한 목소리로 읽도록 지도하되 학생이 너무 부담을 느끼지 않도록 주의한다. 목소리가 작고 자신감이 없는 학생은 목소리가 크고 잘 읽는 친구와 짝을 지어 주면 좋다.

읽어 줄 그림책을 선정할 때 1학년 교육과정의 주제를 고려할 수도 있다. 봄, 여름, 가을, 겨울, 가족, 이웃 등 1학년 학습 주제에 맞는 그림책을 선정하면 1학년 학생들이 더욱 주의 깊게 이야기를 듣는다. 학교 화단과 텃밭에서 자라는 나무, 꽃, 농작물과 관련된 책도 좋다. 방학을 앞둔 8월, 학교 화단에 봉숭아, 나팔꽃이 피어 있었고 텃밭에서는 감자를 수확하였다. 이에 맞춰 「봉숭아 통통통」, 「달에 간 나팔꽃」, 「감자 이웃」 등을 동생들에게 읽어 주었다. 10월에도 역시 학교에서 자라고 있는 목화, 배추, 대추와 관련된 그림책 「구름꽃」, 「작은 배추」, 「대추 한 알」을 읽어 주었다. 이런 그림책을 읽어 준 날 점심시간에는 대추나무 아래, 목화꽃 화분 주변, 배추밭 앞에 옹기종기 모여 있는 1학년 학생들을 발견할 수 있다.

1학년 동생들에게 그림책만 읽어 주는 것이 아니라, 다양한 후속 활동도 함께 하면 좋다. 지구의 날을 맞아 환경 그림책을 읽고 지구 불끄기 운동을 함께 실천하거나, 가을과 관련된 그림책을 읽고 근린공원을 함께 산책하며 낙엽, 도토리, 솔방울 등을 줍거나, 크리스마스에 겨울과 관련된 그림책을 읽고 캐롤을 함께 부르는 등의 활동을 할 수 있다.

함께 읽으면 좋은 그림책

- 「내가 오줌을 누면」 미야니시 다쓰야 글·그림, 담푸스
- 「나도 갈래」 쓰쓰이 요리코 글, 하야시 아키코 그림, 한림출판사
- 「내가 데려다줄게」 송수혜 글·그림, 시공주니어

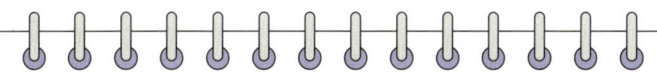

학급 환경

우리 반만의 색깔을 담아

학급의 담임을 맡으면 일 년 동안 학생들과 생활하게 될 학급 환경을 어떻게 꾸미면 좋을지 고민하게 된다. 보통 학기가 시작되기 전, 학급이 결정 난 겨울 방학 끝 무렵부터 학급 환경 꾸미기를 시작한다. 학급 환경을 꾸미는 일은 단순히 환경을 아름답게 정리하는 것에 그치지 않는다. 학급 경영에 대한 교사의 가치관, 교사가 중점적으로 학습하는 방법이 드러나기 마련이다.

그림책 수업과 연계하여 학생들의 활동 결과물로 학급 환경을 꾸미면 그림책 수업과 학급 환경이 연결되고, 그림책에서 받은 감동을 더 오랫동안 느낄 수 있다. 학생들과 그림책을 함께 읽으면서 그림책을 활용해 학급 환경을 구성해 보자. 하나의 주제를 담거나 한 가지 매체를 활용하여 우리 반만의 특성이 느껴지는 학급 환경을 꾸밀 수 있다.

그림책 「스킹의 발명 노트」
샤샤미우 글·그림, 킨더랜드

발명가 스킹이 다양한 발명품을 만들어 활용하는 이야기를 담고 있다. 특히, 소다 사막에서 생활할 때 불편했던 점을 생각해 만든 스킹의 발명품은 세상 어디에도 없는 발명품이다. 다양한 발명품을 만드는 과정과 활용을 재미있게 풀어내어, 참신한 아이디어를 얻을 수 있다.

과목 이름 짓고 시간표 꾸미기

「스킹의 발명 노트」를 함께 읽고, 스킹이 다양한 발명품을 생각해 낸 것처럼 톡톡 튀는 아이디어를 내어 학급 시간표에 있는 과목들을 꾸며 본다. 자신이 배우는 과목을 꾸미며 학생들은 과목의 특성에 대해 생각하게 될 뿐 아니라, 공부하는 과목에 대해 흥미를 가질 수 있다. 과목의 특성을 잘 생각하면서 과목의 이름을 다시 짓고 시간표를 꾸민다.

과목 이름	새로 지은 이름
과학	마녀 물약 실험
무용	호랑이 댄스
국어	까마귀어 배우기
음악	참새 노래 배우기
사회	애벌레의 역사 배우기

과목 이름 만들기 예

게시판용 원형 자석 만들기

게시판용 원형 자석은 교실에서 정말 많이 쓰인다. 학생들이 만든 작품을 칠판에 게시할 때는 물론이고, 개인별로 자석을 할당하여 숙제를 제출하거나 감정 상태를 나타낼 때도 활용할 수 있다. 중요 포인트가 되는 부분을 표시할 때도 쓸 수 있다.

「스킹의 발명 노트」를 참고하여, 학급에서 많이 활용하는 원형 자석을 만든다. 수업에서는 학생들이 디저트 모양의 자석을 만들고 싶어 해서 다양한 디저트 모양의 자석을 만들었다. 데코덴 크림과 파츠를 이용해 주제에 맞는 자석을 꾸몄는데, 데코덴 크림을 활용하면 생크림을 올린 것처럼 폭신한 자석을 만들 수 있다. 그 위에 파츠를 얹어 우리 반만의 특색 있는 자석을 만든다. 데코덴 크림은 마르는 데 이틀 정도 걸리므로, 이후부터 사용한다.

캐릭터 모빌로 교실 천장 꾸미기

천장을 꾸밀 때는 입체물적인 모빌을 활용해 본다. 나뭇가지로 모빌의 큰 형태를 만들고, 「스킹의 발명 노트」에 나온 인물들을 자신만의 생각을 덧붙여 캐릭터로 만들어 본다. 모빌의 재료는 다양하게 할 수 있지만, 수업에서는 나무 조각으로 캐릭터를 만들었다. 나뭇가지에 완성한 캐릭터를 실로 묶어 모빌을 완성하고, 자석 고리를 사용해 천장에 붙인다.

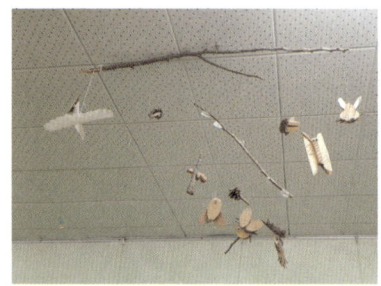 

그림책에서 뽑은 질문으로 창문 꾸미기

학급의 창문을 꾸미는 방법은 다양하지만, 크게 창문에 작품을 만들어 부착하는 방법과 윈도우 펜을 활용해서 그리는 방법이 있다. 작품을 만들어 부착하면 작품을 보존하여 나중에 다시 활용할 수 있는 장점이 있

다. 윈도우 펜을 활용하면 창문에 내리쬐는 빛을 그대로 느낄 수 있다는 장점이 있다. 그림책을 활용해 창문 꾸미기를 할 때는 두 방법을 모두 활용할 수 있다. 매달 함께 읽은 그림책에서 꺼낸 질문을 다양한 방법으로 창문에 담고, 학생들과 함께 생각해 보는 시간을 갖는다.

월	그림책	그림책의 질문
3월	진정한 일곱 살	진정한 ( )살이 되려면 어떤 노력이 필요할까요?
4월	스킹의 발명 노트	나에게 필요한 발명품은 무엇인가요?
5월	핑!	여러분은 어떤 핑을 하고 있나요?
6월	어둠을 치우는 사람들	감사를 전하고 있는 존재가 있나요?
7월	수박 수영장	나만의 여름 나기 방법이 있나요?
8월	해변에 가면	여름 방학 때 기억에 남은 일은 무엇인가요?
9월	살아있다는 건	내가 살아있다고 느낄 때는 언제인가요?
10월	잠깐만	나와 다른 성향인 친구와 잘 지내는 방법이 있나요?
11월	나의 왼손에게	내가 왼손 같았던 적은 언제인가요?
12월	커다란 크리스마스 트리가 있었는데	친구들과 함께 나누고 싶은 것이 있나요?

월별 그림책과 질문 예

소개하고 싶은 그림책으로 교실 서가 꾸미기

학생들이 교실 서가를 직접 기획하여 운영할 수 있도록 학급 도서부를 만든다. 학급 도서부는 매주 2명씩 돌아가면서 운영하는데, 매주 월요일에 다음 도서부원에게 인수인계를 한다. 다음 도서부원은 친구들에게 소개하고 싶은 그림책을 선택하여 화요일에 전면 책장에 비치한다.

그림책을 전시하는 주제는 도서부원 2명이 상의해서 결정한다. 학급 친구들은 이 주의 도서부원이 소개한 그림책 중 한 권 이상을 읽고 독서 기록장에 기록한다. 한 달 동안 소개된 그림책 중 가장 좋았던 그림책을 '이달의 그림책'으로 선정하고, 학생들이 다시 읽어 볼 수 있게 '우리 서가' 옆에 따로 전시한다.

학생들의 작품으로 교실 벽면 꾸미기

교실 벽면은 그림책과 관련된 학생들의 작품을 전시하면 좋다. 넓은 면적을 활용할 수 있으므로 협동 작품을 전시해도 좋고, 개별 작품을 내걸어도 멋진 교실 환경을 꾸밀 수 있다. '그림책 작가 만나기' 활동을 연계하여, 학생들과 권정생 작가의 그림책을 콜라주로 만들어 벽면에 전시하였다. 작품을 전시할 때 검정색 도화지로 틀을 만들어 주면 관람할 때 작품에 좀 더 몰입할 수 있다. 학급 예산이 있다면 종이 액자를 활용하는 방법도 있다. 종이 액자는 크기가 다양해 여러 가지로 활용할 수 있는데, 특히 사진 등을 전시할 때 활용하면 좋다.

그림책이 자라는 나무 꾸미기

학생들에게 그림책 표지를 미리캔버스 등으로 다시 디자인하도록 하고 출력한다. 그림책을 함께 읽을 때마다 한 권씩 새로 디자인한 그림책 표지를 인쇄하여 나무에 걸고, 일 년 동안 함께 읽은 그림책들을 기억하도록 한다. 포스트잇에 소감을 작성하여 나무에 걸어 둘 수 있다.

> **그림책 표지 디자인 방법** [7]

1. 디자인하려는 그림책의 표지를 살펴보며 특징을 찾는다.
2. 표지에서 중점을 두고 싶은 이미지를 찾아 중심 이미지로 활용한다.
3. 제목, 작가, 출판사를 어떻게 배치할지 생각하여 작성한다.
4. 글자 크기, 이미지 크기, 글자 위치, 이미지 위치 등을 조정하며 마무리한다.

---

7   미리캔버스 등의 사이트 활용

학생들이 디자인한 그림책 표지 예

그 밖에 그림책 소품 활용하기

앞에서 소개한 방법 외에, 그림책 굿즈로 학급을 꾸미는 방법이 있다. 최근 그림책과 관련된 굿즈가 무척 많아졌는데, 그림책과 관련된 인형부터 포스터 북, 컵, 감정 카드, 문진 등 다양한 굿즈를 활용해서 학급 환경을 꾸미면 학생들이 그림책에 더 매력을 느낄 수 있다. 특히 「이파라파냐무냐무」의 이지은 작가는 굿즈 숍을 따로 만들어 운영 중인데, 이지은 작가의 굿즈들을 활용하면 「이파라파냐무냐무」를 포함해 그림책 「팥빙수의 전설」, 「친구의 전설」 속의 세계를 굿즈로 표현할 수 있다. 그림책의 장면과 어울리는 굿즈들을 구매해서 그림책 속에 있는 듯한 교실로 꾸며 볼 수 있다. 학생들과 직접 굿즈를 만들어 봐도 좋다.

그림책 포스터로 학급을 꾸며 보는 것도 좋다. 최근에는 그림책의 장면을 포스터나 엽서 형태의 인쇄물로 제작하는 경우가 많다. 다양한 그림책의 포스터와 엽서를 활용해 학급에서 읽게 될 그림책을 소개하고, 학생들이 기대하게끔 만들어도 좋다. 포스터나 엽서 등의 인쇄물을 활용하면 교실을 꾸미는 부담을 많이 덜 수 있는 장점이 있다.

다른 소품이 아닌 그림책 자체로 교실을 꾸며 볼 수도 있다. 그림책은 그 자체로 멋진 예술 작품이기 때문에 교실에 어떻게 전시하느냐에 따라 교실 분위기가 달라진다. 그림책의 표지나 주제로 큐레이팅하여 교실을 꾸미면 학생들이 재미있게 그림책과 만날 수 있다.

   교실 구석구석까지 그림책의 세계관이 드러날 수 있도록 그림책으로 교실 환경을 꾸며 보자. 교실이라는 공간은 조금 제한적으로 느껴질 수 있지만, 그림책 속의 다양한 세계와 상상의 공간을 활용하면 그 제한을 뛰어넘어 우리 반만의 특색 있는 교실 환경을 꾸밀 수 있다. 소개된 활동을 할 때 활용하면 좋은 교구들이 있지만, 꼭 그 교구가 아니더라도 학급 상황에 맞게 응용하면 좋을 것이다.

함께 읽으면 좋은 그림책

- 「마음의 지도」 클라우지우 테바스 글, 비올레타 로피즈 그림, 오후의소묘
- 「미술 시간 마술 시간」 김리라 글, 신빛 사진, 한솔수북
- 「도대체 학교는 누가 만든 거야?」 쇼함 스미스 글, 아이나트 차르파티 그림, 제제의숲
- 「하늘에서 동아줄이 내려올 줄이야」 최민지 글·그림, 모래알

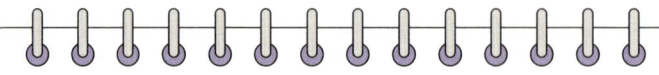

학급 식물

식물과 함께 쑥쑥 자라는 아이들

  SNS 등을 통해 식물 키우는 일이 새롭게 주목되면서 '식집사, 반려식물, 풀멍' 같은 식물 기르기와 관련된 새로운 단어들이 많이 생겨나고 있다. 이렇게 자주 회자되니 식물 기르기가 최근의 유행인 듯 보이지만, 사실 교실에서는 이미 많이들 식물을 길러 왔다. 학급 전체가 식물을 건강하게 기르기 위해 함께 노력하며 공동체 의식과 책임감을 함께 키우고자 하였다.

  하지만 교실에서 식물을 기르는 일은 생각처럼 쉽지 않다. 씨앗을 심고 첫 싹이 올라올 때까지만 해도 학생들이 모두 관심을 쏟지만, 금세 시들해진다. 자칫 '학급'의 식물 기르기는 학년 말까지 살아남길 소망하는 '교사'의 식물 기르기로 바뀌고 만다.

  식물도 우리와 같은 생명이므로 책임감을 느끼고 길러야 한다. 그림책으로 식물 기르기를 시작하면 식물에 대한 학생들의 관심이 좀 더 오래 지속될 수 있다. 농촌진흥청에서 초등학생을 대상으로 2년 연속 치유 농업 프로그램을 진행한 결과 학생들의 공감 능력이 높아졌다고 한다. 긴 시간 동안 정성을 쏟은 식물이 건강하게 성장하는 모습을 보며 학생들은 성취감도 얻을 것이다.

그림책 「농부 달력」
김선진 글·그림, 웅진주니어

농부는 일 년을 계획하여 살아간다. 봄, 여름, 가을, 겨울, 계절에 따라 농부의 생활도 달라진다. 새봄 농사를 준비하는 겨울에서 농사를 마무리 짓는 겨울까지 일 년 동안 할아버지, 할머니의 농촌 생활을 그린 그림책이다. 작가의 뛰어난 관찰력이 돋보이는 이 책은 계절의 변화와 함께 농촌의 생활을 세심하게 담고 있다. 할아버지와 할머니의 대화가 읽는 재미를 더한다.

농부의 일 년 살펴보기

학급 식물 기르기는 긴 시간을 두고 이루어지는 활동이기 때문에 관찰 일지를 작성하면 좋다. 관찰 일지는 개인별, 모둠별로 작성할 수 있는데, 일반적으로 날짜를 적고 식물의 모습을 그린 다음 특징을 글로 쓸 수 있도록 교사가 학생들에게 양식을 제공한다. 학급 식물 기르기는 학급 전체가 공동으로 진행하고 공동체 의식과 협동심을 기르는 것을 목적으로 하는 활동이므로, 식물 관찰 일지도 그에 맞게 형식을 만들어 주면 좋다.

그림책 「농부 달력」은 계절마다 변하는 주위 풍경과 식물 기르기를 기록하고 공유하기에 적절한 정보와 형태를 제공한다. 「농부 달력」을 읽고 1년 동안 농사를 짓는 농부의 마음, 책 속에 나타난 관찰과 기록 방법 등을 살펴본다. 책을 읽으면서 다음과 같은 질문을 한다.

- 봄/여름/가을/겨울에 할아버지, 할머니는 무엇을 준비하고 있나요?
- 봄/여름/가을/겨울은 어디에서 시작할까요?
- 봄/여름/가을/겨울에 농부는 무엇을 할까요?
- 봄/여름/가을/겨울에 어떤 동식물을 볼 수 있나요?
- 식물을 잘 자라게 하는 것은 무엇일까요?
- 우리 반 식물을 잘 키우기 위해 우리는 무엇을 해야 할까요?
- 봄을 봄답게 만드는 것은 무엇이 있을까요?

학급 식물 정하기

학급 회의를 통해 친구들과 함께 심고 기를 식물을 정한다. 학급 회의 시간에 바로 정할 수도 있지만, 식물을 기르는 방법과 그 장단점을 과제로 제시하여 다음 회의 시간까지 정보를 충분히 나눈 뒤에 학급 식물을 결정하면 좋다. 학급 회의 전, 교사가 미리 기를 수 있는 식물을 조사하여 조사 결과를 학생들에게 안내하고 그중 하나를 고르도록 할 수도 있다. 초등 1, 2학년의 경우 통합 교과서를 살펴볼 시간을 준 뒤에 정하도록 하면, 교과 내용과 연관된 식물을 선택하여 수업과 연계해 학급 식물 기르기 활동을 할 수 있다.

모둠별로 다른 식물을 기르기도 하는데, 여기서는 학급 식물 기르기가 목적이므로 학급에서 두 종류의 식물을 정해 기르기로 한다. 식물은 모두 씨앗에서 시작하지만, 씨앗을 뿌려 키우기 적당한 식물이 있고 모종을 심는 것이 적당한 식물도 있다. 씨앗을 뿌려 키우는 식물로는 봉선화가 쉽게 구할 수 있어 좋다.

방울토마토, 수박, 오이 등은 모종으로 심어 키운다. 봉선화, 방울토마토, 수박, 오이 모두 상자에서 재배 가능해 실내에서도 키울 수 있으나,

교실에 햇볕이 잘 들지 않는다면 실한 열매를 얻기 어렵다. 수박의 경우 재배 상자에서 키우면 열매가 어느 정도 커진 뒤 더 커지지 않는다.

봉선화와 수박 기르기

학급에서 정한 식물을 소재로 한 그림책이 있다면 추가로 그림책을 읽고 진행할 수 있다. 수업에서는 「봉숭아 통통통」, 「수박이 먹고 싶으면」을 읽고 봉선화와 수박을 길렀다. 먼저, 루페 혹은 돋보기, 색칠 도구 등을 준비하여 봉선화의 씨앗과 수박 모종을 관찰하여 그린다.

> **씨앗과 모종 관찰하기**
>
> - 준비물 : 봉선화 씨앗, 수박 모종
> 1. 봉선화 씨앗과 수박 모종을 눈으로 먼저 관찰하고, 루페나 돋보기를 활용하여 자세히 관찰한다.
> 2. 관찰한 봉선화 씨앗과 수박 모종을 그린다.

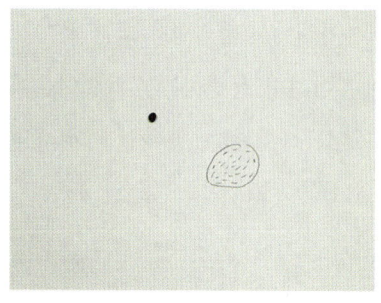

관찰하여 그린 봉선화 씨앗

관찰하여 그린 수박 모종

물뿌리개, 호미 또는 모종삽, 장갑, 식물 이름표 등을 준비하고 먼저, 봉선화를 심는다. 흙이 채워진 재배 상자를 다시 쓸 때는 상자 속 흙을 버리고 다시 거름과 흙을 섞어 재배 상자를 채운다. 모종 심기 3~4일 전에 미리 흙을 준비해 재배 상자에 담아 둔다. 거름을 넣고 바로 심으면 잘 자라지 못하고 시들시들 죽기 때문이다. 화단에서 작업하면 정리하기 좋다.

봉선화를 심기 위해 흙에 둘째 손가락 손톱이 들어갈 만큼 구멍을 낸다. 봉선화 씨앗을 구멍에 넣고 흙을 덮는다. 씨앗을 심고 나서 겉흙이 축축해질 때까지 물을 준다. 수압이 강하면 심어 놓은 씨앗이 흙 밖으로 나올 수 있으니, 화분이나 재배 상자 가까이에서 물뿌리개로 조심스럽게 물을 준다.

봉선화는 당번을 정해 4~5일마다 물을 듬뿍 준다. 싹이 올라왔을 때는 봉선화인지 잡초인지 구별하기 힘들므로 시간을 두고 관찰하여 봉선화를 뽑지 않도록 주의한다. 봉선화는 싹이 나오고 줄기가 두꺼워지면서 떡잎과 본잎이 같이 자라다 떡잎이 떨어진다. 따뜻한 나라에서 자라는 식물이므로 햇볕을 듬뿍 받을 수 있게 해 준다.

줄기가 더욱 두꺼워지고 봉선화 꽃잎이 피어나면 꽃을 따서 꽃물을 손톱에 들일 수 있다. 꽃을 모두 따 버리면 나중에 열매가 맺히지 않으므로 열매가 맺힐 꽃은 남겨 두어야 한다. 꽃 아래에서 타원형 열매가 달리고, 다 익으면 탁하고 터져서 씨가 사방에 흩어진다. 봉선화는 한해살이풀이지만 다음 해에도 같은 자리에서 볼 수 있는데, 사방에 흩어진 씨가 새로 자라기 때문이다.

다음으로 수박 모종도 심는다. 모종을 심기에 앞서, 호미와 모종삽을 안전하게 사용하는 방법을 설명한다. 호미는 앞쪽이 날카로운 우리나라 전통 농기구로 씨앗 심기, 옮겨 심기, 잡초 뽑기 등에 다양하게 쓰인다. 호미와 모종삽을 사용할 때는 장갑을 착용하고, 뾰족한 쪽으로 땅을 팔 때 자신이나 친구의 손이 주변에 없는지 먼저 확인하도록 지도한다.

호미 또는 모종삽으로 흙으로 감싸진 뿌리 부분이 들어갈 정도로 땅을 판다. 이때 뿌리가 흙 안에 들어가야 하므로 넓게 파도록 한다. 수박은 덩굴이 자라 바닥을 기어가는 식물이므로 덩굴이 뻗어 갈 방향을 살피고, 모종은 30~45cm 간격을 두고 심는다. 구멍에 모종을 넣고 흙을 덮는다. 뿌리가 흙에 잘 정착하도록 손바닥으로 가볍게 흙을 눌러 주고, 물을 흠뻑 준다.

수박에 물을 줄 때는 잎의 개수를 살피고 주어야 한다. 초기에는 물을 적게 주고 잎이 10개 이상 나기 시작하면 물을 듬뿍 준다. 열매가 맺힌 뒤에도 충분히 물을 준다. 수박이 어른 주먹 정도로 자라면 수박 아래 받침대를 놓아두어야 한다. 흙 위에 그냥 두면 물러지기 때문이다. 재배 상자 밖으로 수박을 빼내어 기를 수도 있다.

재배 상자에 기르는 경우 교실 안보다 학교 전체 학생들이 관심을 가질 만한 공간에 두고 기르면 좋다. 당번이 물 주기를 잊더라도 다른 학년 학생이나 관심이 있는 선생님들의 도움으로 식물이 건강하게 자랄 수 있다.

봉선화 기르기   수박 기르기

봉선화 달력, 수박 달력 만들기

봉선화와 수박을 기르면서 그날그날 관찰한 내용과 느낌 등을 붙임종이에 쓴다. 칠판에 붙임종이를 붙일 공간을 만들어, 학생들이 수시로 써서 붙일 수 있게 한다.

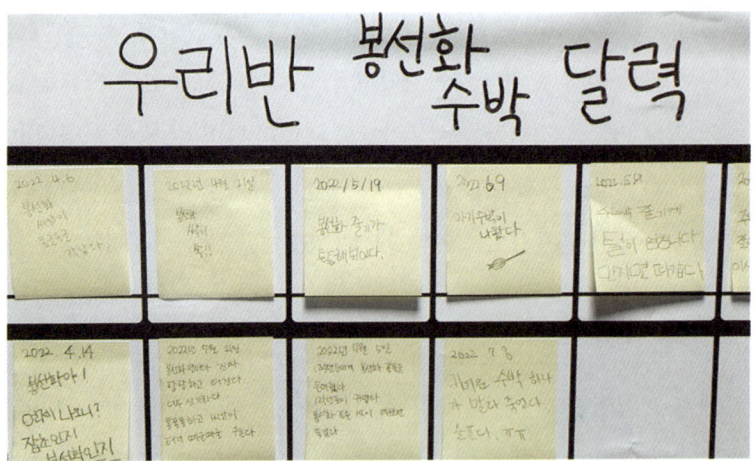

붙임종이에 관찰한 내용과 느낌 쓰기

2022.4.14. 봉선화야! 언제 나오니? 잡초인지 봉선화인지 모르겠어. 뽑아 버릴까?	2022.7.20. 봉선화 씨앗 터뜨리기 재미있다. 대포알처럼 날아간다. 열매 터뜨려 씨앗 멀리 날리기 놀이도 재미있다.	2022.5.8. 수박이 열리기는 할까? 진짜 수박이 열릴지 정말 궁금하다.	2022.7.8. 작은 수박이 매달려 있는 게 너무 귀엽다.

    그림책 「농부 달력」에서 아이디어를 가져와, 봉선화 달력과 수박 달력을 만든다. 기록했던 붙임종이들을 모아서 봄이 끝나가는 5월과 활동이 마무리되는 7월 마지막 주에 달력을 만든다.

달력 만들기

- 준비물 : 관찰하여 느낌을 적은 붙임종이들, 8절 도화지, 채색 도구
1. 「농부 달력」의 디자인을 자세히 살펴본다. 장면 모두를 포함하는 한 문장이 제목처럼 위쪽에 있고, 그림을 설명하는 내용, 대화, 의성·의태어가 적절하게 배치되어 있다.

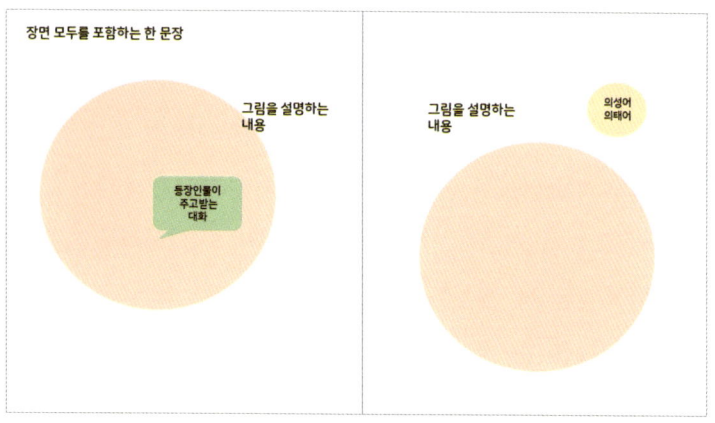

2. 친구들과 의논하여 어떤 형식으로 달력을 만들지 의논한다.
3. 봉선화 달력, 수박 달력의 제목을 쓴다.
4. 봄, 여름에 가장 기억에 남는 장면을 각각 골라 그림을 그린다.
5. 식물을 기르면서 기록했던 붙임종이를 8절 도화지 위에 배치한다.
6. 배치했던 붙임종이를 떼고 그 자리에 글을 쓴다.
7. 장면 모두를 포함하는 한 문장을 무엇으로 할지 의논하여 문장을 쓴다.

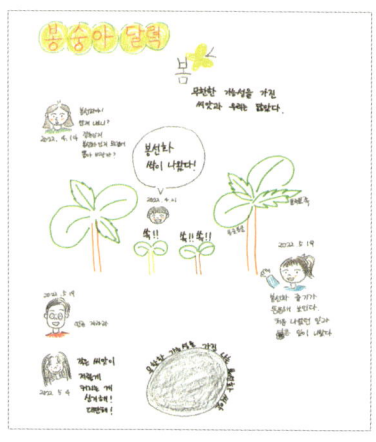
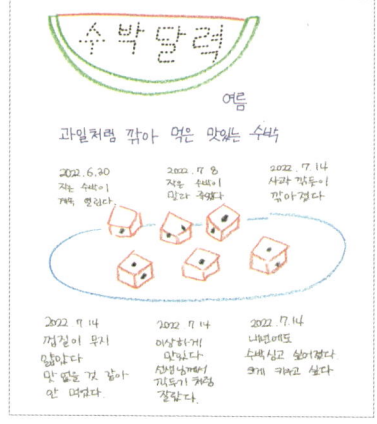

학생들이 만든 달력은 짧게는 3개월, 길게는 5개월의 기록이 담긴 소중한 자료다. 만든 달력을 어떻게 활용할지 학급 회의를 통해 의견을 나누어, 달력이 또 다른 쓰임새로 사용되도록 확장해 본다. 모두의 기록물이라는 인식을 심어 주어 공동체 의식을 좀 더 견고하게 다질 수 있다. 텃밭 활동을 매년 운영하는 학교라면 학생들이 만든 달력을 다음 학년 동생들에게 전달하는 활동으로 이어 가면 좋다.

학교 텃밭을 이용할 수 있는 경우, 1년 동안 학급 식물 기르기를 진행할 수 있다. 재배 상자를 이용하는 경우는 여름 방학 동안 재배 상자 관리가 어려우므로, 봄에 심고 여름에 수확하는 작물을 기른다. 재배 상자를 새로 정비해서 2학기 개학 주간에 새로운 식물을 심어 학급 식물 기르기를 계속 이어 나갈 수 있다. 2학기에 새로운 식물을 정할 때는 도서관에서 식물을 소재로 한 그림책을 찾아 읽고, 그중 하나를 선택해도 좋다. 책에서 본 식물을 직접 키우면 학생들의 성취감이 더 커진다.

함께 읽으면 좋은 그림책

- 「행복한 봉숭아」 박재철 글·그림, 길벗어린이
- 「정원을 가꿔요」 커스틴 브래들리 글, 에이치 그림, 북극곰
- 「앙통의 완벽한 수박밭」 코린 로브라 비탈리 글, 마리옹 뒤발 그림, 그림책공작소
- 「쑥」 박주현 글·그림, 풀빛

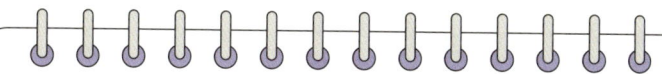

여름 방학 개학식

여름 방학 이야기 보따리 펼치기

긴장감과 어색함이 느껴지는 3월 개학식과 달리, 여름 방학이 끝나고 맞는 개학날은 학생들의 모습에서 여유와 편안함이 느껴진다. 이미 한 학기 동안 학교생활을 하며 친해진 친구들과 익숙한 교실 공간이 학생들에게 친숙함을 느끼게 하기 때문일 것이다. 학생들은 방학 동안 친구들에게 어떤 일들이 있었는지, 친구들은 어떤 모습으로 변했는지 궁금함이 가득한 눈빛이다.

자신의 신나는 방학 이야기를 들려주느라 시끌시끌하기 마련인 여름 방학 개학날은 학생들이 들려주는 이야기로 하루를 채워 보면 어떨까? 비슷한 경험을 한 친구들 사이에 공감대가 형성되고, 서로 다른 경험담을 들으며 호기심이 샘솟을 것이다.

그림책 「할머니의 여름휴가」
안녕달 글·그림, 창비

홀로 살고 계신 할머니를 찾아간 손자는 몸이 힘들어서 바다를 못 가는 할머니께 바닷소리를 들려 드리기 위해 '소라'를 선물한다. 소라에서 들려오는 갈매기 소리, 파도 소리에 할머니는 여름을 느낄 수 있게 된다. 손자가 떠나고 남은 자리에 소라가 남아 있고, 할머니와 할머니의 반려견 메리는 소라 속으로 여름휴가를 떠난다.

나오지 않은 단어를 지우는 지우개 놀이

바다의 짠 내음, 모래의 까끌거림, 파도 소리…. 여름은 오감을 자극하는 계절이다. 「할머니의 여름휴가」는 학생들이 오감으로 느꼈던 여름 방학 이야기를 나누기에 좋은 그림책이다. 특히 여름 방학이면 한 번쯤 찾게 되는 할머니 댁에 다녀온 경험을 나누는 이야기 소재가 될 수 있다.

교사	책 속의 주인공처럼 여름 방학 동안 할머니 댁에 다녀온 친구들이 있나요?
학생 1	저는 가족들과 함께 할머니 댁에 가서 계곡에서 수영을 했어요. 물이 너무 차가웠어요.
학생 2	할머니, 할아버지와 함께 캠핑을 갔는데 모기가 정말 많아서 잠을 잘 수가 없었어요.

여름 방학 동안 할머니 댁에 다녀온 이야기를 나누다 보면 교실 안은 웃음꽃이 활짝 피게 된다. 할머니 댁에 다녀온 경험담을 학생들과 나누고, 「할머니의 여름휴가」에 나왔던 낱말들을 기억해 보기 위해 지우개

놀이를 한다. 지우개 놀이는 그림책을 읽고 그림책에 등장하지 않은 낱말을 활동지에서 지워 가는 놀이다. 그림책에 나왔던 낱말과 나오지 않는 낱말을 섞어 적은 활동지를 미리 준비하여 학생들에게 나눠 준다.

할머니의 여름 휴가 '지우개 놀이'

학년 반 이름:

그림책 할머니의 여름 휴가에 나오지 않는 낱말 5개를 찾아 지워 주세요.

초인종	할머니	수박	파도
거북이	갈매기	핸드폰	소라
바람	민들레	게	시계
선물	엄마	달력	모래성

「할머니의 여름휴가」 지우개 놀이를 하면서 학생들은 책 내용을 머릿속에 떠올리고 책 속에 나왔던 낱말인지 기억을 더듬어 본다. 몇몇 학생들은 자신의 답이 맞는지 옆에 앉은 친구들과 눈빛으로 정답을 확인해 보기도 한다. 학생들이 좋아하는 음악이나 타이머를 틀고, 시간 안에 활동을 마칠 수 있도록 안내한다. 그림책에 나오지 않았던 낱말을 알려 주기 전에 학생들과 낱말을 하나씩 읽으며 어떤 장면에서 나왔는지 함께 이야기 나눠도 좋다.

교사	16개의 낱말 중 「할머니의 여름휴가」에 나오지 않았던 낱말에 'X' 표시해 주세요.
학생 1	민들레는 그림책에 나와 있지 않아서 X 표시했어요.
교사	초인종은 그림책에 나왔을까요?
학생 2	아이가 할머니 댁 초인종을 누르는 장면에서 나왔을까요?

학생들이 X 표시하여 지운 낱말과 교사가 제시한 정답을 비교해 보면서 한 번 더 그림책의 내용을 회상해 볼 수 있다. 그림책에 나왔던 낱말에 대해 이야기할 때면 학생들은 그 단어가 나왔던 장면을 떠올리며 "맞아, 거기에 나왔어" 하며 맞장구를 치기도 한다. 모든 학생들에게 지우개 놀이 활동지를 복사해서 나눠 주어도 되지만, PPT로 제작하여 TV 화면을 함께 보며 놀이할 수도 있다. 지우개 놀이를 하고 책을 다시 읽어 주면 학생들이 책 내용에 좀 더 집중하는 모습을 볼 수 있다.

여름 방학 인터뷰 빙고 놀이

여름 방학 개학식 날, 학생들이 가장 하고 싶은 활동 중 하나가 친구들과 이야기를 나누는 것이다. 학생들은 친구들이 방학 동안 무슨 일을 했는지를 무척 궁금해한다. 방학 동안 한 일들을 인터뷰하며 빙고 놀이도 할 수 있는 인터뷰 빙고 활동을 해본다.

인터뷰 빙고 놀이에서 하는 질문은 학생들과 함께 만들 수 있다. 학생들에게 친구들이 방학 동안 한 일 중 궁금한 것이 무엇인지 질문하고, 학생들의 대답을 칠판에 정리한다. 칠판에 정리한 질문들을 모아 활동지 질문으로 활용한다. 인터뷰를 하면서 빙고 놀이를 할 수 있도록 질문의 수는 9개(3×3), 16개(4×4), 25개(5×5) 중 학급 학생들이 할 수 있는 범위에서 선택하여 정한다. 질문이 너무 많으면 인터뷰 활동에 흥미를 잃을 수 있으므로, 학생들이 적극적으로 참여할 만큼만 개수를 정한다.

인터뷰 빙고 놀이 규칙

1. 인터뷰 빙고 활동지에 같은 친구 이름을 두 번 이상 쓸 수 없다.
2. 교실을 돌아다니며 만난 친구에게 활동지에 적힌 질문을 하고, 대답에 따라 이름을 적는다.
   (예) "방학 동안 여행 다녀왔어?" 질문했을 때 상대방이 "다녀왔어" 대답한 경우 빙고판에 그 친구의 이름을 쓸 수 있다. "안 다녀왔어" 대답한 경우에는 이름을 쓸 수 없다.
3. 친구 이름을 적은 칸들을 연결하여 한 줄 빙고가 완성되면 손을 들고 "빙고!"를 외친다.

간혹 여름 방학 때 있었던 일을 인터뷰할 때 여러 명의 친구에게 동시에 질문하는 경우가 있으므로, 일대일로 질문하도록 사전에 안내하는 것이 좋다. 인터뷰를 하는 동안 학생들은 활동지에 있는 질문 외에 그 친구에게 궁금한 것을 물어보기도 하는데, 평소 친하지 않았던 친구들과도 이야기를 나눌 수 있어 좋다. 더불어 평소 말을 잘 하지 않는 학생들도 질문하고 대화를 나누며 친구들과 소통하는 기회를 갖게 된다.

미니 북 「너의 여름 방학을 보여 줘」 만들기

'너의 여름 방학을 보여줘' 놀이는 학생들이 여름 방학 동안 자신에게 가장 재미있었던 일을 그림과 한 줄 문장으로 표현해 보는 활동이다. 활동 제목에 맞게 TV 모양 활동지를 학생들에게 주고, 친구들에게 보여 주고 싶은 자신의 여름 방학 이야기를 표현한다. 가족 캠핑, 공포 영화 본 일, 형과의 축구 등 방학 동안 가장 기억에 남는 일을 자세히 그린다.

학생들의 활동지를 교실 게시판에 전시하여 여름 방학 이야기를 공유해도 되지만, 모두 모아 한 권의 미니 북을 만들어 전시해도 좋다. 미니 북으로 만들어 놓으면 그림책 같은 느낌을 주어 학생들이 한 장 한 장 넘기며 정성스럽게 읽는 모습을 볼 수 있다.

1. 표지로 사용할 그림과 학생들의 작품을 준비한다.

2. 학생들의 작품이 담긴 A4 종이를 반으로 접는다.

3. 반으로 접은 종이의 오른쪽 뒷면에 풀칠하고 다음 장 왼쪽 뒷면을 붙여 연결한다.

4. 학생들의 결과물을 모두 연결해 붙인 다음, 표지에 풀칠하여 전체를 감싼다.

미니 북 만들기 활동은 아직 글씨를 쓰는 것이 어려운 저학년 학생들과 책 만들기 활동으로 시도해 볼 수도 있다. 한 가지 주제에 대해 학생들의 생각을 짧은 글과 그림으로 표현하도록 하고, 그것을 연결하여 한 권의 그림책으로 완성할 수 있다. 또는 하나의 긴 이야기를 학급의 학생 수만큼 문장을 나누어, 학생마다 문장을 쓰고 문장에 어울리는 그림을 그리게 하여 한 권의 미니 북으로 완성할 수도 있다. 학생들과 함께 만든 미니 북을 작은 이젤에 전시하면 교실이 작은 서점으로 바뀌는 즐거운 경험을 할 수 있다.

방학 동안 있었던 일을 그림과 글로 표현해 본 다음, '스톱 & 액션(Stop & Action) 연극 놀이'를 하면 학생들의 경험을 조금 더 재미있게 공유할 수 있다. 스톱 & 액션 연극 놀이는 말 그대로, 자신이 설명하고 싶은 상황을 정지 동작과 움직임 동작으로 나누어 표현하는 것을 말한다. 학생 한 명을 뽑아 여름 방학 중 가장 기억에 남는 일을 정지 동작으로 표현하도록 한다. 다른 학생들이 "삼, 이, 일, 액션!"을 외치면 설명을 하는 학생은 정지 동작을 움직임 동작으로 바꾸어 표현한다. 학생들은 친구의 정지 동작과 움직임 동작을 보고 여름 방학 동안 어떤 것을 했는지 맞힌다. 효과음을 사용하면 학생들이 조금 더 재미있게 활동에 참여한다.

함께 읽으면 좋은 그림책

- 「방학 때 뭘 했냐면요」 다비드 칼리 글, 벵자맹 쇼 그림, 토토북
- 「신나는 개학 날」 해리 블리스 글·그림, 담푸스
- 「헉! 오늘이 그날이래」 이재경 글·그림, 고래뱃속
- 「정우의 여름」 이월 글, 장미애 그림, 키즈엠

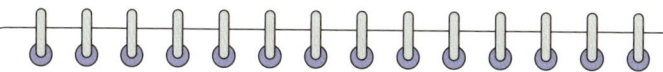

낭독극

사투리 대잔치로 무대가 되는 교실

    연극 단원이 개정 교육과정에 들어오면서, 교실에서 다양한 형태의 연극 수업을 시도하고 있다. 그중에서도 낭독극은 대사와 동선을 외우거나 무대와 소품 준비 등 번거로운 과정 없이 간단한 대본만으로 극을 연출할 수 있어 크게 활용되고 있다. 또 낭독극은 역할극과 연극의 중간쯤에 있어 학생들도 역할 놀이보다는 진지하게, 연극보다는 부담 없이 참여한다.

    그림책을 활용한 낭독극은 기본적인 내용만으로 연극 수업을 진행할 수 있어 쉽게 도전해 볼 만하다. 먼저 그림책을 함께 읽고, 대본을 쓰고 역할을 정해 글을 함께 읽는다. 낭독극을 하며 학생들은 다양한 인물의 입장에서 그들이 처한 상황이나 성격, 행동 등을 좀 더 깊게 파악하고 표현하게 된다.

    학생들이 낭독극에 적극 참여하고 좀 더 실감나게 읽는 연습을 할 수 있도록 사투리와 관련된 그림책을 활용하여 낭독극 수업을 해보자. 먼저 경상도, 충청도, 전라도, 강원도 등 우리나라 각지의 사투리가 담긴 그림책을 찾고, 자주 사용하는 사투리를 연습한 후 모든 학생이 참여하는 수업으로 연결시킨다. 낭독극의 형태를 이해하고, 연출과 공연, 소감 나누기까지 전 과정을 '사투리 대잔치' 프로젝트로 구성하여 진행한다.

그림책 「고구마유」
사이다 글·그림, 반달

말놀이의 재미를 담은 「고구마구마」를 잇는 그림책으로, 충청도 사투리가 담겨 있다. 느리지만 위트 넘치는 충청도 사투리가 구수하고 정겹게 들린다. 운율이 살아 있고 의성어가 많아 역할극이나 낭독극을 하기에 적당하다.

그림책 「눈 오는 날 - 장서리 내린 날」
엠마누엘레 베르토시 글·그림, 이순원 글, 북극곰

이탈리아 북부 사투리로 쓰인 책으로, 작가가 어릴 적 들었던 크리스마스 이야기를 모티브로 지었다. 이것을 표준어로 옮기고, 강원도에서 태어나고 자란 소설가 이순원이 강원도 사투리로 다시 한번 옮겼다. 그림책 안에 표준어와 강원도 사투리, 두 개의 언어로 번역되어 있다.

그림책 「콩 심기」
신보름 글·그림, 킨더랜드

전라도 할머니의 구수한 사투리와 농사와 관련된 지혜가 돋보이는 그림책이다. 한 해의 농사 과정을 한눈에 펼쳐 볼 수 있도록 병풍 책 형태로 만들었다. 앞쪽은 씨앗을 심는 과정, 뒤쪽은 싹이 나서 수확하기까지 과정이 실려 있다.

그림책 「답답이와 도깨비」
하수정 글·그림, 이야기꽃

옛이야기 「도깨비의 선물」, 「도깨비의 신기한 보자기」 등을 떠올리는 그림책이지만, 도깨비의 신비한 능력보다 답답이와 도깨비라는 두 인물의 성격과 관계, 성장에 초점을 맞추고 있다. 작가의 고향인 부산의 말투와 억양이 고스란히 담긴 옛이야기가 구수하고 생생한 느낌을 준다.

사투리 그림책 찾아 읽기

낭독극을 좀 더 재미있게 하기 위해 지역별 사투리가 들어 있는 그림책 「고구마유」, 「눈 오는 날 – 장서리 내린 날」, 「콩 심기」, 「답답이와 도깨비」 4권을 준비하여, 전체 학생들과 함께 한 권씩 그림책을 읽는다.

그림책을 읽을 때는 해당 지역 사투리의 특징을 살피고, 그림책에 사투리를 넣은 이유를 짐작하면서 글을 읽도록 안내한다. 모둠별로 모여 다시 책을 읽으면서, 관심 있는 사투리와 낭독극을 할 그림책을 선정한다. 수업에서 학생들에게 인기가 있었던 책은 「답답이와 도깨비」, 「고구마유」였다. 「콩 심기」를 선택한 모둠은 하나밖에 없었고, 「눈 오는 날 – 장서리 내린 날」은 한 모둠도 선택하지 않았다. 이유를 물으니, 강원도

사투리는 따라 읽기가 어렵다고 대답하는 학생들이 많았는데, 실제로 그림책에는 '오잖소야!', '껑꺼무리하던기요?', '지거렜사요' 등 처음 들어보는 생소한 단어가 많다.

사투리 조사하기

그림책에 나오는 사투리를 조사하기에 앞서, 가족(어머니, 아버지, 할머니, 할아버지 등)의 고향과 사투리에 대해 조사해 본다. 부모의 고향이 수도권이더라도 외가와 친가의 할머니, 할아버지 등으로 확장해 살펴보면 다양한 지방의 사투리를 이미 접하고 있다는 것을 알 수 있다. 그분들이 자주 사용하는 사투리를 적어서 표준말로 바꿔 보고, 모둠별로 연습해 본다.

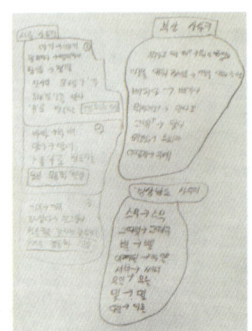
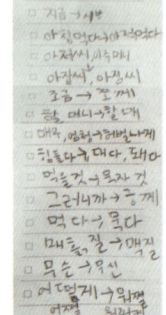

그 밖에 온라인 도구를 활용하여 4개 지역의 사투리를 조사하고, 관련 영상을 보면서 따라 해 보는 시간을 갖는다.

몸을 풀고 발음, 사투리 연습하기

몸의 긴장 상태를 풀고 편안한 상태에서 참여할 수 있도록 간단한 동작으로 몸 풀기 체조를 한다. 목, 어깨, 허리를 돌려 관절을 부드럽게 하고, 굽거나 웅크린 몸을 곧게 펴서 자신감 있게 말할 수 있도록 한다.

몸풀기가 끝나면 그림책 「간장 공장 공장장」(한세미 글, 대성 그림, 꿈터)을 활용하여 발음 연습을 한다. '간장 공장 공장장, 된장 공장 공장장, 고추장 공장 공장장' 등 어려운 발음이 반복되어 글만 따라 읽어도 발음이 좀 더 정확해진다. 전체가 함께 읽고, 그다음 짝과 한 쪽씩 읽고, 마지막에는 역할을 정해 읽는다. 띄어 읽기만 잘해도 훨씬 더 자연스럽게 글을 읽을 수 있으므로 손으로 '/' 표시를 하면서 천천히 읽도록 한다. 발음이 꼬이거나 틀리지 않고 정확하게 글을 읽으면 칭찬을 하고 상을 주는 놀이를 하면 학생들이 좀 더 즐겁게 참여한다. 이때, 빨리 읽는 것보다 정확하게 발음하는 것이 중요하다고 안내한다.

발음 연습을 한 다음, 조사한 사투리를 친구들과 함께 연습해 본다. 사투리를 표준말로 바꿔 보고, 표준말을 사투리로 바꿔 보기도 한다. 그리고 해당 지역 사람들의 억양을 흉내 내며 자주 쓰는 사투리를 그대로 따라해 본다. 친구의 사투리를 듣고 잘한 점, 고쳐야 할 점을 서로 이야기해 준다.

모둠별 대본 쓰기

사투리 연습이 끝나면 그림책의 내용을 그대로 옮기거나, 내용에 조금 변화를 주거나 각색하여 모둠별로 대본을 쓴다. 대본을 쓸 때는 먼저, 이야기 속 등장인물을 결정한다. 한 모둠이 4명이므로 4명만 선택할 수도 있고, 4명 이상 선택할 경우 1인 2역을 하도록 한다. 인물이 결정되면 각자 하고 싶은 역할을 정한다. 학생들이 원하는 배역이 같을 경우 각자 이 역할을 왜 하고 싶은지 말하고, 나머지 모둠원들이 해당 역할에 좀 더 어울리는 친구로 결정하도록 한다. 이어, 전체 이야기의 흐름에 맞게 모둠

원이 함께 모여 대본을 쓴다. 이때 새로운 인물이 등장하거나 뜻밖의 사건이 추가되기도 하는데, 학생들이 창의적으로 각색할 수 있도록 칭찬하고 격려해 준다.

낭독극 연습과 공연 준비

낭독극을 잘하기 위해서는 다른 사람 앞에서 긴장하지 않고 알맞은 목소리로 말하는 연습을 먼저 해야 한다. 본격적인 낭독극 연습에 들어가기 전에, 간단한 역할극을 통해 상황에 따라 알맞은 표정과 목소리로 말하는 연습을 해본다. 예시 연습 자료는 교과서를 활용하면 좋다. 수업에서는 4학년 국어 교과서에 나오는 「가방 들어주는 아이」의 짧은 영상을 함께 보면서 인상적인 장면을 찾아보고, 그 이유를 서로 이야기 나누었다. 그리고 모둠별로 인상적인 장면의 대사를 간단히 적어 역할을 정해 낭독하였다.

학생들은 석우가 처음 영택이의 가방을 들어 주는 장면, 석우가 할아버지들 앞에서 깡통을 차는 장면, 영택이의 생일 파티 장면을 골라 모둠별로 성구, 영택, 엄마, 할아버지의 역할을 맡아 실감 나게 표현하였다. 자신이 좋아하는 축구 놀이 대신 몸이 불편한 친구의 가방을 들어 주어야 하는 석우는 큰 목소리로 짜증 내듯 대본을 읽었고, 가방을 들어 주는 친구가 고맙지만 쑥스러움이 많은 영택이를 맡은 학생은 작고 부드러운 목소리로 글을 읽었다. 역할을 맡아 말하기를 하며, 학생들은 무조건 큰 소리로 대본을 읽기보다 맡은 인물의 심리나 상황에 맞게 적절한 표정과 목소리를 내는 것이 중요하다는 것을 배우게 된다.

소심하고 목소리가 작은 학생들은 대사가 없거나 양이 적은 역할을 맡으려고 하는 경향이 있는데, 이런 학생일수록 말하기 연습이 필요하다. 몇 번의 연습으로 쉽게 달라지지는 않지만 평소 국어, 또는 다른 교과 시간과 연계하여 발표하는 경험을 꾸준히 하도록 하고, 특히 학년 초인 3~4월에 발표하는 습관이나 요령을 익히게 하면 큰 도움이 된다.

간단한 역할극을 해보고 나서, 본격적으로 사투리 그림책 낭독극 연습을 한다. 처음에는 각자 자신의 대사를 끊김 없이 자연스럽게 말할 수 있도록 반복해서 읽는 시간을 갖는다. 그리고 모둠별로 4명씩 모여 순서에 맞게 낭독 연습을 한다. 이때, 처음부터 끝까지 여러 번 충분히 읽어야 자신의 순서를 놓치지 않고 이야기의 흐름을 따라갈 수 있다.

공연 안내 포스터는 교사가 카드 뉴스를 만들어 플로터로 인쇄해 주고, 학생들은 등장인물 이름을 크게 적어 무대 위 책상 앞쪽에 붙인다. 공연 도중 화면에 띄울 간단한 PPT 자료는 필요한 경우 모둠별로 선택하여 제작하도록 한다. 수업에서는 대부분의 모둠이 2~5장 정도의 슬라이드를 준비했는데 책 제목, 등장인물과 맡은 학생 이름, 장소, 사투리 그림책의 특징을 나타내는 내용이 들어 있었다.

공연과 감상

무대 위에 책상과 의자, 그리고 사투리 그림책 표지 화면(PPT 자료)을 준비한다. 대사만으로 내용이 전달되는 낭독극은 목소리가 큰 역할을 하기 때문에 목소리가 너무 작아서 잘 안 들리는 학생은 실내용 마이크와 같은 보조 장치를 활용하면 도움이 된다. 낭독 이외에 동작으로 표현하는 것을 허용하고, 재미있는 의성어나 음악을 넣으면 더욱 효과적이다.

 모둠별로 나와서 발표하고 나머지 학생들은 관객이 되어 즐겁게 낭독극 공연을 감상한다. 각 지역의 사투리들이 나오기 때문에 학생들이 무척 즐거워하며 공연에 몰입하는데, 간혹 깜짝 놀랄 만큼 사투리를 자연스럽게 구사하는 학생들이 나오기도 한다.

 각 모둠의 공연이 끝나면 다른 모둠과 달리 독특하게 잘한 점, 보완하면 좋을 점을 한 가지씩 이야기 나눈다. 수업에서 학생들은 대사가 끊기지 않고 인물과 인물의 연결이 자연스러웠던 점, 목소리가 커서 내용을 잘 이해할 수 있었던 점, 자신감 있게 말한 점, 사투리를 잘 표현한 점, 내용을 더 재미있게 바꾼 점 등 공연에 대해 객관적이고 정확한 평가를 내놓았다. 보완해야 할 점으로는 몇몇 학생의 목소리가 작았던 점, 자기 순서를 놓치지 않도록 전체 흐름을 따라가고 있어야 한다는 점, 장난치듯 웃지 말고 진지하게 참여해야 한다는 점 등을 꼽았다.

 낭독극을 마친 뒤 전 과정을 체험하며 느꼈던 소감을 인터뷰하여 영상을 만들면 좋다. 희망하는 학생을 대상으로 처음 낭독극을 시작할 때 들

었던 생각, 낭독극을 준비하고 마치기까지 과정에서 느꼈던 어려움, 좋았던 점, 새롭게 알게 된 점을 이야기하도록 한다. 영상을 친구들과 함께 보면서 프로젝트를 마무리한다.

발표력 향상 프로젝트
-낭독극으로 사투리 대잔치-

4학년 (   )반 이름

1. 그림책을 정하는 과정에서의 나의 참여 정도 (해당되는 곳에 O 표시)	나는 내가 마음에 든 책을 적극적으로 제안하였다.(O) 나는 친구들의 의견을 그대로 따랐다.( ) 나는 그림책을 선정하는 과정에 관심이 없었다.( )
2. 대본을 만드는 과정 (해당되는 곳에 O 표시)	나는 대본을 만들 때 적극적으로 참여하여 대본을 완성했다.(O) 나는 친구들의 의견을 그대로 따랐다.(O) 나는 대본 만드는 과정에 관심이 없었다.( )
3. 낭독극 연습하는 과정 (해당되는 곳에 O 표시)	나는 대본을 읽고 연습하는 과정에 적극적으로 참여하고 충분히 연습을 했다.(O) 나는 친구가 하자는 대로 따라했다.(O) 나는 낭독극 연습에 관심이 없었다.( )
4. 낭독극을 발표하는 과정 (해당되는 곳에 O 표시)	나는 내가 맡은 인물의 표정, 몸짓, 말투에 어울리게 낭독극을 발표하려고 최선을 다했다.(O) 나는 인물에 어울리게 말하려고 혼자서도 연습하고 대본을 읽어보았다.( ) 나는 우리 모둠이 모두 다 열심히 했다고 생각한다.(O)
5. 낭독극 발표하는 과정에서 자신의 참여 태도와 친구들과의 협동하는 모습 등 자기 평가의 내용을 자유롭게 적어보세요.	우리모둠은 협동을 하여 대본을 만들었고 최선을 다했다. 그리고 우리모둠다 잘 참여했다. 처음엔 참여를 잘 안하는 사람이 있었지만 나중에도 그친구도 적극적으로 참여를 해서 다 열심이 한것 같다.
6. 낭독극 수업 및 1학기 수석선생님과의 수업에서 느낀 점, 배운 점 등을 자유롭게 적어보세요.	낭독극 덕분에 목소리가 조금 커진것 같고 발표도 많이 할수 있게 되었다. 그리고 낭독극을 더 많이 해야겠다는 생각이들고 낭독극이 의미 없다고 생각이 되었다.

- **낭독극 수업 참여 과정에 대한 자기 평가**
  1. 나는 열심히 참여했다. 친구와 의견도 나누었고 수정을 했다. 하지만 목소리가 생각보다 작게 나와서 약간 아쉬웠다. 발표를 준비하는 과정은 어렵지만, 나중에 발표하면서 보람을 느꼈다. 다음에는 목소리와 사투리를 조금 더 향상시켜서 낭독극을 잘할 것이다.
  2. 낭독극 수업 덕분에 친구들 앞에서 발표할 수 있는 용기, 모둠 활동에서 협동심이 더 생겼다. 모둠의 다른 친구들도 자신 있게 발표를 했다. 더 연습해서 다음에는 다른 친구들처럼 자신 있게 할 것이다.

- **낭독극 수업 후 새롭게 알게 된 점**
  1. 여러 가지 사투리를 배웠다. 또 사투리가 몸짓, 표정, 말투를 표현하는 데 도움이 된다는 것을 알았다. 낭독극은 연기를 잘하는 사람만 할 수 있을 줄 알았는데 나도 할 수 있으니 신기했다.
  2. 다양한 책을 읽으니 어휘력이 늘어난 것 같아서 좋고, 모둠을 만들어 낭독극을 하는 게 좋았다. 왜냐하면 협동심도 기르고 (이야기를 나누며) 다른 친구들과 조금 더 친해질 수 있는 기회였기 때문이다.

함께 읽으면 좋은 그림책

- 「비밀상자」 김인자 글, 김보라 그림, 글로연
- 「메리」 안녕달 글·그림, 사계절
- 「고구마구마」 사이다 글·그림, 반달
- 「막두」 정희선 글·그림, 이야기꽃
- 「귤 사람」 김성라 글·그림, 사계절

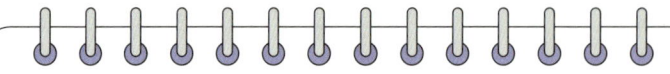

학급 문집
학급운영의 꽃

학급살이 일 년을 돌아보며 학생들과 학급 문집을 출간하는 교사들이 늘고 있다. 매해 학급 문집을 출간하는 교사들은 '학급 문집은 우리 반의 살아 있는 기록'이며 '학급운영의 꽃' 이라고도 이야기한다. 아마도 학급의 크고 작은 이야기부터 학생들의 성장이 엿보이는 글과 그림 등이 학급 문집에 고스란히 담기기 때문일 것이다.

학급 문집은 우리 반 한해살이 기록집이다. 거창하고 특별하기보다 소소하지만 기억하고 싶은 우리들의 이야기를 담는 책이다. 우리 반에서 일어난 크고 작은 사건, 아이들의 일상을 기록한 일기 글, 배움과 성장이 보이는 작품 등 학교생활과 배움을 통한 학생들의 성장이 담기게 된다. 학생들과 함께 학급 문집의 의미를 생각해 보고, 학기 초부터 출간 준비를 조금씩 해 나가면 좋겠다. 소소하지만 소중한 학교생활이 담긴 학급 문집은 학생들에게 의미 있는 선물이 될 것이다.

그림책 「살아 있다는 건」

다니카와 슌타로 글, 오카모토 요시로 그림, 비룡소

삶의 소중함에 대해 노래한 다니카와 슌타로의 시 '살다'를 어린이의 시선으로 담아 낸 그림책이다. '지금 무슨 일이 일어나든, 누가 무엇을 하든, 그 짧은 시간 속에 영원을 품고 있다'는 작가의 말처럼 우리가 살고 있는 매 순간, 매일의 소중함을 다시 생각하게 한다.

오감으로 느낀 것을 마인드맵으로 그리기

그림책을 읽기 전, 학생들과 하루 종일 오감으로 느낀 것을 마인드맵으로 표현해 보는 활동을 한다. 아침에 일어나 눈을 뜬 시간부터 지금까지 눈, 코, 입, 귀, 피부 등의 감각 기관으로 보고, 듣고, 냄새 맡고, 맛보고, 느낀 것을 떠올리게 한다. 그다음, 생각 주머니를 펼쳐 떠오르는 단어들을 꼬리에 꼬리를 물 듯 적게 한다. 하루 동안 내 감각이 느낀 것을 적어 보며, 학생들은 생각보다 많은 것을 감각으로 경험했음을 알게 된다.

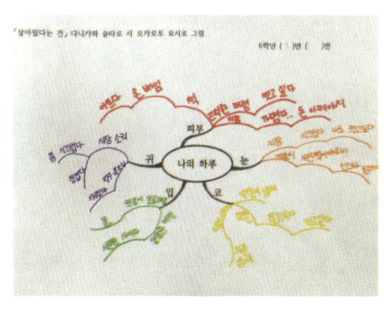
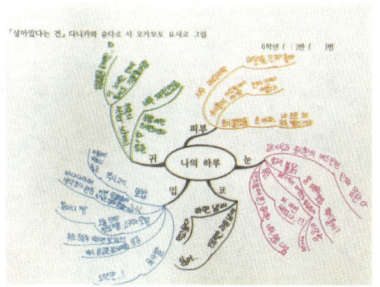

교사	오늘 하루 우리가 오감으로 경험했던 일들을 떠올리며 마인드맵 형식으로 정리했습니다. 이 활동을 하면서 어떤 생각이 들었나요?
학생 1	오감으로 경험한 것을 떠올리다 보니, 내가 오늘을 어떻게 보냈는지

	알게 되었습니다.
학생 2	생각보다 나에게 아주 많은 일들이 있었던 것 같아 뿌듯하게 느껴졌습니다.
학생 3	나의 하루를 적다 보니 나의 하루가 참 행복했구나 하고 감사하게 되었습니다.

학생들과 마인드맵 형식으로 나의 하루를 돌아보고 나서, 그림책 「살아 있다는 건」을 읽는다. 책을 읽고 들었던 생각과 느낌을 자유롭게 이야기 나눈다.

교사	그림책을 읽고 어떤 마음이 들었나요?
학생 1	살아 있다는 것이 무엇인지에 대해 생각하게 되었습니다.
학생 2	지금 이 순간이 모두 살아 있다고 느끼는 순간이라는 걸 알게 되었습니다.
학생 3	평범한 일상들이 소중하게 느껴졌습니다.

살아 있다고 느낀 순간을 사진으로 기록하기

앞의 활동을 통해 평범한 일상의 소중함을 느꼈다면 그 소중함을 기록하는 과제를 준다. 그림책 장면처럼 작지만 소중한 나의 일상을 기록해 보자고 하고, 내가 살아 있다고 느낀 순간을 사진에 담아 보게 한다. 일주일 정도의 시간을 주고, 학급 SNS가 있다면 과제 게시판에 사진을 직접 올리게 한다. 이 과제를 통해 학생들은 나의 일상을 조금 더 따뜻한 시선으로 보게 된다. 또 일상을 사진으로 남기며 기록의 소중함과 의미도 자연스레 깨닫게 된다.

정해진 과제 제출 시간이 지나면 학생들이 학급 SNS에 올린 사진들을 개인당 한 장으로 모아 출력한다. 여러 장의 사진을 한 장으로 모아 출력할 때는 사진 편집 프로그램이나 스마트폰 사진 편집 앱을 활용한다. 모둠별로 출력된 사진을 보며 내가 사진으로 기록한 장면이 무엇인지 돌아가며 이야기한다.

학생 1	이 사진은 내가 학원 갔다가 집에 가는 길에 만난 길고양이 사진이야. 나는 동물을 좋아해서 동물들을 보면 내가 살아 있다고 느껴.
학생 2	이 사진은 내 책상 위의 작은 전시장이야. 내가 좋아하는 아이돌 ○○의 앨범 등을 모아 놓았어. 나는 덕질을 하며 좋아하는 노래를 들을 때 살아 있다고 느끼는 거 같아.
학생 3	내가 찍은 하늘 사진이야. 파란 하늘을 보면 왠지 기분이 좋아지고 살아 있다고 느껴.
학생 4	이 사진은 학교 끝나고 집에 가는 길에 친한 친구들과 찍은 셀카야. 나는 좋아하는 친구들과 시간을 보낼 때 살아 있다고 느껴.

이렇게 내가 찍은 사진을 소개하고, 친구의 말에 공감해 주면서 이야기 나누도록 한다. 서로 궁금한 점을 질문해도 좋다고 하면 학생들 사이에 자연스럽게 이야기꽃이 피어난다.

'살다' 시를 읽고, 우리 반 협동 시 쓰기

내가 살아 있다고 느낀 순간에 대해 이야기 나눈 뒤, 그림책 「살아 있다는 건」을 학생들과 한 번 더 읽는다. 시 그림책임을 말해 주고, 원작 시 '살다'를 함께 소리 내어 읽어 본다. 작가가 살아 있다고 느끼는 순간에 대해 이야기 나누고, 내가 살아 있다고 느끼는 순간이 담긴 나만의 시를 써 보자고 제안한다. '살다' 시의 라임에 맞춰 '살아 있다는 건 지금 살아 있다는 건'으로 시작하는 시의 마지막 한 연을 각자 완성하게 한다.

살아 있다는 건 지금 살아 있다는 건 내가 좋아하는 영화를 보는 것 아무 생각 없이 단순 작업을 하는 것 아무 걱정 없이 편하게 웃으면서 놀 수 있는 것	살아 있다는 건 지금 살아 있다는 건 친구들과 함께하는 것 맛있는 것을 먹는 것 예쁜 노을을 보고 사진을 찍는 것

학생 작품 예

각자 완성한 나만의 '살다' 시를 모둠별로 돌아가며 발표한다. 이어 내가 쓴 시의 한 행을 골라 A4 종이를 4등분한 종이에 적는다. 각자 적은 것들을 배열하여 모둠 시를 구성한다. 모둠원과 의논하여 내용이 겹치지 않게 하고, 전지 크기의 종이에 각자 고른 한 행과 그 내용에 어울리는 사진을 함께 붙여 완성한다. 사진은 내가 살아 있다고 느끼는 순간을 찍어 출력한 사진을 활용한다. 이렇게 모둠 시를 완성하고 칠판에 모아 붙이면 우리 반 협동 시 '살다'가 완성된다. 완성된 우리 반 '살다' 시를 낭독하고, 시를 완성한 느낌을 나눈다.

교사	우리 반 협동 시를 완성하고 함께 읽어 보니 어떤 생각이 드나요?
학생 1	우리 반 친구들이 소중하게 여기는 일상에 대해 알게 되고, 그것에 대해 이야기 나누는 시간이 즐거웠습니다.
학생 2	각자 쓴 시가 이렇게 멋진 시가 되다니 뭔가 대단한 일을 한 거 같습니다.

학생 3	우리 반이 힘을 모아서 쓴 시가 작품이 되니 놀랍고 뿌듯합니다.
교사	오늘 우리 반이 마음을 모아 완성한 시처럼 함께 힘을 모으면 우리의 작고 평범한 일상이 작품이 됩니다. 그래서 올해 여러분의 일상들을 소중히 기록하여 우리 반 학급 문집으로 엮어 보려고 합니다. 여러분이 오늘 힘을 모아 완성한 시도 학급 문집에 실을 예정입니다.

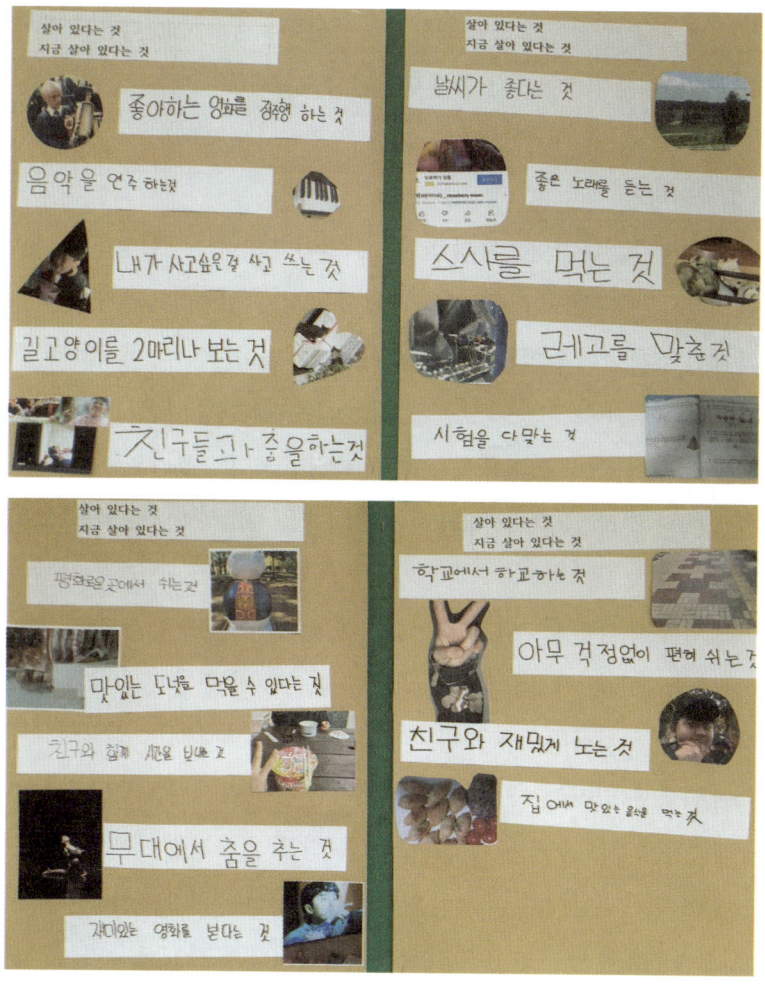

하나씩 단계를 거치며 학급 문집 만들기

학급 문집 출간이 좀처럼 엄두가 나지 않을 수 있다. 학급 문집을 출간해 본 경험이 있는 교사들도 출판에 드는 시간과 정성을 감안하면 쉽게 시도하기 어렵다. 앞에서 소개한 것처럼 학기 초에 우리가 살아가는 평범한 일상의 소중함을 느끼는 활동을 하면, 이 과정에서 학급 문집을 출간할 작은 동기들을 얻을 수 있다. 평범하지만 소중한 일상을 기록하여 우리 반 학급 문집을 출간할 계획임을 학생들과 공유하고, 다음과 같이 하나씩 단계를 거치며 학급 문집 만들기에 도전해 보자.

1. 구성하기

우리 반 학급 문집에는 우리 반만의 색깔이 드러나도록 학생들의 소중한 일상과 배움, 성장이 나타나는 교육 활동 성과를 담는다. 먼저, 학생들의 개인 소개 글이 들어가면 좋다. 좋아하거나 싫어하는 것, 미래의 꿈 등의 내용을 담아 자신을 스스로 소개하는 글은 우리 반의 구성원 한 명 한 명을 잘 보여 준다. 소개 글을 쓸 때는 마거릿 와이즈 브라운의 「중요한 사실」이나 김희경의 「나는요,」 등의 그림책을 참고하거나 활용하면 좋다.

두 번째로, 학생들의 일기 글을 싣는다. 학생들이 쓰는 많은 글 중에서 아이들의 모습과 생각을 있는 그대로 가장 잘 보여 주는 것이 일기 글이 아닐까 한다. 사생활 보호 측면에서 일기 쓰기 지도에 대해 교사마다 생각이 다를 수 있지만, 아이의 일상과 생각을 담은 일기 글은 학급 문집을 구성하는 좋은 요소가 될 수 있다. 학생들의 학창 시절을 어떤 글보다도 잘 담아 내기 때문이다. 이 책의 일기 편을 참고하여 일기 쓰기를 지도하고, 학생들이 일 년 동안 쓴 일기 글을 분실하지 않게 잘 모아 둔다.

세 번째로, 학생들이 쓴 시는 꼭 실으면 좋겠다. 시는 나의 경험이나 생각을 어떤 대상에 비유하거나 함축적으로 표현하는 글로, 아이들의 마음을 엿보기에 좋다. 시화와 함께 실으면 여백의 미가 살아 있는 근사한 작품이 될 수 있다. 교사가 직접 시 지도를 해도 좋고, 다양한 어린이 시를 읽어 주는 것만으로도 학생들은 그것을 바탕으로 나만의 시를 써 낸다.

네 번째로, 교육과정을 지도하는 과정에서 학생들의 배움과 성장이 엿보이는 글이나 그림 등의 작품을 싣는다. 문집을 만들기 위해 따로 시간을 내어 작품을 만들거나 글을 쓰지 않고, 국어 시간에 쓴 글이나 미술 시간에 그린 그림 등 활동 결과물을 활용한다. 평소 교육 활동을 잘 기록하고, 학생들의 활동 결과물을 사진으로 찍어 둔다. 또는 학생들에게 각자 개인 파일에 포트폴리오 형식으로 결과물을 모으게 하고, 학기 말에 학생 스스로 학급 문집에 담을 작품을 선택하게 해도 좋다.

그 밖에, 학급 아이들과 협의하여 '우리 반의 10대 사건, 우리 반 설문 조사, 우리가 함께 읽은 그림책, 우리 반 사진 앨범, 롤링 페이퍼' 등 소소한 읽을거리 등으로 자유롭게 구성할 수 있다.

2. 편집하기

일 년 동안 잘 모아 둔 교육 활동의 결과물을 선별하여 편집하는 일은 늦어도 종업식 두 달 전에 시작하는 것이 좋다. 여유 있게 한 달 정도 편집하고, 최종적으로 검토 후 인쇄소에 맡겨 책의 형태로 받아 보는 데에도 일주일 정도의 시간이 필요하다. 문집을 학생들과 함께 열어 볼 수 있도록 최소한 종업식 3일 전에는 문집이 도착하도록 일정을 계획한다.

먼저, 일기 글이 담긴 공책을 살피며 월별로 1~2편 정도의 글을 학생 스스로 뽑게 한다. 이 과정에서 학생 스스로 나의 일 년을 돌아보게 된다. 또 내가 쓴 글 중 반 친구들과 나누고 싶은 글을 스스로 선별하도록 하는 것은 저작권자인 학생에게 동의를 얻는 과정이기도 하다. 선별한 글은 컴퓨터를 이용하여 한글 파일로 옮기는데, 창체 시간 등을 활용하여 컴퓨터실에서 진행하면 좀 더 수월하다. 고학년의 경우, 학급 문집 편집부를 구성하여 학생들의 글을 한글 파일로 옮기는 일을 돕거나 오탈자 등을 확인하도록 하면 좋다. 학생들에게 역할을 부여하여 함께하도록 하면 학급 문집에 대한 기대와 애착이 더 커진다.

학생들의 글을 한글 파일로 모두 모으면 하나의 파일로 연결하는 디자인 과정이 필요하다. 디자인 전문 프로그램을 이용하거나 학급 문집 출간을 도와주는 업체에 원고를 맡겨 디자인을 의뢰할 수도 있지만 비용이 발생한다. 기본 한글 프로그램에서 다단을 나누고 무료 이미지 파일을 이용하여 학급 문집 틀을 만들어 두면 어렵지 않게 편집이 가능하다.

3. 제목과 표지 디자인 공모하기

학급 문집 편집을 시작하는 동시에 학급 회의를 통해 학급 문집의 제목과 표지 디자인 공모를 시작한다. 학급 문집의 제목을 정하고 제목과 어울리는 표지를 직접 디자인하도록 하는데, 원하는 학생들이 참여하여 공모하게 하거나, 학급 전체가 참여하고 학급 투표를 통해 표지를 선정할 수도 있다. 표지 공모전을 진행할 때, 선정된 표지와 참여한 학생들에게 작은 보상을 해 주는 등 동기 부여를 하면 참여율이 높아진다.

4. 알아두면 좋은 팁

학급 문집 편집과 표지를 완성했다면 인쇄소에 맡겨 결과물을 받아볼 일만 남았다. 인쇄소 선정은 지역 업체나 온라인 업체에 비용을 문의한 후 진행하며, 컬러 인쇄는 흑백 인쇄에 비해 비용 차이가 많이 나므로 예산을 미리 고려한다. 인쇄 업체를 미리 알아보고 장당 인쇄 가격 등을 고려하여 전체 페이지 수를 조절해 편집한다. 학급 문집은 인쇄하여 발간하면 가장 좋지만 현실적으로 어려울 경우 온라인 출판을 해보는 것도 좋다. 작성된 원고를 해당 출판 사이트에서 제시한 방법대로 업로드하면 전자책 형식의 학급 문집 출판이 가능하다.

완성된 학급 문집을 학생들과 함께 보는 날은 '학급 문집 출판 기념회'라는 이름으로 특별하게 준비하면 좋다. 나의 글과 그림이 책으로 출간된 것을 기념하며, 학생들은 작가가 된 것 같은 기쁨을 느끼게 된다. 이런 경험이 우리 반 학급 문집을 조금 더 소중한 책으로 기억하게 만들 뿐 아니라, 학생들에게 글을 계속 쓰고 싶은 마음이 들게 한다. 약간의 간식을 준비하여 기념하는 자리에서 학급 문집을 함께 읽어 본다. 마지막에는 우리 반의 협동 시 '살다'를 함께 낭독하는 시간을 갖는다. 우리의 소소한 일상이 글이 되고 책이 되는 경험을 통해 학생들은 학급 문집이라는 소중한 종업 또는 졸업 선물을 받게 된다. 훗날 나의 학창 시절을 즐겁게 추억할 거리를 추가하게 될 것이다.

함께 읽으면 좋은 그림책

- 「다니엘의 멋진 날」 미카 아처 글·그림, 비룡소
- 「날마다 멋진 하루」 신시아 라일런트 글·그림, 초록개구리
- 「삶」 신시아 라일런트 글, 브렌던 웬첼 그림, 북극곰
- 「당연한 것들」 이적 글, 임효영 외 그림, 웅진주니어

3부

생활의 나침반, 인성 교육

소통

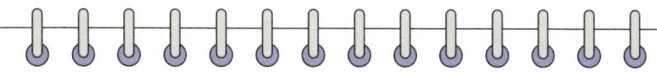

서로 다른 너와 나, 소통으로 이해하는 우리

'소통'의 사전적 의미는 '막히지 아니하고 잘 통함'이다. 누군가와 이야기를 주고받을 때 뜻이 막히지 않고 잘 통해서 오해 없이 대화할 수 있다면 더없이 좋을 것이다. 하지만 일상에서 소통하지 못해 화를 내거나 입을 닫고 서로 이야기를 듣지 않으려는 경우가 종종 생긴다. 소통하는 방법을 잘 모르고 제대로 배우지 못했기 때문이다.

초등학생들에게 의사소통 능력을 키워 주는 일은 매우 중요하다. 초등학교에 입학한 아이들은 선생님, 친구들과 함께 생활하며 언어를 탐구하고 감정에 대해 배우게 된다. 또래 관계에서 생기는 문제를 해결하며 자연스럽게 의사소통 능력을 키우게 되지만, 잘 짜인 교육과정을 통해 의사소통 방법을 익힐 수 있다면 학생들에게 좀 더 유익할 것이다.

소통의 첫 단계는 잘 듣는 것이다. 눈을 맞추고 상대방의 말을 잘 듣는 연습을 해본다. 또 감정에 대해 충분히 알아야 상대의 감정을 알아챌 수 있다. 그림책을 읽으며 다양한 감정들에 대해 알아보고, 각각의 감정들은 어떻게 표현되는지 배워 본다. 소통의 핵심이라고 할 수 있는 공감은 반복적인 연습을 통해 일상 속에 자연스럽게 스며들게 된다. 잘 듣기, 감정 파악하기, 공감하기를 통해 학생들은 의사소통 능력과 문제 해결 능력을 키울 수 있다.

그림책 「근데 그 얘기 들었어?」
밤코 글·그림, 바둑이하우스

두더지가 마을에 이사 온 새 이웃과 만나며 이야기가 시작된다. 새 이웃에 관한 소식은 여러 동물 친구들을 거치며 과장되고 왜곡된다. 순식간에 괴물로 변해 버린 새 이웃은 정말 괴물일까? '제대로 듣기'라는 소통의 기본을 유쾌하게 알려 주는 책이다.

경청하기

그림책을 읽기 전에 학생들과 먼저 말 전달하기 놀이를 한다. 놀이하며 소통의 첫 단계인 제대로 듣기의 중요성을 느낄 수 있다. 상대의 눈을 보며 제대로 듣고 말하는 연습을 한다.

말 전달하기 놀이 방법

- 준비물 : 그림책 면지에 등장하는 이사 온 이웃 모습이 그려진 종이, 자석 보드
1. '눈, 손바닥, 발가락, 허공'을 칠판에 쓰고, '경, 청, 하, 기'라고 쓴 자석 보드를 활용해 네 개의 낱말을 가린다. 이때 '경, 청, 하, 기'의 글자 순서를 섞어서, '경청하기'라는 낱말을 유추할 수 없도록 한다.

2. 모둠별로 '경, 청, 하, 기' 중 한 글자를 선택한다. 여러 모둠이 한 글자를 중복하여 선택할 수 있고, 한 글자씩 선택할 수도 있다.
3. 모둠이 선택한 단어의 실물을 보며 그림을 설명한다. 예를 들어, '손바닥'을 선택한 모둠은 손바닥을 보며 이야기를 전달한다.
4. 모둠이 한 줄로 서고, 첫 번째 학생이 이사 온 이웃의 모습을 두 번째 학생에게 설명한다. 두 번째 학생은 세 번째 학생에게 전달받은 대로 설명한다. 모둠의 마지막 학생은 전달받은 내용을 칠판에 그린다.
5. 첫 번째 학생이 받은 그림을 칠판에 붙이고, 마지막 학생이 그린 그림과 비교해 본다.

놀이를 마치고 나서 「근데 그 얘기 들었어?」를 함께 읽는다. 그림책의 면지를 보여 주자, 놀이에 제공된 그림의 주인공이 마을에 새로 이사 온 이웃임을 알고 교실에서 탄식이 터져 나온다. 새로 이사 온 이웃의 정체가 과장되고 왜곡되어 괴물로 변하는 과정을 보며 제대로 듣는 것이 얼마나 중요한지 깨닫게 된다. 그림책을 읽고 알게 된 것이나 느낀 점을 나눈다.

교사	「근데 그 얘기 들었어?」를 읽고 어떤 생각이 들었나요?
학생 1	제대로 듣는 것이 진짜 중요한 것 같아요. 개미가 괴물로 변하는 게 한순간이었어요.
학생 2	눈을 보고 말하는 게 중요하다는 걸 알았어요.
학생 3	이야기를 전달할 때 제대로 전달하기가 쉽지 않다는 것을 알았어요.
교사	자석 보드에 쓰인 글자를 조합하면 우리가 배운 내용을 한 단어로

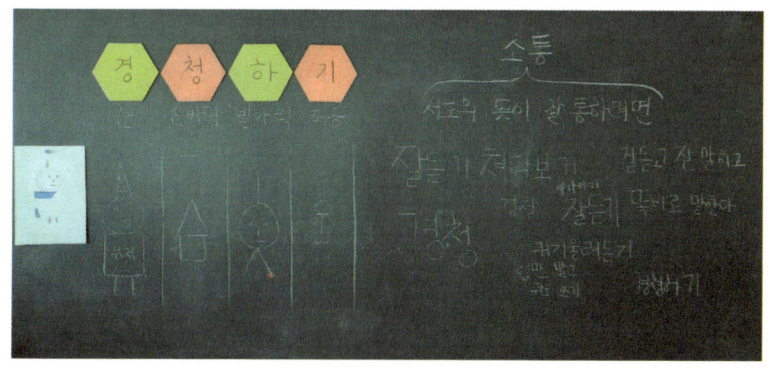

정리할 수 있어요. 그림책과 놀이를 통해 배운 내용을 한 단어로 요약해 볼까요?

학생 4   '경청하기' 입니다.

칠판 나누기를 하며 그림책과 놀이를 통해 배운 내용을 정리하는 시간을 갖는다.

그림책 「거울책」
조수진 글·그림, 반달

거울로 얼굴을 보듯 마음도 살필 수 있다면 얼마나 좋을까? 작가는 '거울'이라는 도구를 활용해 내가 느끼는 감정이 무엇인지 알려 준다. 거울을 통해 여러 감정을 소개하는 방식이 새롭다.

상대의 감정 살피기

상대가 지금 어떤 감정인지 알아챌 수 있다면 상대와 좀 더 쉽게 소통

할 수 있다. 그림책으로 여러 감정들에 대해 알아본다. 책을 읽은 뒤 「거울책」에 등장하는 거울을 직접 만들어 보며 자신의 감정을 살펴본다. 내 얼굴에 어떤 감정이 드러나는지, 얼굴에 드러나는 감정은 무엇이 있는지 생각해 보며 감정이 얼굴에 드러남을 느낀다. 내 얼굴을 살폈다면 친구의 얼굴도 살펴보도록 한다. 친구의 얼굴에 어떤 감정이 드러나는지 살피며 다른 사람의 감정에도 관심을 두게 한다. 비치는 물체가 좌우 반전되는 거울의 특징을 생각하며 그림책을 읽는다.

감정을 살피는 거울 만드는 방법

- 준비물 : 8절 도화지, 원형 커터, 색칠 도구

1. 8절 도화지에 거울 모양을 그린다. 교사가 미리 거울 모양을 그려 제공할 수 있다.
2. 거울 모양이 그려진 도화지에 원형 커터를 활용해 「거울책」처럼 구멍을 뚫는다.
3. 거울에 오늘 자신이 느낀 감정을 소개하는 글을 쓴다.

8절 도화지에 거울 그리기

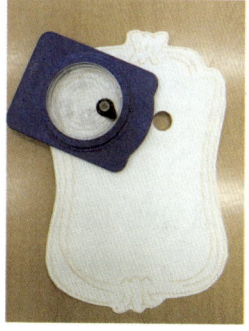
원형 커터로 눈구멍 만들기

완성된 거울

감정을 살피는 거울을 만든 다음 친구와 만나 서로의 감정을 주고받는 활동을 한다. 감정을 주고받을 때 상대가 한 말을 똑같이 다시 말해 주며 확인하도록 한다. 상대가 한 말을 그대로 다시 말해 주는 것이 상대의 감정을 이해하는 데 도움이 된다. 감정을 말한 학생도 상대가 말하는 자신의 감정을 들으며 자신의 감정을 다시 살필 수 있다. 흥미를 높이기 위해 눈으로 하는 가위바위보를 한 뒤, 감정을 소개하도록 한다. 한쪽 눈만 뜨면 가위, 두 눈을 다 감으면 바위, 두 눈을 다 뜨면 보로 정하여 가위바위보를 하고, 진 사람부터 감정을 말한다.

따뜻하게 다시 말해 주기 활동 방법

1. 거울 가면을 쓰고 친구와 만나 눈으로 하는 가위바위보를 한다.
2. 진 사람부터 자신의 감정을 말한다. "엄마는 동생만 사랑하는 것 같아! 나도 사랑스러운데, 나도 예쁜데! 눈에도 입에도 마음에도 가시가 생겼어."
3. 이긴 사람은 상대의 감정을 그대로 다시 말해 준다. "엄마가 동생만 사랑하고 예뻐하는 것 같아 질투가 났구나. 그래서 눈에도 입에도 마음에도 가시가 생겼구나. 맞아, 너도 사랑스러워! 너도 예뻐!"
4. 교실을 돌아다니면서 친구들과 감정을 나누고 다시 말해 주는 활동을 계속한다.

소통을 잘하기 위해서는 내 말만 하지 않고 경청하고, 상대를 비난하지 않고 이해하며, 평가하지 말고 위로할 수 있어야 한다. 경청하고 이해하며 위로하는 방법으로 다시 말해 주기 활동은 무척 효과적이다.[8] 특히 교실에서 발생하는 문제 상황에서 활용하기 좋다.

교실에서 벌어지는 학생들 사이의 다툼은 이해와 공감이 부족하여 생기는 경우가 많은데, 다시 말해 주기 활동은 학생들 사이의 소통을 원활하게 만든다. 상대의 말을 그대로 돌려주기 위해서는 잘 들어야 하고, 다시 말하면서 제대로 들었는지 상대에게 확인한다. 이 과정에서 상대방은 자신의 감정이 이해받았다고 느끼고 마음을 열게 된다.

그림책 「그랬구나」
김금향 글, 정진호 그림, 키즈엠

"그랬구나"는 공감을 표현하는 가장 효과적인 말이다. 공감은 격해졌던 감정을 가라앉히고 보듬어 준다. 아이의 감정에 따라 배경 속 여러 가지 물건들이 변하는 장면을 살펴보며 책을 읽는 재미가 있다. 아이가 실수나 잘못을 했을 때 "그랬구나" 하고 공감해 주는 장면에서 이 말의 위대한 힘을 느낄 수 있다.

공감하는 말 생각해 보기

공감이 일어나려면 우선 상대에게 관심을 기울여야 한다. 관심의 표현은 말 한마디로 시작하는데, 공감하는 말을 알아보고 연습하면 가까운 사람들에게 공감하는 표현을 좀 더 자주 할 수 있다.

먼저, 책의 표지를 같이 보며 "그랬구나"라는 말을 해본 적이 있는지, 들어 본 적이 있는지 묻는다. 들어 본 적이 있다면 어떤 상황이었는지 경

---

8 다시 말해 주기 활동은 존 가트맨 박사의 '가트맨-라포포트 갈등 관리법'에서 가져왔다. 가트맨-라포포트 갈등 관리법은 말하는 사람과 듣는 사람이 역할을 바꿔 가며 총 3단계를 반복한다.

험을 나눈다. 표지를 보고 책이 어떤 내용일지 짐작하게 하며 책에 대한 기대감을 높인다. 그림책을 함께 읽고, 공감하는 말을 들었을 때 어떤 감정이 드는지 감정 카드와 칠판을 활용해 전체 학생이 이야기 나눈다. 전체 나누기 활동을 통해 다양한 생각들을 들으며 학생들은 몸으로 느끼고 계속 배울 수 있는 원동력을 얻는다. 자신이 들었거나 했던 공감하는 말도 전체 학생들과 나눈다.

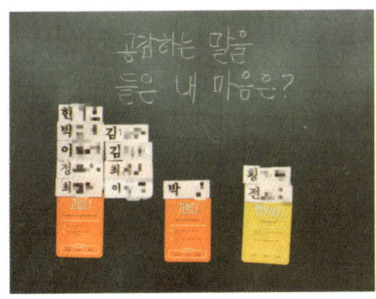

공감하는 말을 들었을 때 내 마음
: 고맙다, 기쁘다, 행복하다

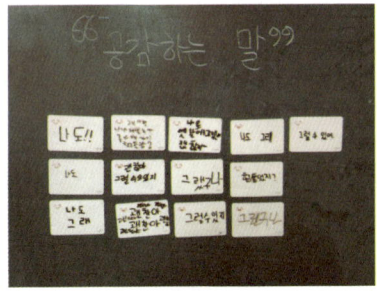

공감하는 말 : 그랬구나, 그럴 수 있어, 나도 그래, 괜찮아, 걱정 마, 잘해 왔어.

이어서, 내가 공감받고 싶은 상황이나 순간을 다양한 형태로 표현해 본다. 실제로 경험했던 일 중 공감받은 경험이나 공감받지 못해 힘들었던 순간을 대본, 그림, 만화 등으로 표현하고, 전체 나누기를 통해 각자의 경험을 교실 전체가 공유한다. 친구의 경험이 나와 비슷할 수도 있지만, 전혀 다를 수도 있음을 깨달으며 자연스럽게 서로를 배려할 수 있게 된다. 친구들이 쓴 공감 상황 카드를 보고, 상황에 어울리는 공감하는 말을 붙임종이에 써서 카드에 붙인다. 다양한 상황에 어울리는 공감하는 말을 써 보며, 공감하는 말을 익힐 수 있다.

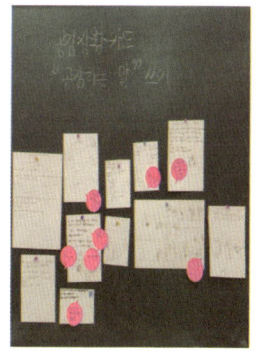  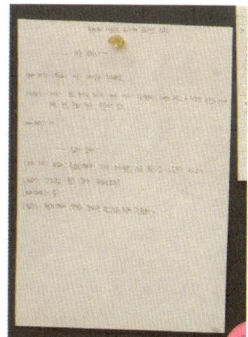

전체 나누기 　　　　　　　공감 상황 카드

공감 상황 1	공감 상황 2
(컵이 떨어지면서 깨진다) 쟁그랑! 나 : 엄마… 내가 실수로 엄마 컵을 떨어뜨렸어. 엄마 : 흠…. (웃으며) 괜찮아. 그럴 수 있어. 다음에 다른 컵 사지. 나 : 죄송해요.	여자아이 : (TV를 보면서) 할머니, 저는 아이돌이 될 거예요. 할머니 : 아니다! 요즘 아이돌 가수가 빛을 보나. 김다현이나 태연이처럼 저 미스트롯 같은데 나가서 하면 돈도 많이 벌고 얼마나 좋노. 여자아이 : 네…. (집에 와서) 엄마, 할머니께서 아이돌은 성공 못한다고 트로트만 최고래. 엄마 : 그랬구나. 우리 ○○이 속상했겠네? 여자아이 : 응. 엄마 : 할머니께서 일부러 그러지는 않으셨을 거야. 괜찮아.

공감하는 말 연습하기

　소통을 잘하기 위해서는 상대의 이야기에 공감할 수 있어야 한다. 평소 공감하며 말하는 법을 연습해 두면 상황에 맞게 공감하는 말을 사용할 수 있다. 달걀판에 탁구공을 튕겨 채우는 놀이를 하며 공감하는 말을 연습한다. 주문을 외우듯 공감하는 말을 하면서 탁구공을 던지며 반복 연습한다. 놀이의 의미를 한 번 더 생각할 수 있도록 교사가 "공감하는 말로 상대의 마음을 가득 채워 주자"고 외치고, 놀이를 시작한다.

> 달걀판 채우기 놀이 방법

- 준비물 : 달걀판, 탁구공, 25mm 원형 스티커, 필기도구

1. 원형 스티커에 공감하는 말을 쓰고 탁구공에 붙인다.
2. 공감 스티커가 붙은 탁구공을 일정 거리에 놓인 달걀판 안에 튕겨 넣는다.
3. 탁구공을 던질 때 탁구공에 붙은 공감하는 말을 하면서 던진다.

공감 스티커를 붙인 탁구공

공감 탁구공을 튕겨 달걀판에 넣기

'공감' 한 판

'그랬구나' 한 판

공감하기가 습관이 되면 의사소통을 할 때 큰 도움이 될 것이다. 학생들에게 공감하는 말이 습관으로 자리 잡을 수 있도록 매일 볼 수 있는 참을 만든다. 슈링클스[9]를 사용해 공감하는 말과 몸짓을 참으로 만들어 팔찌나 마스크 줄로 사용한다. 마스크 줄이나 팔찌를 만들면서도 공감하는

말을 연습하면 좋다. 원형으로 자리를 배치하고 학생마다 다른 색깔의 비즈를 제공한다. 여러 색깔의 비즈를 정해진 방향으로 전달하면서 공감하는 말을 연습하도록 한다.

> 참 만들기 방법

- 준비물 : 슈링클스 종이, 채색 도구, 펀칭기, 가위, 오븐, 팔찌 또는 마스크 줄 재료
1. 슈링클스에 공감하는 말이나 몸짓, 표정 이모티콘 등을 그린다.
2. 슈링클스를 원하는 모양으로 자르고 참으로 쓸 수 있도록 펀칭기로 구멍을 뚫는다.
3. 오븐에 넣어 굽는다.
4. 만들어진 참과 구슬로 마스크 줄이나 팔찌를 만든다.

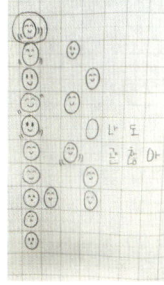  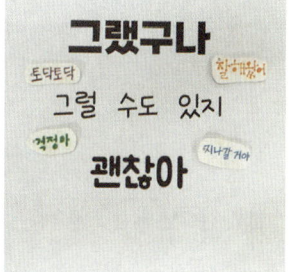

구상하기   공감하는 말이나 표정 등이 담긴 참

---

9   열을 가하면 플라스틱으로 변하는 종이로, 그림을 그리고 오븐에 구우면 크기는 1/7로 작아지고 두께는 7배로 두꺼워진다. 슈링클스 사용 방법은 포털 사이트에서 검색하면 쉽게 정보를 얻을 수 있다.

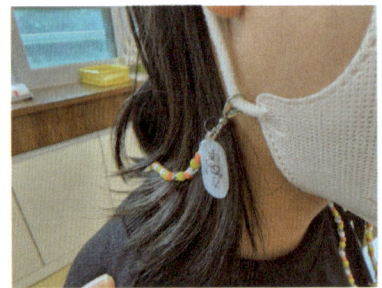

'괜찮아' 참으로 만든 마스크 줄

'걱정 마', '잘해 왔어', '토닥토닥', '지나갈 거야' 참으로 만든 팔찌

함께 읽으면 좋은 그림책

+ 「사자가 작아졌어!」 정성훈 글·그림, 비룡소

+ 「말이 너무너무너무 많은 아이」 트루디 루드위그 글, 패트리스 바톤 그림, 책과콩나무

+ 「내 말 좀 들어주세요, 제발」 하인츠 야니쉬 글, 질케 레플러 그림, 상상스쿨

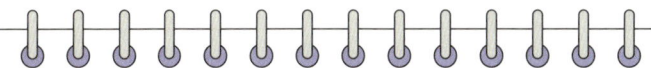

배려

평화로운 학급 분위기를 만드는 배려의 말

학기 초 학급 슬로건을 만들며 학급 세우기를 할 때 학생들에게 "우리가 바라는 학급은 어떤 학급인가요?" 물으면, 대개 서로 배려하고 존중하며 즐겁고 행복한 학급을 바란다고 대답한다. 하지만 배려라는 가치가 실현되는 학급을 만들려면 구체적으로 어떤 행동과 말을 해야 하는지 잘 모르는 경우가 많다. 모두가 친근하게 여기지만, 막상 어떻게 실천해야 하는지는 잘 알지 못하는 것이다.

배려는 여러 영역에서 실현되어야 하는 광범위하고 포괄적인 가치이기 때문에, 구체적이고 실현 가능한 것으로 명확히 보여 주었을 때 학생들이 실천할 수 있고 더 나아가 실천이 습관이 될 수 있다. '배려'라는 가치 덕목이 학생들에게 구체적이고 실천적인 가치로 다가갈 수 있도록 다양한 그림책 활동을 해본다.

그림책 「나는 너는」

김경신 글·그림, 글로연

많은 사람들이 참여한 자전거 경주에서 새로운 상황을 맞닥뜨릴 때마다 여럿의 '나'가 말을 한다. 오르막 길에서, 내리막 길에서, 부딪쳐 넘어질 때 등 상황에 따라 다른 성격의 내가 다른 말을 한다. 현실의 나는 이런 상황에서 어떤 말을 하고 어떤 생각을 할지 생각해 보게 한다. 우리는 같은 상황도 다르게 인식하고 이해하는 존재라는 것을 깨닫게 된다.

MBTI[10]로 다름 알기

배려에 대해 알아보기 전에 자신을 먼저 이해할 필요가 있다. 나는 어떤 성격의 유형인지 또 친구는 어떤 성격을 갖고 있는지 등을 생각해 보면서, 서로의 다름을 인정하고 타인에 대한 존중과 배려의 필요성을 느낄 수 있다.

그림책 「나는 너는」을 읽고, 간단하게 활용할 수 있는 성격유형검사를 통해 자신의 성격 유형을 분석해 본다. 그리고 성격 유형에 따른 성격을 살펴본다. 어떤 상황을 제시하고 그 상황에서 나는 어떤 반응을 보이는지 같은 성격 유형의 학생들끼리 이야기 나누고, 다른 성격 유형의 친구들과도 만나 이야기를 나눠 보게 한다. 자신의 성격 유형을 파악한 다음에는 그림책의 한 장면을 따라 그려 보는 활동을 한다. 친구들의 다양한 성격에 따라 다르게 말하는 내용을 말풍선에 적는다. 활동을 하며 학생

---

10 학급에 있는 스마트 기기를 이용해 간단히 해볼 수 있는 성격유형검사로, 무료로 자신의 성격 유형을 분석해 볼 수 있다. https://www.16personalities.com/ko

들은 성격 유형이 저마다 다를 수 있다는 것과 성격 유형에 따라 서로 다른 말을 한다는 것을 알게 된다. 같은 성격 유형이더라도 스펙트럼에 따라 다르게 말할 수 있다는 것도 알게 된다.

무료 성격유형검사

성격에 따라 다르게 말하는 내용 적어 보기

서로 동물이 되어 보며 다름 존중하기

정글 속 다른 동물 되어 보기 활동으로 다름을 이해하고 서로 배려하는 활동을 이어 간다. 먼저, 학생들에게 하루 동안 동물로 살 수 있다면 어떤 동물로 살고 싶은지 '사자, 독수리, 카멜레온, 바다거북' 중에서 하나를 선택하게 한다. 무엇이 좋고 나쁜지에 가치를 두기보다 동물의 장단점과 특징을 살펴 자신이 되고 싶은 동물을 선택한다. 동물을 선택할 때 친한 친구를 따라 선택하는 경우가 있으므로, 전체 학생들이 고개를 숙이고 고개를 드는 방식으로 동물을 선택하게 한다.

동물을 선택했다면 같은 동물을 선택한 학생들끼리 모여서, 그 동물을 선택한 이유와 나머지 동물을 선택하지 않은 이유를 적게 한다. 모둠별로 작성한 것을 칠판에 붙이고 발표한다. 다른 모둠의 발표가 모두 끝날 때까지 잘 듣고 생각이나 의견을 나누는 시간을 갖는다. 이때 자신과 다른 의견에 대해 비난하거나 의문을 제기하지 않도록 주의한다.

우리가 모두 같은 동물이 아니라 다른 동물이어서 좋은 점은 무엇인지 살펴보고, 또 모두 같은 동물만 선택한다면 어떨지 질문하여 이야기를 나누면 좋다. 수업에서 학생들은 '우리 모둠은 카멜레온의 변화무쌍한 면이 좋아서 카멜레온을 선택했는데, 카멜레온이 징그럽다는 표현을 한 모둠의 이야기를 들었을 때 화가 났다. 하지만 그럴 수도 있겠다는 생각도 하게 되었다', '내가 좋아하지 않는 다른 동물의 특징을 오히려 좋아하는 친구가 있다는 것을 알게 되었다. 그 친구에게 내가 좋아하는 것을 강요하기보다 서로 다르게 느끼는 것에 대한 배려가 필요하다는 것을 깨달았다'며 활동 소감을 밝혔다. 모둠 발표가 모두 끝나면 새롭게 배운 점, 느낀 점, 실천하고 싶은 점 등을 함께 이야기 나눈다.

동물 선택하기

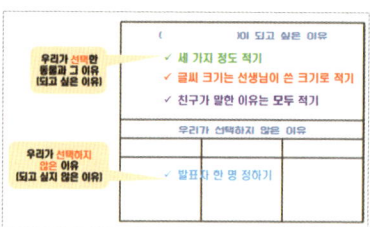

활동지 작성 방법 설명

활동 예

그림책 「난 네가 부러워」

영민 글·그림, 뜨인돌어린이

학급 친구들이 자신이 가진 단점에서 장점을 찾아 주는 이야기가 릴레이로 이어지는 그림책이다. 나에게는 단점이라고 생각되었던 것을 친구들은 장점으로 바꿔 바라봐 준다. 친구의 말로 나의 단점이 장점으로 바뀌는 마법을 경험할 수 있다.

단점을 장점으로 뒤집기

나에게는 단점이지만, 그 단점을 다른 관점으로 바라보며 장점으로 바꿔 주는 활동이다. 단점을 어떤 시각에서 접근하느냐에 따라 장점이 될 수도 있다는 마법을 느껴 보는 시간이 될 수 있다.

A4 용지에 이름을 쓴 다음, 손바닥을 대고 그린다. 손바닥을 그린 바깥쪽에 자신이 생각하는 자신의 단점을 적는다. 그 단점을 친구들이 돌아가면서 장점으로 바꿔 적어 준다. 나에게는 단점으로 보였던 것을 친구들이 장점으로 바꿔 주어 학생들은 무척 기분이 좋아진다. 활동을 하며 학생들은 자신에게서 나쁜 점보다 좋은 점을 발견하게 된다. 동시에, 친구의 부족함을 흠잡기보다 장점으로 바라봐 주는 배려의 시선을 연습하게 된다. 친구들이 찾아 준 장점 중 자신의 마음에 드는 장점을 전체 앞에서 발표한다.

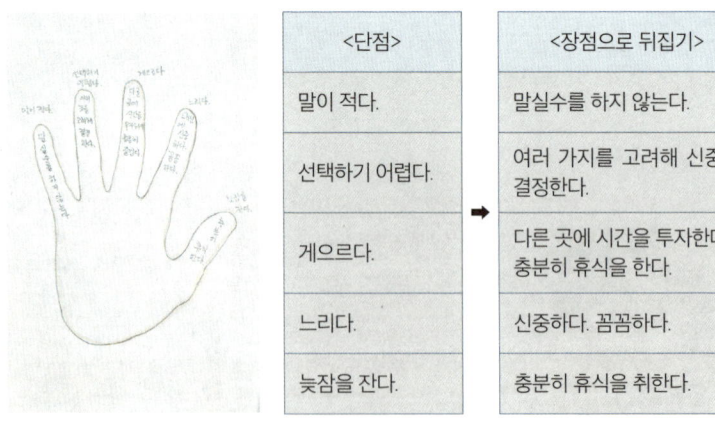

활동 예

그림책 「사실대로 말했을 뿐이야!」
패트리샤 맥키삭 글, 지젤 포터 그림, 고래이야기

거짓말을 해서 엄마에게 혼이 난 리비는 다시는 거짓말을 하지 않고 솔직하게 말하기로 한다. 하지만 리비가 하는 솔직한 말은 다른 사람을 불편하게 만든다. 하지 않아도 되는 말을 하지 않아도 되는 때에 한다거나, 다른 방법으로 말해도 되는데 직설적으로 말한다. 굳이 묻지도 않는 말로 친구의 잘못을 폭로하기도 한다.

기분 나쁜 말을 배려하는 말로 바꾸기

책 속 주인공 리비가 주변 사람들을 기분 나쁘게 한 말들은 어떤 것이 있었는지 살펴본다. 기분 나쁘게 하는 말들을 모아 어떻게 바꾸면 좋은지 생각해 보고, 더 나아가 학생들이 듣고 싶어 하는 배려의 말, 격려의 말로 바꿔 보는 활동을 해본다. 수업에서 학생들은 자신이 직접 들었던 배려 없는 말들과 함께 그때의 기분이 다시 떠오른다며, 그때 그 친구가 이렇게 말했더라면 좋았을 거라고 하였다.

학생들과 함께 힘이 되는 말들을 찾아보고 함께 읽으며 몸의 변화도 살펴본다. 한 학생은 말이 바뀌니 머리가 가벼워지는 것 같고 가슴에 기쁨이 차오르며 몽글몽글한 느낌이 난다고 하였다. 반대로, 배려 없는 기분 나쁜 말을 들었을 때는 주먹에 힘이 들어가고 숨이 빨라지며 얼굴에 열이 난다고 하였다. 말에도 에너지가 있음을 체험할 수 있도록 각각의 말을 읽어 주고, 몸에서 일어나는 변화를 관찰해 이야기를 나눠 보는 것도 좋다.

기분 나쁜 말 모으기	배려의 말로 바꾸기	배려의 말, 격려의 말 찾기
때가 적당하지 않는 말 다른 친구와 화난 일이 있어 말다툼을 하고 있는데 중간에 끼어들어 "네가 잘못했네" 하는 말을 했다.	누가 잘했다 잘못했다 말하기보다 서로 대화로 풀어갈 수 있게 하면 좋겠다.	- 힘내. - 그럴 수도 있어. - 같이 하자. - 고마워. - 난 네가 좋아. - 노력하는 면이 멋져. - 난 너의 이런 점이 좋아. - 같이 하니까 재미있다. - 다음에도 같이 하자. - 오늘 너무 재미있었다. - 우리 이것 해볼래. - 네가 내 친구라 자랑스럽다. - 네가 있어 참 좋아.
방법이 잘못된 말 시험을 칠 때 괜히 너 백 점 맞았을 것 같다느니 하며 은근 자신이 백 점 맞은 것을 자랑하면서 나를 부담스럽게 하거나 좌절하게 만드는 말.	시험을 치고 시험지를 나눠 받는 과정에서 그 말을 하기보다, 나중에 자기가 백 점 받은 것을 말하고 싶으면 그냥 자기 이야기만 하면 좋겠다.	
나쁜 속셈이 있는 말 다른 친구가 많이 있는 곳에서 네 머리에 뭐 묻었는데, 꼭 새똥 같다며 웃으며 하는 말.	머리에 뭐가 묻은 것이 거슬리면 조용히 말해 주거나 떼어 주면 좋겠다.	

배려하는 말 찾기 활동을 할 때 학생들과 한 번쯤 '욕'에 대해서도 생각해 보면 좋겠다. 학생들이 사용하는 듣기 거북한 말 중에 욕이 있는데, 욕은 그 자체로 배려가 없는 언어다. 누군가에게 욕을 하면, 그 말이 자신을 통해 나가며 결국 자신의 몸에 나쁜 영향을 미친다. 내가 한 욕은 다시 부메랑이 되어 되돌아온다는 것을 알아차리게 해 준다. 배려하는 말, 조심하는 말, 좋은 말을 많이 들은 사람은 자신도 다른 사람에게 그런 말을 하게 된다. 학생들이 들은 듣기 거북한 말, 욕 등을 모두 적게 하고, 그 말을 하나씩 읽어 가며 자신의 몸이 어떻게 반응하는지 알아차리게 하고, 욕의 어원과 뜻을 찾아보게 하면 함부로 사용하지 않을 것이다.

그림책 「어떤 느낌일까?」
나카야마 치나츠 글, 와다 마코토 그림, 보림

장애를 가진 아이들을 얼마나 불편할까 하는 눈으로 보지 않고, 장애 때문에 더 커진 능력을 알아차리게 한다. 눈이 보이지 않는다는 것은 더 잘 들을 수 있다는 것이다. 잘 들을 수 없다는 것은 더 잘 볼 수 있다는 것을 의미한다. 장애를 가진 아이들에 대한 새로운 인식을 갖게 한다.

장애 체험으로 배려 배우기

학교생활을 하다 보면 장애가 있거나 배움이 늦거나 특정 능력이 부족한 친구가 있을 수 있다. 누구나 어려움이 있고 모든 것을 완벽하게 가진 사람은 없다는 것을 알고, 장애를 가진 친구들의 어려움을 체험을 통해 느껴 본다. 활동을 하며 다름을 존중하고 배려하는 법을 배울 수 있다.

책 속 내용처럼 1분 동안 눈을 감고, 주변의 소리가 얼마나 잘 들리는지 체험해 본다. 실제로 눈을 감고 1분 동안 가만히 있으면 주위의 소리가 훨씬 더 잘 들린다는 것을 알아차릴 수 있다. 옆 반에서 공부하는 소리, 밖에서 나는 소리, 학교 주변의 새소리뿐 아니라, 작은 움직임이 일으키는 소리까지 들을 수 있다. 잘 보이지 않으면 잘 들을 수 있는 기능이 발달할 수 있다는 것을 체험으로 알게 된다.

소리를 들을 수 없다는 것이 어떤 느낌일지 체험해 보기 위해서는 '고요 속의 외침'이라는 게임을 응용한다. 큰 소리가 나는 음악을 무한 반복으로 틀어 놓은 이어폰을 귀에 꽂고, 스피드 퀴즈를 맞히는 것이다. 스피드 퀴즈는 소리를 잘 듣고 문제를 맞혀야 하는데, 소리 듣기를 방해하는 음악이 계속 들리므로 말하는 사람의 입을 자세히 봐야 무슨 말을 하는지 알아들을 수 있다. 즉, 소리가 잘 들리지 않는다는 것은 자세히 본다는 것을 의미한다. 학생들은 소리가 들리지 않으니 친구의 입 모양을 더 잘 관찰하게 되는 체험을 하게 된다. 한쪽의 기능이 약하다는 것은 다른 기능이 더 발달되어 있음을 의미한다는 그림책의 내용을 직접 몸으로 체험해 보며, 학생들은 장애가 있는 친구들에 대한 이해가 넓어지고 배려하는 마음도 커진다.

그림책 「나 안 할래」
안미란 글, 박수지 그림, 미래엔아이세움

사슴, 너구리, 다람쥐가 숨바꼭질 놀이를 하며 술래를 정하기 위해 가위바위보를 한다. 하지만 가위바위보에서 진 사슴은 술래를 하지 않겠다고 한다. 숨바꼭질에서 친구들에게 들켜 술래가 되어도 사슴은 술래를 하지 않겠다고 한다. 친구들은 다시 가위바위보를 하자고 하지만, 사슴은 계속 술래를 하지 않겠다고 한다. 사실 사슴의 손은 주먹손이라 주먹밖에 내지 못한다. 사슴과 놀려면 어떻게 해야 할까?

우리만의 다양한 가위바위보 만들기

약자에 대한 배려를 이야기할 때 종종 차별과 차이를 구별하지 못하는 경우가 생긴다. 차이 때문에 다르게 배려해야 할 때도 "왜 쟤는 저렇게 대하고 저는 이렇게 대해요?" 하며 오히려 자신이 차별받는다고 생각하는 학생들도 있다. 모두가 행복해지기 위해 다음 그림을 보며 학생들과 균등과 공평에 대해 이야기를 나눠 본다.

먼저, 그림을 보고 우리가 즐겁게 놀이하고 생활하기 위해서는 어떤 방법을 택하는 것이 좋은지 생각해 본다. 첫 번째 그림은 차이를 두지 않고 균등하게 나무 상자를 나눠 가졌고, 그 결과 키가 작은 친구는 야구 경기를 구경할 수 없다. 두 번째 그림은 키가 작은 친구에게 나무 상자를 더 많이 주어, 모두가 즐길 수 있다. 이야기를 나누는 과정에서 학생들은 균등과 공평의 차이를 명확히 알 수 있게 된다.

• 이미지 출처 : https://interactioninstitute.org/illustrating-equality-vs-equity/

이어, 우리만의 다양한 가위바위보를 만들어 놀이해 본다. 그림책 「나안 할래」에서는 주먹밖에 낼 수 없는 사슴을 위해 동물 친구들이 다양한 가위바위보를 만든다. 그 마음을 되새기며 학생들과 함께 우리만의 다양한 가위바위보를 만들어 놀이로 이어 간다.

그림책 속의 사슴은 그림에 나온 키가 작은 아이처럼 하나의 불편한 특징을 가지고 있다. 이럴 때 모두가 즐거울 수 있는 방법을 선택해 약자를 배려하는 것이 공평한 것임을 활동을 하며 학생들은 자연스럽게 인식하게 된다. 친구들과 함께 다양한 가위바위보를 만들어 놀이하는 일이 즐겁듯이, 누구 하나 소외시키지 않고 배려하는 학급을 만들어 가는 일도 모두가 즐겁고 행복한 학급이 되는 길임에 틀림없다.

입으로 하는 가위바위보	가위 : 입술을 뾰족 내밀기 바위 : 입 다물기 보 : 입 벌리기
몸으로 하는 가위바위보	가위 : 한쪽 팔은 받치고, 한쪽 팔은 새 부리처럼 만들기 바위 : 한쪽 손은 주먹, 한쪽 손은 주먹 감싸기 보 : 양손을 만세하듯 벌리기
텔레파시 가위바위보	가위바위보를 외치는 누군가를 정하고, 그 사람과 똑같은 것을 내면 이긴다.
말로 하는 가위바위보	가위바위보의 상황에 따라 '이겼다, 졌다, 비겼다'를 먼저 말하는 사람이 이긴다.
말과 몸으로 하는 가위바위보	'이겼다, 졌다, 비겼다'를 말하면서 반 친구들이 정한 액션을 먼저 취하면 이긴다.
지는 가위바위보	통상 하는 가위바위보와 반대로, 지는 것이 이긴다. 가위바위보에서 지는 사람 뽑기.
반대로 말하는 가위바위보	가위바위보를 해서 이겼을 때는 '졌다'를 먼저 말하고, 졌을 때는 반대로 '이겼다'고 먼저 말하면 이긴다. 비겼을 때는 말을 먼저 하는 사람이 이긴다.

학생들이 만든 다양한 가위바위보

그림책 「돌멩이 국」
존 무스 글·그림, 달리

세 명의 스님이 어느 인색한 마을에 들어선다. 마을 사람들은 서로 불신하고 경계하며 문을 두드려도 열어 주지 않는다. 다른 사람에게 관심을 가지지 않고 관계 맺지도 않는 모습을 지켜본 스님들은 돌멩이 국을 끓인다. 돌멩이 국이 무엇인지 궁금해하는 사람들의 십시일반으로 국이 끓여지고, 마을 사람들은 돌멩이 국을 함께 나누며 행복이 무엇인지 알게 된다.

우리 반 돌멩이 국 끓이기

서로 배려하는 행복한 반을 만들려면 한 사람의 노력만으로는 불가능하다. 그런 의미에서 학생들과 「돌멩이 국」을 함께 읽고, 그림책 속 커다란 냄비 속에 우리 반 행복 국을 끓이기 위해 각자 꺼낼 수 있는 실천 재료들을 넣게 한다.

학생들에게 각자 실천할 수 있는 배려의 재료들을 꺼내 포스트잇에 적게 하고, '우리 반 함께 만드는 돌멩이 국'에 붙이게 한다. 학생들은 '내가 먼저 웃는 얼굴로 인사하겠다, 내가 먼저 친구들과 함께 같이 놀자고 말하겠다, 쓰레기가 보이면 먼저 줍겠다, 친구가 필요한 학용품을 내가 가진 것이 있으면 나눠 주겠다' 등 각자의 배려를 꺼내서 우리 반 행복 국 끓이기에 참여하였다. 서로에게 긍정적인 영향을 주는 행복 국을 함께 끓이고 게시하여, 하루에 한 번 이상 실천할 수 있도록 한다.

함께 읽으면 좋은 그림책

- 「곰멋대로」 알렉스 윌모어 글·그림, 에듀앤테크
- 「솔직하면 안 돼?」 도나 W. 언하트 글, 안드레아 카스텔라니 그림, 풀빛
- 「다다다 다른 별 학교」 윤진현 글·그림, 천개의바람

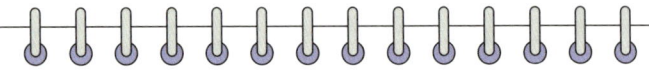

존중

존중을 실천하는
사회적 기술 익히기

　존중이란 단어는 일상생활에서 사람들이 많이 사용하기 때문에 학생들에게 매우 익숙하다. 그러나 단어에 익숙하다고 해서 존중의 뜻을 명확히 안다고 말하기는 힘들다. 설명하기 어려워할 뿐 아니라 추상적으로 느끼기도 한다. 또 학교에서 존중의 필요성과 실천을 강조하지만, 생활에서 존중을 실천하기는 쉽지 않다.

　존중의 사전적 의미는 '높이어 귀중하게 대함'을 말한다.[11] 상대를 함부로 대하지 않고 정중하게 대하는 것으로, 자신을 존중하는 것과 타인을 존중하는 것을 모두 포함한다. 학생들이 나와 타인을 존중하는 법을 배우고 생활에서 실천할 수 있도록 해 준다. 어린 시절에 배우고 습득해

11　표준국어대사전

서 존중이 몸에 밴 태도를 갖게 하려면 먼저, 존중의 의미를 명확히 알아야 한다. 그림책을 활용하여 누구를 어떻게 대하는 것이 존중하는 태도인지 존중의 개념과 방법을 자세히 살펴본다.

그림책 「내가 도와줄게」
테드 오닐, 제니 오닐 글, R. W. 앨리 그림, 비룡소

'다른 사람을 존중하고 배려하는 법'이 부제인 이 책은 존중의 의미를 구체적으로 알아본다. 다른 사람을 존중하는 일이 어려운 게 아니라며, 존중하는 마음을 어떻게 표현하면 좋을지 자세하고 친절하게 설명한다. 존중의 의미와 방법에 대해 생각해 보게 한다.

존중에 대해 브레인스토밍하기

「내가 도와줄게」를 읽기 전에, 학생들과 자신이 생각하는 존중의 뜻과 의미가 무엇인지에 대해 함께 생각을 나눈다. 4명이 한 모둠이 되어 각자가 생각하는 존중의 의미와 개념들을 자유롭게 나누며 추상적이고 주관적이었던 생각들을 정리해 보는 시간을 갖는다. 먼저, 모둠별로 '존중'이라는 단어를 떠올리면 생각나는 것들을 메모지에 자유롭게 적으며 브레인스토밍(Brainstorming)을 한다. 브레인스토밍한 것들을 비슷한 것끼리 분류하고 유목화하여, 전체 학생들과 함께 공유한다.

학생들은 존중과 관련지어 '배려, 이해, 경청, 공감, 공평, 인권' 등의 단어를 함께 떠올렸다. 존중의 대상으로는 '부모님과 어른들, 친구, 사람, 다른 나라, 습관' 등 나보다는 다른 사람과 관련지어 생각하는 것을 발견할 수 있었다. 또 존중의 필요성과 중요성을 느끼고 있으며, 존중이라는 단어에서 '행복, 뿌듯한 감정' 등을 떠올렸다.

 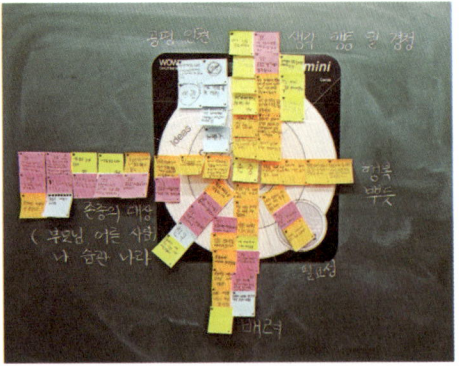

모둠	'존중' 브레인스토밍	핵심 키워드
1	부모님을 무조건 존중해야 한다고 생각함, 배려와 이해, 다른 나라의 법을 존중함, 사는 습관을 존중함, 인권, 경청, 사람들	부모님, 나라, 습관, 인권, 경청, 배려, 이해
2	남을 배려하고 남을 위한 것, 남의 말이나 생각을 이해하고 존중하는 것, 착한 말과 좋은 행동, 존중을 하는 사람도 존중받을 수 있어 기분이 좋음, 무시하지 않고 배려하며 존경함, 존중하는 부모님, 존중을 하면 남의 마음을 잘 이해할 수 있어서 뿌듯함, 행복, 이해, 존중하면 나와 다른 사람이 모두 좋음, 우리에게 모두 필요한 것, 중요함, 좋은 게 많고 나쁜 건 없음, 배려하고 함께 노는 것	착한 말, 좋은 행동, 뿌듯, 이해, 배려, 필요, 중요, 부모님
3	상대의 생각을 존중하는 것, 사람을 존중함, 어른들을 존중함, 서로 배려하며 이해해 주는 것, 다른 사람의 의견을 비판하지 않는 것, 친구의 생각과 행동 존중하기	생각, 행동, 사람, 어른들, 비판하지 않음
4	다른 사람이 말을 할 때 존중하여 듣는 것, 다른 사람 생각을 배려해 주는 것, 사람이 생각남, 존중하면 싸울 일이 없음, 상대의 생각을 경청하고 다른 사람에게 상처를 주지 않고 그 사람의 존재를 아껴 줌, 다른 사람의 의견을 존중하며 공감하는 것	배려, 경청, 공감
5	상대방의 말을 들어 주고 이해해 주는 것, 나의 기분과 마음을 이해해 주는 것, 상대의 기분을 생각해 말하는 것, 다른 사람을 배려하는 것	이해, 기분, 마음
6	차별 없이 사이좋게 지내는 것, 친구, 차별이 없는 것, 배려가 생각남, 상대를 공평하게 같은 조건으로 대하고 인권을 존중하는 것, 어른이 떠오름	차별 없이 공평, 인권, 친구, 어른

존중의 개념 지도 만들기

브레인스토밍을 통해 존중에 대해서 생각해 본 다음, 「내가 도와줄게」 그림책을 함께 읽는다. 그림책을 읽고 책의 내용과 관련지어 존중에 대해 이야기를 나누고, 자신의 '존중 개념 지도'를 만들어 본다.

개념 지도는 하나의 개념에 대한 의미 지도를 만드는 것으로, 「토론수업레시피」[12] 책을 참고하여 재구성하였다. 지도를 보며 목적지를 찾아가듯이, 존중 개념 지도를 만들면서 존중에 대해 좀 더 생각해 볼 수 있다. 개념 지도에 들어갈 항목들은 교사가 학생들의 개념을 좀 더 명확히 할 수 있는 항목으로 새롭게 정할 수 있다.

학생들은 존중의 가치, 정의, 대상, 방법, 존중하는 말의 예, 존중하는 행동의 예, 존중과 관련된 나의 질문 등을 적으면서, 존중에 대한 개념을 더욱 명확히 할 수 있다. 자신이 만든 존중 개념 지도를 모둠원, 전체 학생들과 공유하고 이야기를 나누면서 자신의 개념 지도를 좀 더 보충하거나 수정하여 발전시킨다.

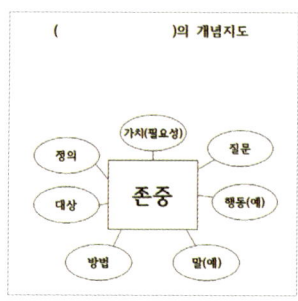
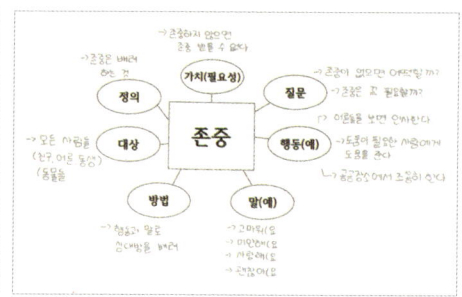

---

12 『토론수업레시피』 김혜숙 외 글, 교육과학사

존중 개념 지도를 만들어 본 학생들은 '존중과 배려는 비슷한 말인 것 같다, 다른 사람의 입장이 되어서 다른 사람을 이해할 수 있도록 노력하겠다, 다른 사람을 존중하는 연습을 매일 해야겠다'는 등의 소감을 밝혔다.

그림책 「존중 씨는 따뜻해!」
김성은 글, 서영 그림, 책읽는곰

존중을 생활에서 실천할 수 있도록 구체적인 연습 방법을 알려주는 그림책이다. 나를 소중히 여기는 것부터 시작해 예의 지키기, 사생활 지켜 주기, 다양성 인정하기 4가지를 제시한다. 존중하는 태도가 모두의 마음에 자리 잡아 세상이 밝아지기를 바라는 마음이 읽는 이에게 전해진다.

존중 연습하기

존중의 의미와 필요성을 알고 있다 하더라도, 존중하는 태도가 습관처럼 자연스럽게 형성되려면 꾸준한 연습이 필요하다. 그림책 「존중 씨는 따뜻해!」의 내용을 참고하여 일주일 동안 존중 연습을 실천하고 성찰 일지를 적으며 존중이 습관처럼 생활화될 수 있도록 한다. '스스로 존중하기, 예의 지키기, 사생활 지켜 주기, 서로 다름을 존중하기' 항목에 따라 하루 동안 실천할 존중 연습의 구체적인 목표를 정하여 실천한다. 그리고 스스로의 말과 행동을 되돌아보며 성찰 일지에 소감을 글로 적는다.

학생들은 존중하기를 연습하고 성찰 일지를 쓰며, 잘하고 있는 점을 스스로 칭찬하고 좀 더 노력이 필요한 부분도 스스로 격려하게 된다. 존중의 필요성을 더욱 느낄 뿐 아니라, 존중의 가치가 외적 보상이 아닌 기쁨을 느끼고 자존감이 커지는 등 내적 보상에 있음을 알게 된다.

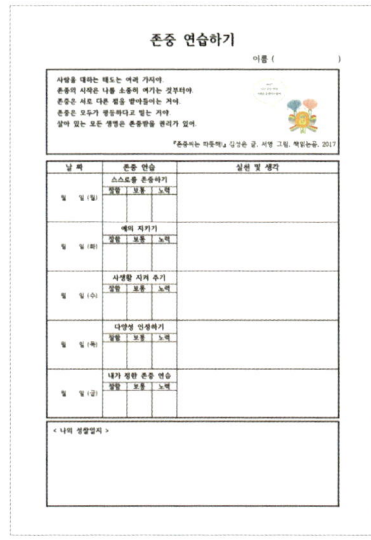
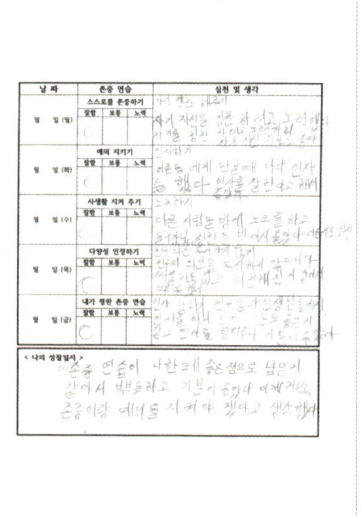

활동지　　　　　　　　　　작성 예

존중의 나무 만들기

　존중 연습하기 내용을 학급 친구들과 공유하고, 교실에 '존중의 나무'를 만들어 존중의 가치를 시각적으로 볼 수 있도록 한다.[13] 칠판이나 게시판에 존중의 나무 포스터를 4개 붙이고, 일주일 동안 존중 연습을 실천한 구체적인 예를 나뭇잎 스티커에 적어 포스터에 붙인다. 열매 스티커에는 존중 연습을 하면서 느꼈던 감정이나 존중의 가치를 적고, 포스터에 붙인다. 열매 스티커에 적는 내용은 개별적으로 쓰거나 모둠원들과 토의해서 공통 가치를 찾아 적을 수 있다.

　존중의 나무는 존중의 실천이 아름다운 가치 열매를 맺는 과정을 시각

13　회복적 생활교육 에듀피스 교구(나무 포스터, 나뭇잎과 열매 스티커) 사용

적으로 보여 준다. 완성된 존중의 나무를 보면서 학생들은 친구가 실천한 존중 연습의 구체적인 예를 공유하고, 앞으로 자신이 실천하고 싶은 존중 연습 방법을 찾을 수 있다. 또 존중의 나무에 열린 열매들을 살펴보며 존중의 가치가 어른들께 칭찬을 받는 등의 외재적인 보상에 있는 것이 아니라, 내재적인 보상과 동기에 있음을 잘 알게 된다.

스스로 존중하기　　예의 지키기　　사생활 지켜 주기　　다양성 인정하기

그림책 「나는 너를 존중해」
소피아 힐 글, 안드레우 이나스 그림, 상수리

우리는 모두 각자의 방식으로 다른 사람을 대한다. 두려워하거나, 무례하거나, 대담하거나 하는 각자만의 방식은 다른 사람을 어떻게 대해야 하는지 모르기 때문에 차이가 나는 것일 수도 있다. 그림책 「나는 너를 존중해」는 두려워하는 사람, 무례한 사람, 대담한 사람의 특징을 설명하고, 대담한 사람이 가진 사회적 기술을 자세하게 안내한다.

존중의 사회적 기술 기르기

사회 속에서 우리는 늘 누군가와 함께한다. 다른 사람과 좋은 관계를 이루기 위해서는 건강한 사회성을 기르고, 타인을 존중하는 마음을 잘 표현하기 위한 사회적 기술을 배우고 연습해야 한다. 사회적 기술은 자신의 의견이나 생각, 감정, 바라는 점 등을 다른 사람이 불편하지 않게 표현하는 것과 관계가 있다. 자신을 존중하듯이 다른 사람을 존중하려면 사회적 기술의 습득이 꼭 필요하다. 짝과 함께 일상생활의 주제를 가지고 이야기를 나누며 다른 사람의 말 들어 주기, 다른 사람 바라보기, 대담하게 말하기 등의 기술을 연습해 본다.

대담하게 말하기는 그림책 「나는 너를 존중해」에서 소개한 샌드위치 기술을 사용하여 연습할 수 있다. 샌드위치 기술은 긍정적인 내용으로 대화를 시작해, 자신이 생각하거나 느낀 바를 솔직하게 말하고, 긍정적인 내용으로 대화를 마치는 것을 말한다. 구체적인 말하기 상황을 정해 주고, 긍정적인 말로 시작하여 자신의 생각을 말하며 긍정적인 대화로 마무리 할 수 있도록 '존중의 사회적 기술 기르기' 활동지에 자신이 할 말을 적어 보게 한다.

다른 사람의 말을 경청하여 듣기, 말하는 사람을 쳐다보며 집중하기, 샌드위치 기술을 사용한 말하기 등 사회적 기술을 일주일 동안 학교에서 실천하고, 친구와 함께 체크리스트로 확인하며 습관이 될 수 있게 연습한다. 다른 사람을 존중하며 말하기를 실천하고 성찰 일지를 적으며 학생들은 자신의 모습을 되돌아볼 수 있다. 친구에게 비치는 내 모습을 참고하여 자신이 다른 사람을 대하는 태도를 되돌아보면서 스스로 성장할 수 있도록 돕는다.

* 위 활동지는 그림책 「나는 너를 존중해」를 참고하여 만들었다.

그림책 「너의 모습 그대로」
조안나 게이즈 글, 줄리아나 스와니 그림, 템북

각자 원하는 대로 열기구를 만드는 과정을 보여 주며, 서로의 개성을 존중한다는 것의 의미를 생각해 보게 한다. 우리 모두는 있는 그대로의 모습으로 다른 사람들에게 좋은 영향을 끼치고 소중한 역할을 담당하는 존재라는 것을 알려 준다. 저마다의 개성이 담긴 열기구가 함께 조화를 이루어 하늘로 날아오르는 풍경이 아름답다. 그림책 뒷부분에 있는 QR 코드를 찍으면 그림책을 낭독해 준다.

개성을 존중하는 공동 작품 만들기

미술 시간에 그리기나 만들기의 공통 주제만 정하고, 만드는 재료나 방식은 자유롭게 달리하여 개별적으로 작품을 완성한다. 완성된 개인 작품을 모아 공동 작품을 완성한다. 개인의 생각과 개성이 드러나는 개인 작품도 가치가 있지만, 각자의 개성이 드러난 작품을 모으면 또 하나의 작품이 만들어질 수 있다.

각자가 가진 다양한 개성이 존중될 때, 그것이 모여 더욱 큰 효과를 낼 수 있다. 그림책과 연관 지어 다양한 종류의 화지에 각자 만들고 싶은 열기구를 그리고, 커다란 종이나 게시판에 모아 보는 활동을 해본다. 또는 좀 더 오랜 시간을 들여 미술 작품을 만들고, 자신이 만든 작품에 떠오르는 시를 써서 책을 만들어 보는 활동으로 연계할 수도 있다.

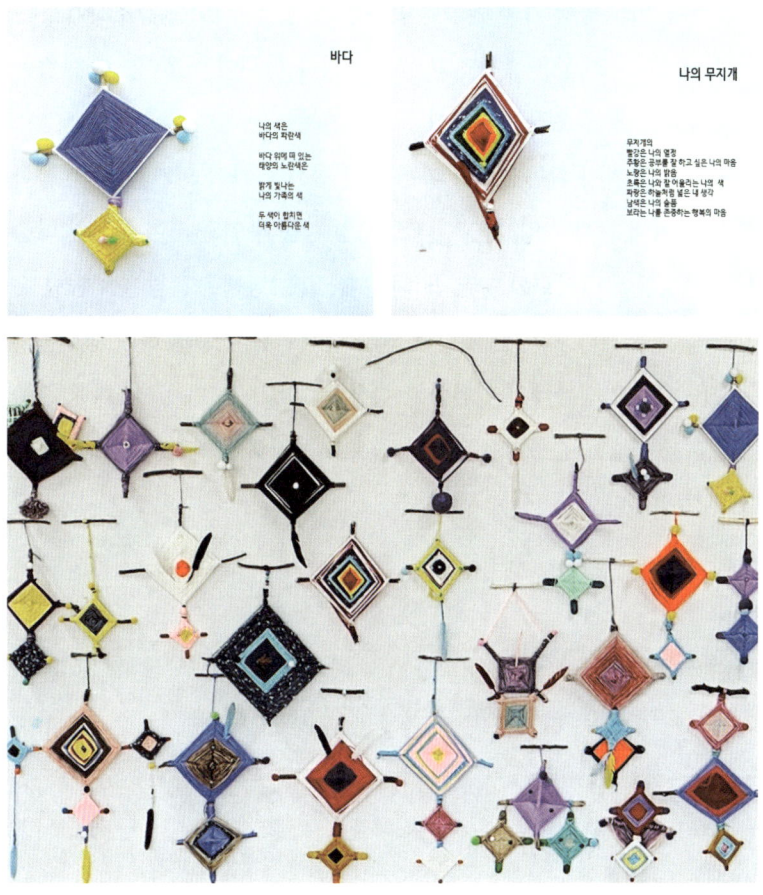

실과 실이 만나 더욱 특별하고 빛나는 모습으로 다시 탄생한 26명의 공동 작품
제목 : 존중(실과 실이 만나다) / 제작년도 : 2022 / Canvas 120호(193.9X130.3)

수업에서는 '나'를 상징하는 색을 정하고, 그 색깔의 털실을 나뭇가지에 엮어서 공예 작품을 만들도록 하였다. 나뭇가지 2개를 십자가 모양으로 고정하여 잡고, 중앙에서 바깥쪽으로 털실을 감으면서 만들기를 완성한다. 나의 개성을 반영한 실 작품을 완성하고, 커다란 캔버스에 각자의 작품을 어디에 위치하면 좋을지 함께 의논하며 서로의 의견 존중하기를 연습한다. 미술 공동 작품 만들기 활동은 '협동'의 의미를 강조하기보다, 서로 다르지만 개성을 존중하고 함께 조화를 이루며 어우러지는 모습을 경험해 보는 것에 초점을 맞춘다.

존중은 몇 가지 활동만으로 빠른 시간 안에 습관이 되기는 어렵다. 한 해 동안 여러 교과 수업, 다양한 학급운영 활동과 연관 지어 꾸준히 학습하여 학생들이 내면화할 수 있게 해 준다. 또 그림책은 존중을 학습할 수 있는 좋은 매체다. 다양한 그림책을 읽고 관련된 활동을 하며 학생들이 존중을 배우고 생활에서 실천하고 성찰할 수 있도록 해 주자. 나를 존중하고 다른 사람을 존중하는 멋진 사람으로 성장하여 아름다운 세상을 만들어 갈 것이다.

함께 읽으면 좋은 그림책

- 「직선과 곡선」 데보라 보그릭 글, 피아 발렌티니스 그림, 브와포레
- 「난 나의 춤을 춰」 다비드 칼리 글, 클로틸드 들라크루아 그림, 모래알
- 「나도 존중해 주면 안 돼?」 클레어 알렉산더 글·그림, 국민서관
- 「색깔을 찾는 중입니다」 키아라 메잘라마 글, 레자 달반드 그림, 모래알

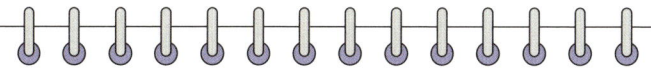

정직

마음이 떳떳해지는
정직한 생활 다짐하기

　인간은 혼자서 살아갈 수 없는 사회적 존재다. 다른 사람과 더불어 살아가려면 서로 신뢰할 수 있어야 하는데, 이 신뢰는 정직에서 시작된다. 표준국어대사전에 따르면, 정직(正直)은 '마음에 거짓이나 꾸밈이 없이 바르고 곧음'을 뜻한다. 거짓말을 자주 하는 사람은 믿을 수 없고, 믿을 수 없다면 함께 생활하고 싶지 않아진다. 곤란한 상황을 모면하기 위해 순간적으로 거짓말을 한 경우에도, 당장은 곤란한 상황을 벗어난 것처럼 보일 수 있지만 결국 상대방뿐만 아니라 자신도 피해를 보게 된다.

　학생들과 함께 정직과 행복의 관계에 대해 생각해 본다. 정직하면 자신이 손해를 본다고 생각할 수 있지만, 정직하게 생활하면 마음이 편하고 모든 면에서 떳떳하기 때문에 행복할 수 있다. '거짓말은 나쁜 것이므로 해서는 안 돼' 하고 가르치기보다 그림책을 함께 읽으며 정직해야 하는 상황에서 그렇지 못한 행동이 어떠한 결과를 가져올지 생각해 본다.

그 과정에서 학생들이 올바른 결정을 할 수 있는 판단 능력을 기를 수 있다. 자신을 존중하고 관리하는 능력을 키우고, 정직한 생활을 하겠다는 실천 의지를 다지게 될 것이다.

그림책 「거짓말 괴물」
레베카 애쉬다운 글·그림, 키즈엠

처음에는 작았던 거짓말 괴물이 거짓말을 거듭할수록 점점 커져 결국 주인공을 잡아먹는다. 거짓말은 감추려고 할수록 점점 더 커지고 결국 감당할 수 없게 된다는 것을 화려한 색감의 그림과 재치 있는 표현으로 알려 준다.

거짓말 괴물 상상하기

「거짓말 괴물」을 읽기 전에 학생들과 거짓말과 관련된 경험을 나눈다. 학생들에게 "거짓말을 한 번이라도 해본 적이 있나요?" 물으면 모든 학생이 있다고 대답하면서 한 번도 거짓말을 하지 않은 사람은 없을 거라고 한다. 이 질문을 시작으로 거짓말을 했던 경험, 거짓말과 관련된 경험을 함께 나눠 보는 시간을 갖는다.

교사	거짓말과 관련된 경험을 이야기해 볼까요?
학생 1	엄마가 숙제 다 했냐고 물었을 때, 다 했다고 거짓말했어요.
학생 2	이불 속에서 휴대폰을 하고 있었는데 자는 척했어요.
학생 3	동생이 먼저 때려서 나도 때렸는데 부모님께서 물으니까 동생이 자기는 안 때렸다고 거짓말했어요. 그래서 저만 혼나서 너무 기분이 나빴어요.
학생 4	오빠가 레고 조립해 놓은 것을 제가 실수로 망가뜨렸는데 오빠가

이거 네가 그랬냐고 물었을 때 "나 아니야" 하고 대답했어요.

허용적인 분위기에서 거짓말과 관련된 자기 경험을 함께 나누고, 「거짓말 괴물」을 함께 읽는다. 주인공이 거짓말을 시작하면서 거짓말 괴물이 보이기 시작하는데, 이 괴물은 주인공에게만 보인다. 작은 거짓말이 시간이 지날수록 커지고, 거짓말 괴물 역시 점점 커져 결국 주인공을 잡아먹는다. 처음에는 괴물을 귀엽게 지켜보다가 결국 거짓말 괴물이 주인공을 잡아먹어 버리자 학생들은 처음으로 괴물의 존재감을 느꼈다.

그림책을 읽고, 내가 거짓말을 했을 때 나타날 것 같은 거짓말 괴물을 상상하여 그려 보는 활동을 한다. 거짓말 괴물을 그린 뒤, 왜 그렇게 표현했는지도 적게 한다.

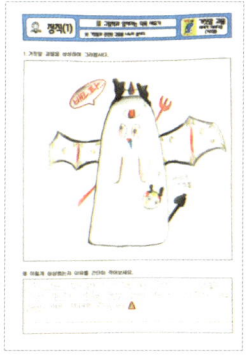

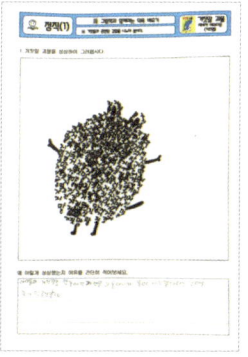

거짓말 괴물이 무섭게 생겼다면 거짓말을 더 안 하게 될 것 같고, 불쑥불쑥 나타나면 거짓말을 못하게 될 것 같아서 이렇게 상상했다.

거짓말 괴물은 겉모습은 귀엽지만, 화나면 무서운 괴물이 된다. 거짓말 벌레는 바퀴벌레처럼 생겼지만, 거짓말 가방을 들고 다니며 거짓말을 모으고 그 거짓말을 심판해 벌을 준다.

아이들의 거짓말로 만들어진 괴물이니까 몸이 거짓말이라는 단어로 가득 차 있을 것 같다.

학생들은 대부분 거짓말 괴물을 무섭게 그리거나 악마와 비슷하게 그렸다. 간혹 거짓말 괴물은 무섭고 나쁜 존재지만 귀여울 수도 있다면서 귀엽게 표현한 학생도 있었다. 거짓말을 한 사람의 욕망을 먹는 거짓말 괴물, 온몸이 거짓말이란 글씨로 가득한 괴물처럼 인상적으로 그린 학생도 있었다. 활동을 하면서 학생들은 자연스럽게 거짓말이 옳지 못한 행동이라는 것에 동의하게 된다.

거짓말했을 때의 감정 나누기

거짓말과 관련된 경험을 나눌 때 학생들은 그때의 감정도 함께 표현한다. 거짓말을 했을 때, 거짓말을 들었을 때, 거짓말인 것을 나중에 알았을 때 등 다양한 경우에 어떤 감정이 드는지 함께 이야기 나눠 본다.

교사	거짓말을 하면 어떤 감정이 드나요?
학생 1	처음엔 안 혼나도 되니까 좋은데 점점 들킬까 봐 무서워요.
학생 2	불안하고 초조해요. 자꾸 눈치를 보게 돼요.
교사	거짓말을 들었을 때는 어떤 기분이 들어요?
학생 3	나를 속인 거니까 기분이 엄청 나빠요. 그 친구를 자꾸 의심하게 되고요.
학생 4	솔직하게 이야기하면 되지 왜 거짓말을 하는지 짜증이 나고 화나요.

학생들에게 느끼는 감정을 이야기하라고 하면 알고 있는 감정 단어가 적어서 단순한 감정을 나열하기 쉽다. 다양한 감정을 살피고 표현할 수 있도록 학생들에게 감정 카드를 나눠 주고 상황에 따른 감정을 알아 보게 한다. 감정 카드는 시중에 판매되고 있는 카드를 사용해도 되지만, 교

사가 직접 카드를 만들어 활용하면 좋다. 감정 카드를 한번 만들어 두면 다른 활동이나 교과 수업 중에도 자주 활용할 수 있다. 감정 카드를 활용해서 학생들이 이야기한 감정은 다음 표와 같다.

상황	감정
거짓말을 했을 때	걱정스러운, 안도한, 힘든, 무서운, 긴장되는, 불안한, 불편한
거짓말을 들켰을 때	후련한, 놀란, 슬픈, 홀가분한, 미안한
거짓말을 들었을 때	화난, 속상한, 짜증이 나는, 삐치는, 혼란스러운

거짓말로 상대방을 속이면 처음에는 위기의 순간을 벗어날 수 있어 안도하지만, 결국 들킬까 봐 불안해서 편안하게 생활할 수 없다. 반대로 거짓말을 들었을 때는 그 사람을 신뢰할 수 없게 되어 사이가 멀어질 수 있다. 학생들은 거짓말과 관련된 경험과 감정을 나누면서, 정직한 생활을 하면 자신이 피해를 보는 것이 아니라 마음이 편하고 자기 자신에게 떳떳해져 결국 행복한 생활을 할 수 있다는 정직의 필요성을 다시 한번 생각하게 된다.

그림책 「거짓말」
나카가와 히로타카 글, 미로코 마치코 그림, 길벗어린이

"거짓말이란 뭘까?" 질문을 던져 스스로 고민하게 한다. 또 거짓말의 양면성을 보여 주면서도 어떤 것이 옳다 그르다 판단하지 않는다. 간결하지만 분명한 글과 원색의 강렬한 그림이 거짓말에 대해 깊게 생각해 보게 한다.

'거짓말은 필요한가' 토론

그림책을 읽으며 거짓말이 무엇인지를 생각해 본다. 이어서, '거짓말이 옳지 않은 것이라는 걸 알면서 왜 거짓말을 하는 걸까' 하는 새로운 질문을 해본다. 그림책에는 주위에서 쉽게 듣는 거짓말이 나온다. 주위를 둘러보면 다양한 상황에서 필요한 거짓말들이 있다. 분명 진실은 아니지만, 다른 사람을 위한 거짓말도 있을 수 있다. 거짓말을 나쁜 의도가 있는 검은 거짓말과 선의를 가지고 하는 하얀 거짓말로 구분하고, 이를 바탕으로 '거짓말은 필요한가?' 라는 주제로 학생들과 토론한다.

토론은 논제에 대해 찬성과 반대로 나눠 각각 논리적인 근거를 들어 주장의 옳음을 내세우는 활동이다. 토론에서 가장 중요한 것은 논리적인 근거를 들어 상대를 설득할 수 있어야 한다는 것이다. 초등 교육과정에서는 토론 주제에 대한 자신의 주장과 근거를 말하는 '주장 펼치기', 상대편의 주장과 근거, 근거 자료에 문제가 있는지 따져 보는 '반론하기', 상대편의 반론을 재반박하며 자신의 주장과 근거를 다지는 '주장 다지기', 토론에서 잘된 점을 중심으로 승패를 판단하는 '판정하기' 순서로 토론한다. 학급에 따라 다양한 토론 방식을 빌려올 수 있으며, 세부적인 토론 절차도 달라질 수 있다.

토론을 위해 학생들을 사회자, 토론자, 기록자, 배심원의 역할로 나눈다. 학급 학생 수에 따라 배정되는 인원은 조절할 수 있다. 토론하기 전에 학생들의 의견을 물어 찬성과 반대편 토론자를 나누되, 한쪽이 너무 많으면 비슷한 수로 조절한다.

수업에서 학생들은 자신의 의견을 펼치며 그 근거로 다음과 같은 예를 들었다. 특히 '거짓말은 필요하다' 측에서 실생활의 예시를 많이 들었는데, 암 환자에게 희망을 주는 거짓말, 주변 사람들에게 "예쁘다"고 말해 주는 거짓말, 친구의 실수에 "괜찮아" 이야기해 주는 거짓말 등을 제시하였다. 학생들의 일상과 밀접한 관련이 있어서인지 다양한 예들이 넘쳐났다.

거짓말은 필요하다	거짓말은 필요하지 않다
- 선의의 거짓말을 들으면 기분이 좋다. - 마음의 위로를 받는다. - 선의의 거짓말이 없다면 속상할 수 있고 오히려 싸움이 자주 일어날 수 있다. - 드라마나 영화가 재미없어진다. - 선의의 거짓말은 사람을 안심하게 한다. - 긍정적인 효과를 낼 수 있다(예 : 플라시보 효과).	- 거짓말을 들으면 기분이 나쁘고 화가 나며 거짓말을 한 상대를 믿을 수 없게 된다. - 거짓말로 인한 범죄가 너무 많다. - 애초에 거짓말을 하지 않으면 들킬 일도 부끄러울 일도 없다. - 선의의 거짓말도 결국 사람을 속이는 것이다. - 거짓말이 거짓말을 낳고, 거짓은 언젠가는 밝혀진다. - 거짓말로 인해 큰 갈등이 생길 수도 있다.

수업에서는 '거짓말은 필요하다' 측이 더 많은 지지를 받았지만, 선의의 거짓말이 필요하다는 것이지 모든 거짓말이 필요하다는 것은 아니었다. 거짓말은 본디 남을 속이는 말이므로 되도록 하지 말아야 하지만, 특수한 상황에서 상대방을 위해 선한 뜻으로 하여 남에게 피해를 주지 않는다면 거짓말도 필요하다는 것이다. 그림책 「거짓말」을 읽고 토론을 거치며 학생들은 거짓말의 양면성을 생각해 보게 된다. 또한 서로에게 신뢰가 가장 중요하다는 것을 깨닫게 된다.

그림책 「거짓말하고 싶을 때」
팀 합굿 글, 데이비드 타지맨 그림, 키즈엠

노아는 형의 자전거를 몰래 타다가 실수로 엄마 차에 흠집을 낸 뒤 혼날까 봐 걱정하며 거짓말로 진실을 숨기고 싶어 한다. 무슨 일이 있었는지 묻는 친구들에게 터무니없는 이야기를 꾸며 내며 둘러대지만, 마음이 불편해진 노아는 결국 진실을 밝힌다. 거짓말로 진실을 외면하고 숨길 수 없다는 것을 깨닫게 된다.

경험을 바탕으로 역할극 하기

정직의 의미와 중요성을 아는 데에서 그치지 않고 실천할 수 있어야 한다. 정직하기 위해서는 자기 잘못을 인정하는 태도가 필요하다. 대부분의 거짓말은 자기 잘못을 덮거나 실수를 인정하고 싶지 않을 때 하게 된다. 「거짓말하고 싶을 때」의 주인공 또한 자신의 실수를 덮고자 거짓말을 시작했지만, 불안해하다 결국 용기를 내어 자기 잘못을 인정한다. 그림책의 내용과 비슷한 경험을 했던 경우를 생각하며 역할극을 만들어 본다. 정직하게 행동하려면 무엇이 필요한지 생각해 보고, 역할극을 통해 정직하게 행동하는 방법을 익히고 직접 행동해 본다.

먼저, 실생활 속에서 거짓말을 한 경우와 정직하게 한 경우를 'Before, After' 형식으로 나누어 정리한다. 상황을 떠올리기 어려워하는 모둠은 앞에서 한 자신의 경험 나누기 활동에서 나왔던 이야기들을 떠올리고, 그중에서 한 가지를 골라 쓰게 한다.

역할극 대본에 따라 말과 몸짓으로 연기를 해본다. 상황을 설정하여 대본을 쓰고 역할극을 직접 해보며 학생들은 정직의 필요성을 깨닫고 실천 의지를 다지게 된다. 또 스스로 다짐하고 약속을 잘 지키는 것도 정직과 관련된다는 것을 알게 된다.

상황	Before	After
야구를 하다가 실수로 유리창을 깼을 때	엄마 : 야구 하다가 창문 깬 사람 누구니? 아이 1 : 저희 아닌데요. 아이 2 : 여기서 야구하던 애들 저쪽으로 도망갔어요. 엄마 : 도망가다니 꼭 누군지 알아서 혼내야겠구나. (중략) (결국 야구를 하던 아이들이 밝혀짐) 엄마 : 거짓말을 해서 엄마를 속이다니 더 화가 나는구나.	엄마 : 야구 하다가 창문 깬 사람 누구니? 아이 1 : 죄송해요. 저희가 야구를 하다가 실수로 야구공이 날아갔어요. 아이 2 : 죄송합니다. 엄마 : 갑자기 창문이 깨져서 놀라고 화가 났는데 이렇게 너희가 잘못을 인정하고 사과해 주니 고맙구나. 유리는 바꾸면 되니 너희 안 다쳤으면 괜찮아.
부모님과 정해진 시간만 휴대폰 게임을 하기로 했을 때	부모 : 우리 이제부터 휴대폰은 할 일을 다 하고 30분씩만 하기로 약속하는 거야. 아이 : 네, 그럴게요. (잠자기 전 불을 끄고 이불 속에서 휴대폰을 몰래 한다) 부모 : 자니? 아이 : (얼른 휴대폰을 끄며 자는 척한다.) 부모님 : 휴대폰 하는 거 다 봤어. 휴대폰 이리 내.	부모 : 우리 이제부터 휴대폰은 할 일을 다 하고 30분씩만 하기로 약속하는 거야. 아이 : 네, 그럴게요. (해야 할 일을 끝내고 30분만 휴대폰 게임을 한다.) 부모 : 우리 아들, 엄마랑 한 약속을 잘 지키는구나. 기특해라. 상이다! 주말에는 1시간 할 수 있게 해 줄게.

정직한 생활 다짐하기

정직은 타인과의 관계에서도 중요하지만, 자신의 마음가짐으로서도 중요하다. 일상생활에서 정직하게 생활하려면 어떻게 해야 하는지 생각해 보고 실천할 것을 정해서 자신의 생활을 성찰하는 시간을 갖는다.

그림책 「거짓말하고 싶을 때」에는 '진실'이라는 캐릭터가 주인공의 곁에 항상 함께한다. 진실을 거짓말로 바꾸고 왜곡하고 숨기는 것을, 캐릭터를 변장시키고 축소하고 쓰레기통에 숨기는 것으로 표현한다. 추상적인 개념인 진실을 형상화하여 보여 줌으로써 '진실'을 좀 더 쉽게 이해하고 생각할 수 있도록 한다.

이것에 착안해서 학생들 각자를 따라다니는 진실 캐릭터를 만들어 본다. 약속할 때 엄지로 손도장을 찍는 것처럼 엄지손가락 지문을 찍어서 캐릭터를 만든다. 먼저, 8등분한 A4 용지와 여러 가지 색깔의 잉크 도장을 준비한다. 각자의 엄지손가락에 잉크를 묻히고 작게 자른 종이에 찍는다. 엄지로 찍은 손도장에 표정을 그리고 주위를 꾸며서 자신의 진실 캐릭터를 창조한다. 진실 캐릭터 주변에 말 주머니를 그리고, 그 안에 정직한 생활을 실천하는 방법과 다짐을 적는다. A1 종이에 플로터로 나무 그림을 출력하거나 직접 그려서 준비하고, 학생들이 각자 만든 진실 캐릭터와 다짐을 나뭇잎 부분에 열매처럼 붙여 실천 의지를 다진다.

정직한 생활을 위한 실천 의지를 다진 뒤 진실과 거짓의 개념을 정리하는 시간을 가지면 좋다. 그림책 「거짓말」에서 '거짓말은 뭘까?'에 대해 주로 생각했다면, 학생들 각자가 생각하는 거짓말의 정의와 거기에서

* 수업에서는 학토재의 '나무그림보드'를 구매하여 활용하였다.

진실은 '햇빛'이다. 왜냐하면 진실을 말했을 때 대부분 햇빛처럼 따뜻한 대답을 받기 때문이다.	진실은 '용기'이다. 거짓말을 해도 되지만 용기 내어 진실을 말했기 때문이다.
진실은 '나의 양심'이다. 왜냐하면 진실이 나의 생각과 마음을 변화시키기 때문이다.	진실은 '거짓을 지우는 지우개'다. 왜냐하면 거짓말을 하다 진실을 말하면 거짓은 사라진다.
진실은 '마음의 씨앗'이다. 왜냐하면 마음에 심고 잘 키우면 진실된 나무가 크기 때문이다.	진실은 '나무 뿌리'다. 왜냐하면 사실은 변함이 없기 때문에 나무 뿌리와 같이 굳건하다.

'진실은 무엇일까?'에 대한 학생들의 답변

더 나아가 '진실은 뭘까?'에 대한 이야기를 나눠 보면 좋다. 학생들이 정의한 진실의 개념은 나무의 뿌리 부분에 정리한다. 진실은 나무의 뿌리처럼 겉으로 드러나지 않아도 언제나 굳건히 존재하며, 언젠가는 줄기, 잎, 꽃, 열매 등으로 나타나게 된다는 것을 의미한다. 정직은 살기 좋은 아름다운 세상을 만드는 길이다. 다양한 활동들을 하며, 자라나는 학생들의 마음속에 정직이 깊게 뿌리 내리기를 바란다.

함께 읽으면 좋은 그림책

- 「돼지 집」 케이티 코튼 글, 토 프리먼 그림, 에듀앤테크
- 「빈 화분」 데미 글·그림, 사계절
- 「진짜 도둑」 윌리엄 스타이그 글·그림, 비룡소
- 「내가 안 그랬어요!」 박수연 글, 신현정 그림, 키즈엠

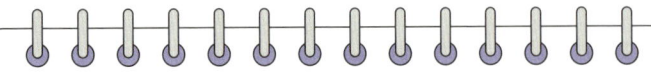

예절

예절 가이드라인을 직접 만들어 실천하기

2010년 이후 출생한 아이들을 알파 세대라고 부른다. MZ 세대에 이은 알파 세대는 태어날 때부터 디지털 기기를 접한 디지털 네이티브(Digital Native)다. 인공 지능과 유튜브 문화가 자연스러운 그들은 이전 세대와 다른 가치관을 가졌을 뿐 아니라, 그 생각의 차이도 크다. 현재 초등학생에 해당하는 알파 세대가 가진 예절에 대한 생각을 알아보고, 그들이 공감하고 필요성을 느낄 수 있는 예절 교육을 해본다.

표준국어대사전에 따르면 '예의범절'의 줄임말인 예절은 '예의에 관한 모든 절차나 질서'를 뜻한다. 문화와 세대에 따라서 예를 표현하는 절차나 방법은 다를 수 있지만, 모든 예의범절의 바탕은 남을 배려하고 존중하는 것이다. 수업을 통해 '예절'에 대해 생각하고 표현하는 방법의 세대 간 격차를 줄이고, 우리 학생들이 남과 더불어 살아가는 데 꼭 필요한 예절의 중요성을 느끼도록 해 주자. 상황과 대상에 맞게 다른 사람을 배려하고 존중하는 마음을 표현할 수 있도록 잘 안내해 준다.

그림책 「괴물 예절 배우기」
조안나 코울 글, 재러드 더글라스 리 그림, 시공주니어

괴물들의 세계에서 로지는 너무도 버릇없는 괴물이다. 괴물들이 지켜야 하는 예절과 늘 반대로 하는 로지를 지켜보는 부모님은 걱정이 많다. 로지는 괴물들의 예절을 열심히 배우려고 하지만, 괴물들의 예절은 위기 상황에서 도움이 되지 못한다.

예절에 대해 설문 조사하기

재미있는 이야기가 담긴 「괴물 예절 배우기」는 예절의 필요성과 중요성에 대해 생각해 보기 좋은 그림책이다. 학생들과 함께 그림책을 읽고, '예절'과 관련된 같은 내용의 설문지로 학생과 학부모에게 설문 조사를 실시한다. 학생과 학부모를 대상으로 한 설문 조사 결과를 비교하여, 각 세대가 생각하는 예절에 대해 차이점과 공통점을 살펴본다.

학급에서 실시한 예절에 관한 설문 조사 결과, 학부모들은 예절이 매우 필요하다고 생각하는 반면에 학생들은 필요하거나 보통으로 필요하다고 느꼈다. 또 학생들은 예절을 지키면 칭찬을 받고 안 지키면 꾸중을 들었던 경험 때문인지, 예절을 지켜야 하는 이유를 칭찬과 벌처럼 외재적인 보상에 두는 경향이 있었다.

'예절' 설문조사

안녕하세요? '예절'에 관하여 학생들과 학부모님들께서는 어떻게 생각하시는지 세대간에 '예절'에 대해서 생각하고 느끼는 것을 조사하여 학생들의 예절교육을 위한 자료로 사용하려고 합니다. 설문에 응답 해주시면 학생들의 예절교육에 큰 도움이 되는 자료가 될 거라 생각합니다. 감사합니다.

담임교사 드림

1. 예절의 필요성에 대해서 어떻게 생각하시나요? (2)
   ① 매우 필요하다 ② 필요하다 ③ 보통이다 ④ 필요하지 않다. ⑤ 매우 필요하지 않다.

2. 예절에 대해서 평소에 생각하거나 느끼는 것을 한 문장으로 표현해 주세요.

   예절은 | 우리가 살아가는데 꼭 필요한 소중 하다이다. |

3. 장소별로 지켜야 할 예절이나 지키지 않아도 된다고 생각하는 예절이 있다면 어떤 것이 있을까요?

장소	지켜야 할 예절	지키지 않아도 된다고 생각하는 예절
학교	선생님을 보면 인사하기	점심시간에 늦먹겠친 인사
집	나갔다오면 인사하기 가족에게 상처주는 말 하지 않기	아침에 일어나서 인사하기
공공 장소	개인행동을 조용하게 하지 않기	시끄럽게 하지 않는 예절

4. 나와 다른 사람이 예절을 지켜서 좋았던 점이나 예절을 지키지 않아서 불편했던 점이 있었을까요?

예절을 지켜서 좋았던 점	예절을 지키지 않아서 불편했던 점
서로 기분이 좋다. 싸움이 커지지 않는다.	짜증이 난다

설문 조사 질문

질문 \ 대상	학생(24명)	학부모(18명)
예절의 필요성	매우 필요하다(5명), 필요하다(12명), 보통이다(7명)	매우 필요하다(15명), 필요하다(3명)
예절은 ( )이다.	귀찮지만 지켜야 하는 것, 살면서 필요한데 잘 안 지키는 것, 어른께 예의를 갖추는 것, 지켜야 할 때는 지키고 지키지 않을 때는 지키지 않는 것, 누군가를 존경하는 것, 피해가 되는 행동하지 않기, 필요하고 지켜야 하는 것, 높은 사람에게 하는 것, 힘든 것도 있지만 꼭 지켜야 된다고 생각함, 어른께 예의 바르게 행동하는 것	상대방의 감정을 상하게 하지 않고 서로 친밀감을 좋게 하기 위한 행동, 상대방에 대한 존중, 다른 사람들과 기분 좋게 지내기 위해 지켜야 할 약속, 인사하기, 가족 존중하기, 차례 지키기, 어울려 사는 세상에 서로 배려하는 마음, 모든 생활의 기본, 서로를 존중해 주는 기분 좋은 배려, 어른에 대한 공경심, 서로에 대한 존중과 배려, 반드시 지켜야 할 도리, 의식주
지켜야 할 예절	인사하기, 공공장소에서 시끄럽게 떠들지 않기, 집에서 뛰지 않기, 부모님께 말대꾸하지 않기, 공공장소에서 전화할 때 스피커로 하지 않기, 학교 복도에서 뛰지 않기, 집에서 존댓말 하기, 욕하지 않기, 쓰레기는 쓰레기통에 버리기, 침 뱉지 않기, 공공장소에서 식사할 때 조용히 먹기, 친구들에게 비속어 쓰지 않기	선생님 말씀 잘 듣기, 친구들과 웃으며 대화하기, 웃어른이나 불편한 장애우에게 양보하기, 수업 시간에 경청하며 집중하기, 복도와 계단에서 뛰지 않기, 식사 시간 지키기, 공공장소에서 큰 소리로 말하지 않기, 차례를 지키기, 시간 약속, 식사 예절
지키지 않아도 된다고 생각하는 예절	방 청소, 집이나 공공장소에서 핸드폰하고 전화하기, 집에서 게임하기, 집에서 다리 꼬고 앉아 있기, 어른이 밥을 다 먹을 때까지 기다리기, 부모님께 절하기	부모의 말이라고 무조건 따르기, 밥 먹는 동안 조용히 하기, 다른 사람에게 잘 보이기 위한 행동이나 예절, 무조건 어른이 먼저라는 생각, 무조건적인 양보하기
예절을 지켜서 좋았던 점	칭찬을 받음, 어른들께 인사를 잘해서 칭찬을 받음, 인사를 잘해서 용돈을 받음, 예절을 지키면 칭찬을 받음, 마음이 편해짐	다른 사람과의 유대 관계가 좋아짐, 복잡한 곳에서 순서를 지키면 순서가 더 빨리 돌아오는 것 같아 기분이 좋음, 차례를 지켜서 화장실을 사용하니 눈치 보지 않아도 됨
예절을 지키지 않아서 불편했던 점	혼남, 엄마께 말대꾸해서 야단맞음, 예의 없다고 욕먹음, 인사를 안 해서 꾸중을 들음, 예절을 지키지 않으면 욕을 들음, 마음 불편함	관계가 멀어짐, 행사가 끝난 후 질서 없이 행사장을 빠져나가는 경우 불편했음, 기분이 상함, 영화관에서 아이들이 너무 시끄럽게 해서 방해가 되었음

설문 조사 결과

괴물 캐릭터 만들며 나 돌아보기

설문 조사 결과에서 나온 예절을 지키지 않아 힘들었거나 불편했던 점을 참고하여, 그림책 「괴물 예절 배우기」의 괴물 캐릭터를 만들어 본다. 괴물 캐릭터를 만들면서 괴물 캐릭터의 행동과 말을 살피고, 평상시 나의 모습을 되돌아본다. 내가 행동하고 말하는 모습 중에서 괴물 캐릭터와 닮은 점은 없는지 생각하고, 느낀 점을 모둠 친구들과 함께 이야기 나눈다.

수업에서 학생들은 자신이 만든 괴물 캐릭터를 보며 상대방이 말할 때 경청하지 않는 모습, 친구들과 의견이 맞지 않아서 다투는 모습, 다른 친구들과 놀 때 내 입장만 생각해서 말하고 행동했던 모습, 친구를 속상하게 하는 말하기, 짜증 낼 때의 나의 모습 등이 떠올랐다고 성찰 일지에 적었다. 괴물 캐릭터를 만들고 나를 돌아보는 활동을 하며, 학생들은 예의 없이 행동했으나 미처 의식하지 못했던 자신의 모습을 떠올릴 수 있었다. 그리고 예절을 지키기 위해 자신이 좀 더 노력해야 될 부분을 스스로 깨달았다.

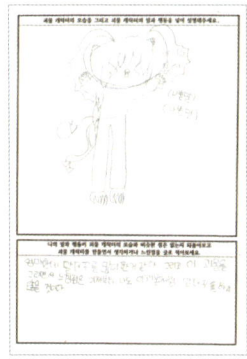  

그림책 「뭐라고 말해야 할까요?」, 「어떻게 해야 할까요?」
세실 조슬린 글, 모리스 샌닥 그림, 시공주니어

「뭐라고 말해야 할까요?」의 첫 장에 '어린 신사 숙녀들에게 상황에 알맞은 말을 일러 주는 즐거운 예절 안내서'라고 쓰여 있다. 엉뚱하고 재미있는 11가지 상황에서 유쾌하지만 예의 바르게 얘기하는 모습을 담고 있다. 다소 황당하고 화가 날 수 있는 상황에서도 감정적으로 말하기보다 이성적으로 예절을 지켜서 말을 하는 모습이 인상적이다. 「어떻게 해야 할까요?」 역시 상황에 알맞은 행동을 일러 주는 유쾌한 예절 안내서다. 기발하고 특이한 11가지 상황에 따른 행동 예절을 구체적으로 알려 준다.

학교생활 예절 가이드라인 만들기

모둠별로 학교 내 장소와 상황을 정해 '예절 가이드라인'을 만들어 본다. 가이드라인 만들기 활동은 학급긍정훈육법의 '동의'와 '가이드라인 만들기' 활동을 참고하였다.[14] 가이드라인은 학급 구성원들의 행동 방식을 정하는 것으로, 학생들의 동의를 구한 가이드라인은 학급을 운영하는 데 매우 강력하게 작용한다.

예절 가이드라인은 '이렇게 말해요'와 '이렇게 행동해요'처럼 구체적인 말과 행동을 넣어, 실질적으로 활용하고 실천할 수 있도록 만든다. 또 가이드라인에 들어갈 말과 행동은 긍정적인 표현을 사용하도록 안내한다. 장소별로 예절 가이드라인을 만들 경우, 그 장소에서 예절이 잘 지켜지는 이상적인 상황을 떠올리고 다른 사람들이 어떻게 말하고 행동했으면 좋을지 생각하여 가이드라인을 만든다. 학교에서는 화장실, 급식실,

---

14 『친절하며 단호한 교사를 위한 학급긍정훈육법 : 활동편』 테레사 라살라 외, 에듀니티

교실, 복도, 체육관, 운동장 등 학생들이 자주 사용하는 장소를 중심으로 가이드라인을 만들 수 있다. 혹은 부모님, 선생님, 친구 등 상대에 따른 예절 가이드라인을 만들어 볼 수도 있다.

가이드라인을 다 만들면 잘 지키겠다는 스스로의 다짐을 담아 서명하여 동의를 표현한다. 일정 기간을 정해 실천하고, 만든 가이드라인이 잘 지켜지고 있는지 확인하는 시간을 갖는다. 가이드라인을 실천하면서 느꼈던 점도 함께 이야기 나눈다.

장소	상황	이렇게 말해요	이렇게 행동해요
복도	화장실에 감	말을 하지 않아요.	조용히 걸어가요.
	줄을 섬	조용히 해요.	차례를 지키며 줄을 서요.
	친구를 만남	친구와 조용히 이야기해요.	웃으며 인사를 하고 사람들이 복도를 지나가는 데 방해가 되지 않는 곳에서 이야기해요.
	쉬는 시간에 친구와 이야기함	친구가 들을 수 있는 목소리로 이야기해요.	친구를 바라봐요.
교실	아침 시간	가벼운 인사말을 해요.	가볍게 손을 흔들며 인사를 해요.
	수업 시간	수업과 관련되는 말을 해요.	발표할 때 손을 들고 발표를 해요. 다른 사람의 말을 잘 들어요.
	쉬는 시간	너무 크게 말하지 않고 소곤소곤 이야기해요.	교실에서 뛰지 않고 걸어요.
	점심시간	고운 말을 사용해요.	자기 자리에서 하고 싶은 일을 하거나 밖에 나가서 놀아요.
	하교 시간	친구에게 잘 가라고 인사해요.	자리를 정리하고 인사를 해요.

그림책 「몰리 선생님의 친절한 예절 학교」
제임스 맥클레인 글, 로지 리브 그림, 어스본코리아

너구리 알제논이 어느 날 우연히 몰리 선생님의 친절한 예절 학교를 발견한다. 알제논은 몰리 선생님의 예절 학교에서 다양한 선생님께 예절을 배우고, 모두가 행복해질 수 있도록 바른 말과 행동을 갖추게 된다. 이후 알제논은 그곳에서 배운 교훈을 잊지 않았고, 알제논을 만난 다른 이들도 행복해진다.

예절 학교 수료식

모둠별로 만든 학교생활 '예절 가인드라인'이 잘 지켜지고 있는지, 가이드라인을 만든 모둠이 학급 전체 친구들의 말과 행동을 일정한 기간 동안 주의 깊게 관찰한다. 예절 학교 수료식 날에 가이드라인을 만든 모둠원들이 장소별로 가이드라인을 잘 지킨 학생들을 선정한다. 선정하는 시간을 충분히 주고, 선정하는 학생 수에는 제한을 두지 않는다. 장소별로 수료증을 줄 친구들을 정하는 토의 과정에서 장소별로 지켜야 할 예절에 대해 더욱 구체적으로 알게 되었다는 의견이 많았다.

학생들이 직접 수료증을 주며 예절 학교 수료식을 진행한다. 모둠별로 서로 수료증을 전달하면서 친구들이 예절을 잘 지킨 것을 격려하고 서로 감사의 마음을 전한다. 학생들은 예절을 지키는 것이 다른 사람을 행복하고 편안하게 만든다는 것을 경험하게 된다. 예절 가이드라인과 예절 학교 수료식은 학생들이 주도적으로 만들고 진행하도록 한다. 어른들의 기준에 맞추고 상벌을 주어 억지로 예절을 지키게 하는 것이 아니라, 자발적으로 예절을 내면화하는 것이 더 의미 있기 때문이다.

예절 학교를 수료한 학생들은 자신이 장소별로 지켜야 할 예절을 잘 지키고 다른 사람을 배려하는 행동과 말을 해서 뿌듯하고 기쁘다고 소감을 전했다. 그리고 이후에도 계속 예절을 잘 지키겠다고 의지를 표현하였다. 예절 가이드라인을 만들고 예절 학교 수료식을 하는 과정을 거치며 학생들이 좀 더 자발적으로 예절을 지키며 학교생활을 하려는 모습을 볼 수 있었다.

시대와 문화에 따라서 예절의 형식과 방법은 변할 수 있다. 하지만 다른 사람을 배려하고 존중하는 마음이 바탕이 되는 예절의 기본 정신은 변함이 없을 것이다. 예절과 관련된 그림책으로 시작하여 그림책에 나오는 인물들의 모습을 살펴보면서 좀 더 쉽게 학생들과 예절에 대해 이야기를 나눌 수 있다. 먼저 학생들과 예절의 필요성에 대해 공감대를 형성하고, 형식과 방법은 학생들이 자발적으로 참여하여 내면화할 수 있도록 함께 만들어 가는 것이 중요하다.

함께 읽으면 좋은 그림책

- 「마들린느의 예절 수업」 존 베멀먼즈 마르시아노 글·그림, 한솔수북
- 「너에게 주는 말 선물」 이라일라 글, 서영 그림, 파스텔하우스
- 「나는야, 공공예절 지킴이」 김별 글, 이정은 그림, 큰북작은북

책임

책임의 의미와 선택에 따른 책임의 범위 알기

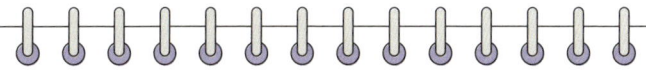

　우리는 살아가며 수많은 선택을 하고, 그 선택에 따른 책임을 스스로 져야 한다. 표준국어대사전에 따르면 책임(責任)은 '맡아서 해야 할 임무나 의무' 그리고 '어떤 일에 관련되어 그 결과에 대해 지는 의무나 부담, 또는 그 결과로 받는 제재'를 모두 포함한다.

　나의 선택으로 인해 생기는 일에 대한 책임과 내가 맡은 일에 대해 책임지려는 마음가짐은 정말 중요하다. 무수히 많은 선택의 상황 속에서 책임지는 삶을 살아가기 위해 어떤 선택을 해야 하는지 학생들과 함께 고민해 본다. 선택에 따라 책임을 져야 하는 상황들을 충분히 살피고 학교에서, 가정에서, 사회에서 자신의 역할에 따라 맡은 일에 대한 책임을 알고 실천하도록 한다. 그림책을 통해 삶의 중요한 가치인 '책임'의 의미를 알고 실천하는 자세를 배우며, 사회의 구성원이자 자기 삶의 주체로서 살아갈 힘을 키울 수 있다.

그림책 「나르와 눈사람」
캅사르 투르디예바 글, 정진호 그림, 비룡소

우즈베키스탄의 옛이야기를 담은 그림책으로, 나르가 만든 눈사람을 통해 책임에 대해 생각해 보게 한다. 새해 하루 전 나르의 부모가 할머니를 모시고 병원에 가면서, 나르는 혼자 집을 보게 된다. 아버지는 나르에게 집에서 기르는 동물들을 잘 돌보라고 했지만, 나르는 다음날 종일 눈사람만 만들다 그대로 잠들어 버린다. 배고픈 동물들은 큰 소리를 내며 울기 시작하고, 나르가 돌보지 못한 동물들을 위해 눈사람이 자신을 희생한다.

책임의 의미 생각하기

「나르와 눈사람」을 읽고, 학생들이 생각하는 책임의 의미를 '책임은 …한 것' 문장 형태로 포스트잇에 적게 한다. 책임에 대해 써 보면서 학생들은 자신이 생각하는 책임의 의미를 명료화하게 된다. 책임의 의미를 적은 포스트잇을 친구들과 함께 나누고 친구들이 책임에 대해 어떻게 생각하는지 살펴보며 책임의 의미를 확장할 수 있도록 한다. 적은 내용을 유목화하여 책임의 사전적 의미에 대해서도 살펴본다. 대부분의 학생들이 책임에 대한 사전적인 의미를 잘 이해하고 있는데, 이 과정을 통해 책임에 대한 개념을 좀 더 명확하게 알게 된다.

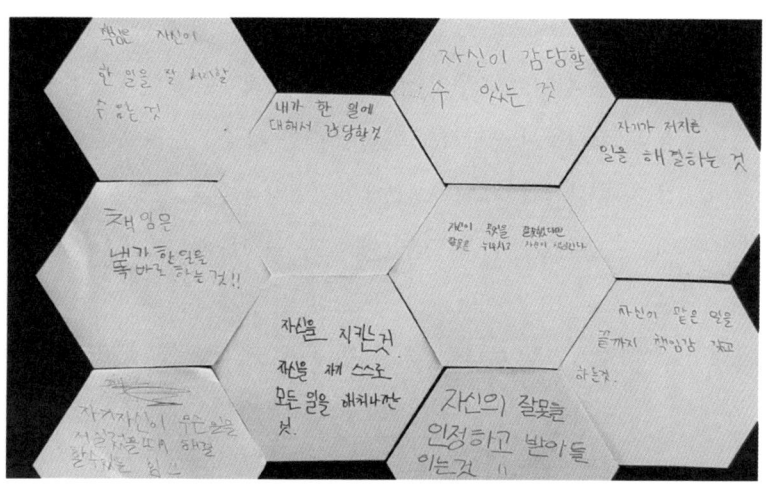

학생들이 생각한 책임의 의미	책임의 사전적 의미
자신을 지키는 것	맡아서 해야 할 임무나 의무
자기 스스로 일을 헤쳐 나가는 것	
자신이 맡은 일을 끝까지 책임감을 느끼고 해결하는 것	
내가 져야 할 의무 같은 것	
책임은 자신이 할 일을 잘 처리하는 것	어떤 일에 관련되어 그 결과에 대해 지는 의무나 부담, 또는 그 결과로 받는 제재
책임은 내가 할 일을 똑바로 하는 것	
자기 자신이 무슨 일을 저질렀을 때 해결하는 힘	
내가 한 일에 대해 감당하는 것	
자기 잘못을 인정하고 받아들이는 것	
자신이 무엇을 잘못했다면 잘못을 뉘우치는 것	
자신이 감당하는 것	
자기가 저지른 일을 해결하는 것	
자기가 한 일에서 빚이 생기는 것	
내가 저지른 일을 되돌리는 것	

우리가 책임져야 할 것

책임의 개념을 살펴보고 우리가 책임져야 할 것에는 어떤 것들이 있는지 살펴본다. 학생들이 생각하는 책임에 대한 개념을 가지고 개인이 어떤 책임을 지며 살아가야 하는지 브레인스토밍을 한다. 브레인스토밍한 내용을 마인드맵으로 정리하여 한눈에 볼 수 있도록 한다.

교사	책임에 대한 개념을 정리해 보았는데, 그렇다면 우리 삶에서 책임져야 할 일들은 어떤 것이 있을까요? 우리가 맡아서 해야 하는 임무나 의무는 어떤 것이 있을지 이야기를 나눠 봅시다.
학생 1	약속을 지켜야 합니다.
학생 2	환경에 대한 책임도 필요합니다.
학생 3	맡은 일도 잘해야 해요.
학생 4	학생으로서 공부를 해야 합니다.
학생 5	건강에 대해서도 책임져야 해요.

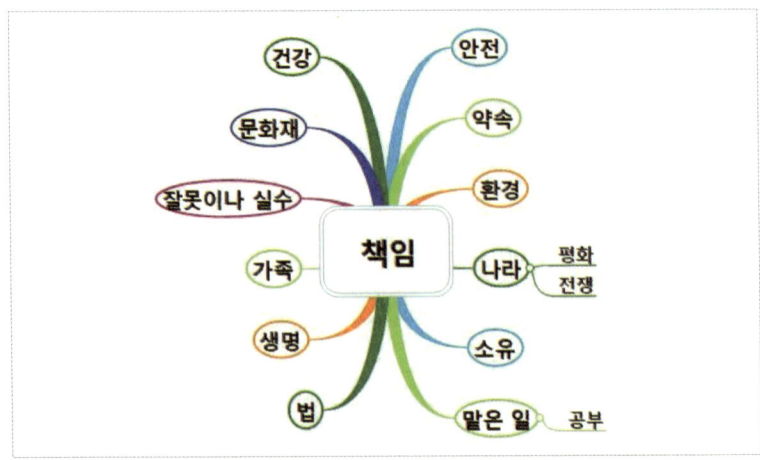

학생 6   잘못이나 실수를 했을 때도 자신이 책임져야 합니다.

학생 7   나라에 대한 책임도 있어요.

학생 8   평화나 전쟁을 생각해 볼 수 있어요.

그림책 「나는」
카롤린 달라바 글·그림, 빨간콩

상황과 관계, 하는 일에 따라 달라지는 나의 위치와 역할을 페이퍼 컷팅 기법[15]으로 잘 보여 주는 그림책이다. 간결하고 깔끔한 그림이 돋보이는 이 책은 나의 역할이 다양함을 알려 줄 뿐 아니라, 나의 역할에 대해 다양한 관점에서 생각해 보게 한다.

역할에 따른 책임 생각하기

개인으로서 책임져야 할 일을 역할에 따라 나누어 생각해 본다. 그림책 「나는」을 함께 읽으며 자신의 역할을 떠올려 보고, 역할에 따른 책임에 관한 이야기를 나눈다. 학생들은 자신들이 맡은 역할로 '학생', '부모님의 자녀', '동네 주민', '친구', '세계 시민' 등을 떠올렸다. 학생들이 떠올린 역할을 바탕으로 역할마다 책임져야 할 것은 무엇인지 이야기한다.

학생들은 학생의 책임에 대해 '공부하기, 운동을 통한 건강 챙기기, 친구랑 사이좋게 지내기, 자신의 물건 잘 챙기기' 등을 꼽았다. 가정 구성

---

[15] 말 그대로 '종이를 자르는' 작업으로, 선을 따라 칼로 자르고 크고 작은 구멍을 뚫으며 작품을 만드는 기법이다.

원으로서 '부모님 말씀 잘 듣기, 집안일 하기, 형제들과 잘 지내기' 등의 책임이 있으며, 시민으로서 '평화 지키기, 문화재 소중히 여기고 보존하기, 법 잘 지키기, 환경 보호하기' 등의 책임이 있다고 발표하였다.

각각의 역할에 따른 책임과 할 일에 대해 살펴보았다면 간단한 놀이를 통해 역할마다 어떤 책임을 져야 하는지 되새겨 본다. 앞에서 학생, 자녀, 시민으로서 역할에 따라 책임지고 해야 할 일을 살펴보았는데, 이것을 기억하며 다른 역할을 하는 모둠을 찾는 놀이를 한다. 역할에 따라 책임져야 할 부분이 다르나 그 경계가 뚜렷하지 않을 수 있다는 점을 알고, 경계를 짓기보다 우리가 책임져야 할 일들에는 어떤 것이 있는지 되새기는 것에 초점을 두어 활동을 한다.

놀이 방법

1. 역할을 적은 작은 종이를 모둠에 나눠 준다. 4개 모둠 중 1개 모둠만 다른 역할을 제시한다.
   (예) a모둠은 학생 역할, b, c, d모둠은 자녀 역할.
2. 역할을 받으면 모둠에서 상의하여, 책임져야 할 일을 그림이나 글로 표현한다. 이때 자석 보드판을 활용하면 좋다.
3. 모둠별로 표현한 것을 칠판에 붙이고, 역할이 다른 모둠을 찾아낸다.
4. 같은 역할을 받은 세 모둠은 역할이 다른 모둠을 찾는 경우 점수를 얻고, 다른 역할을 받은 모둠은 정답을 못 찾은 모둠 수만큼 점수를 얻는다.

<A모둠 - 학생으로서 책임> 우리 반에 있는 물건을 소중히 여겨야 합니다.	<B모둠 - 자녀로서 책임> 자기 방 청소를 잘해야 합니다.
<C모둠 - 자녀로서 책임> 동생을 잘 돌봐주어야 합니다.	<D모둠 - 자녀로서 책임> 부모님께 말씀드리고 외출을 해야 합니다.

학생들이 표현한 역할에 따른 책임 예

책임 카드 뉴스 만들기

책임 카드 뉴스를 만들며 우리가 책임져야 할 일을 정리해 본다. 역할에 따라 책임져야 할 일들의 구체적인 장면을 떠올리고, 우리가 어떤 책임을 져야 하는지 키워드를 중심으로 카드 뉴스를 만든다.

교사   우리가 책임져야 할 일들에는 학생으로서 맡은 일, 가족 구성원으로서의 책임, 환경 보전에 대한 책임, 법에 대한 책임, 생명에 대한 책임, 평화에 대한 책임 등이 있었습니다. 다양한 책임 중 하나를 선택하여 카드 뉴스를 만들어 보겠습니다.

학생 1   저는 안전에 대한 카드 뉴스를 만들어 보겠습니다.

학생 2   저는 건강에 대해 만들어 보고 싶어요.

학생 3   저는 환경으로 만들겠습니다.

교사   여러분이 선택한 주제를 가지고 우리가 어떤 책임을 다해야 하는지, 어떤 노력을 해야 하는지를 미리캔버스 사이트를 활용해서 만들어 보겠습니다. 만들 때는 주제에 대한 상황을 그림으로 표현하여 배경을 꾸밉니다. 그리고 상황에 대한 간단한 설명을 덧붙여 카드 뉴스를 만들어 보세요.

그림책 「내 이야기는 내가 만들 거야」
미리 레셈·펠리 글·그림, 국민서관

붓과 연필로 탄생한 주인공 씩씩이가 자신의 이야기를 만들어 가는 과정을 그렸다. 작가와 주인공이 서로 대화하며 이야기가 진행되기 때문에 독자들은 이야기가 만들어지는 과정을 지켜보는 듯한 느낌이 든다. 내가 씩씩이라면 어떤 선택을 할지, 그 선택에 따라 생기는 결과를 생각해 보며 어떤 선택이라도 본인에게 온전한 책임이 있다는 것을 깨닫게 된다.

밸런스 게임 만들기

자신의 선택에 따라오는 책임에 대해 생각해 볼 수 있도록 「내 이야기는 내가 만들 거야」를 읽고 다양한 상황을 만들어 본다. 우선 학생들이 책임을 다해야 하는 의무에 대해 살펴보고, 모둠별로 역할에 따라 다양한 상황을 떠올리며 밸런스 게임을 만든다. 밸런스 게임을 해보며 한 상황에서 어떤 선택을 하는 것이 좋은지 고민하는 힘을 기를 수 있다.

학생들이 밸런스 게임을 만들 수 있도록 예시 상황을 설명하고, 밸런스 게임을 만들 때 상황에 따른 결과까지 고민해 보게 한다. 어떤 선택을 할 수 있을지 생각하고, 선택에 따라 어떤 결과가 나오는지 모둠별로 이야기를 나누어 본다. 밸런스 게임도 직접 해본다.

> 밸런스 게임 만드는 방법

1. 역할에 따라 책임을 져야 하는 상황을 설정한다. 역할을 먼저 제시하면, 쉽게 상황을 설정할 수 있다.
    (예) 내일까지 제출해야 하는 숙제가 있다(역할). 오늘은 학원 2개를 다녀오고, 한 친구의 생일까지 있는 날이다(상황 설정).
2. 상황에서 선택할 수 있는 행동을 2가지로 설정한다.
    (예) 숙제를 하기 위해 친구에게는 다음날 선물만 주고 생일 파티에 가지 않는다. VS 숙제를 하지 않고 친구의 생일 파티에 간다.
3. 개인별로 2가지 중 한 가지 선택지를 고르고, 고른 이유를 생각한다. 그리고 고른 선택에 따라 어떤 상황이 발생할지 예상해서 쓴다.
4. 작성한 내용을 바탕으로 모둠이 논의하고 모둠 의견을 결정한다.
5. 모둠에서 결정한 내용을 전체 발표하고 이야기를 나눈다.

A모둠은 숙제하는 것을 선택합니다. 이유는 친구에게 전화로 축하하고 선물도 주기 때문에 친구가 속상해하지 않을 것 같습니다. 숙제를 하면 선생님께 혼날 일도 없습니다.
B모둠은 숙제를 할 것입니다. 이유는 숙제를 하지 않으면 혼나기 때문입니다. 숙제를 하면 문제가 생기지 않습니다.
C모둠은 친구의 생일 파티에 갑니다. 이유는 친구랑 친하기 때문에 친구의 생일이 더 중요하다고 생각하기 때문입니다. 숙제를 하지 않아서 선생님께 혼날 것 같습니다.
D모둠은 숙제를 하고, 친구에게 사과합니다. 생일 파티에 가지 못한 일을 사과하면 친구가 덜 속상해할 것 같기 때문입니다. 아무런 문제 없이 다음날을 잘 보낼 것 같습니다.

모둠별 선택과 선택에 따른 결과

A모둠	B모둠
길을 가다 쓰레기를 봤다. 쓰레기를 줍는다 vs 줍지 않는다	친구가 싸우고 있다. 싸움을 말린다 vs 선생님에게 이야기한다
C모둠	D모둠
분리 수거를 한다 vs 분리 수거를 하지 않는다	친구가 갑자기 놀자고 연락이 왔다. 부모님께 말하고 논다 vs 말하지 않고 논다

학생들이 만든 모둠별 밸런스 게임

책임은 실천 범위가 너무 넓으므로, 학생들과 이야기를 나눌 때는 책임의 범위를 정해 생각해 보게 한다. 역할로 범위를 한정하고 현재 내가 맡은 역할에 따른 책임에 대해 생각하도록 하면 학생들이 자신이 처한 상황과 역할 속에서 구체적으로 어떤 책임이 필요한지 깨달을 수 있다. 또 다양한 밸런스 게임을 해보며 선택에 따른 책임에 대해서도 함께 생각해 보는 기회를 제공한다.

함께 읽으면 좋은 그림책

- 「큰 힘에는 큰 책임이 따른다」 애니 헌터 에릭슨 글, 리 개틀린 그림, 바둑이하우스
- 「꽃 피는 숲속 케이크 가게」 아라이 에쓰코 글, 구로이 겐 그림, 책빛
- 「진짜 일 학년 책가방을 지켜라!」 신순재 글, 안은진 그림, 천개의바람
- 「반짝반짝 청소할 시간!」 페니 해리스 글, 위니 저우 그림, 썬더키즈

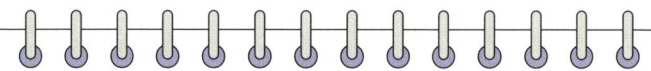

협동

협동의 기쁨을 느끼고 힘을 모아 문제 해결하기

'개미가 절구통을 물어 간다'는 속담이 있다. 작은 개미가 무거운 절구통을 옮기는 것은 불가능해 보이지만, 여럿이 협동하면 힘든 일도 이뤄 낸다는 뜻이다. 2005년 지하철을 기다리던 한 할아버지가 넘어지며 승강장 사이로 떨어진 사건이 있었다. 구조대의 도착이 지연되자 한 시민이 지하철에 손을 대고 밀기 시작했다. 이를 본 주변 사람들과 지하철에 타고 있던 승객까지 모두 내려 구호에 맞춰 지하철을 밀었다. 그러자 33톤에 달하는 거대한 지하철이 들어 올려지는 믿을 수 없는 일이 벌어졌고, 승강장과 지하철 사이에 끼어 있던 할아버지를 구해 낼 수 있었다. 이렇게 한 사람의 힘은 미약하지만, 서로 힘을 합치면 불가능해 보이던 일도 가능해진다.

세상에 혼자 살아가는 사람은 없다. 모든 사람은 가족, 마을, 국가, 지구촌의 구성원으로 서로 협동하며 함께 살아간다. 협동하면 쉬운 일은 더 쉽게, 어려운 일도 쉽게 해결할 수 있다. 앞의 예처럼 불가능해 보이는 일도 때로는 기적처럼 해낼 수 있다. 그림책을 통해 협동의 의미와 필요성을 알아보고 생활 속에서 실천하여 더불어 살아가는 사회 구성원으로서 자질을 함양한다.

그림책 「그건 내 거야!」
아누스카 아예푸스 글·그림, 비룡소

다섯 코끼리가 어느 날 신기한 열매가 주렁주렁 열린 높은 나무를 발견하게 된다. 다섯 코끼리는 "그건 내 거야!"를 외치며 각자 열매를 따려고 하지만 모두 실패한다. 자기들보다 훨씬 작은 생쥐들이 힘을 합쳐 열매를 따는 모습을 보고 깨달음을 얻은 코끼리들은 협동하여 열매를 따 낸다. 혼자서는 할 수 없는 일을 협동하면 해낼 수 있다는 메시지를 전한다.

키워드 찾기

그림책에서 키워드를 찾고 그렇게 생각한 까닭을 다 함께 나눈다. 그림책이나 동화책을 읽고 나면 항상 '키워드, 줄거리, 작가의 메시지, 소감, 평가 질문 만들기' 다섯 가지 활동 중 몇 가지를 골라 내용을 정리하는데, 이번에는 키워드 찾기 활동을 해보았다. 학생들이 찾은 키워드와 그 까닭은 다음과 같다.

키워드	선택 이유
협동	코끼리들은 혼자서만 먹으려고 했는데, 생쥐들은 협동을 해서 열매를 따 먹었다. 혼자 해서 안 되는 것을 같이 협동해서 성공했다.
혼자, 같이	'혼자'일 때의 부족한 점을 '같이' 협동하면 채울 수 있다.
팀 플레이	코끼리는 쥐들보다 덩치는 크지만 팀 플레이를 하지 않아서 열매를 따지 못했는데, 쥐들은 팀 플레이를 하여 덩치는 작지만 먼저 과일을 땄다.
우리	코끼리들은 열매를 따려고 했지만 못했고(나중에는 땄지만), 생쥐는 함께해서 열매를 딸 수 있었다. 이처럼 혼자는 못하는 일을 우리 모두가 함께하면 할 수 있다.
욕심	코끼리들이 협동을 안 하고 서로 혼자만 과일을 먹으려고 욕심을 부리기 때문에.
나눔	맨 마지막에 생쥐들이 엉뚱한 데로 날아간 코끼리에게도 열매를 나누어 주니까.

협동했던 경험 나누기

그림책을 읽고 '협동'의 의미를 사전 앱에서 찾아본다. 학생들의 어휘력 향상을 위해 사전 앱을 각자 핸드폰에 설치하도록 하여 활용하면 좋다. 모르는 단어나 이미 알고 있는 단어라도 명확한 뜻을 확인하고 싶을 때 사전 앱을 이용해 스스로 그 의미를 찾아본다. 앱에 따라 내가 찾아본 단어를 단어장에 저장하거나 퀴즈를 풀며 복습하는 기능 등을 제공하므로 재미있게 어휘력을 향상시킬 수 있다. 표준국어대사전에 따르면 협동은 '서로 마음과 힘을 하나로 합함'을 뜻한다. 협동의 뜻을 사전 앱에서 찾아본 뒤, 가족 사이에 혹은 친구 사이에 협동했던 경험을 이야기 나눈다.

교사	혼자서는 어려웠는데, 협동을 해서 잘할 수 있었거나 좋았던 경험이 있나요?
학생 1	수학 문제 풀 때요. 혼자 수학 문제를 푸는 건 너무 어려운데, 짝이랑 같이 풀면 쉽게 풀 수 있어요.
학생 2	배드민턴 수행평가를 할 때요. 친구랑 마음 맞춰서 연습해서 좋은 점수를 받을 수 있었어요.
학생 3	저는 재활용 쓰레기 버리는 당번일 때 혼자 들기 너무 무거웠는데, ○○가 같이 들어 줘서 안 힘들게 할 수 있었어요. 두 번 왔다 갔다 해야 하는데 한 번에 다 버릴 수 있었어요.
학생 4	박수 치기 놀이할 때도 협동해야 해요. 박수 소리가 딱 맞아야 되는데, 협동해야 성공할 수 있어요.
학생 5	얼마 전 부모님 결혼기념일에 서프라이즈 이벤트를 준비했는데 동생이랑 협동해서 했어요. 엄마 아빠 몰래 집도 꾸미고, 돈 모아서 케이크도 샀어요. 부모님이 좋아하셔서 너무 뿌듯했어요.

내가 정의하는 협동

협동했던 다양한 경험을 나눈 다음, 나만의 언어로 협동의 의미를 재정의해 본다. 협동이 필요한 까닭, 협동의 좋은 점 등을 생각하여 '협동이란 …다. 왜냐하면 … 때문이다'의 형태로 정의하도록 한다. A4 도화지

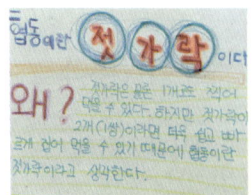  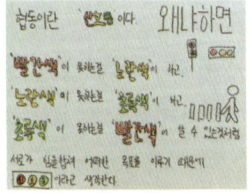

를 4등분하여 하나씩 나눠 주고, 내가 정의하는 협동이란 무엇인지를 쓰고 어울리는 그림을 그리게 한다.

그림책 「세 투덜이」
존 켈리 글, 카르멘 살다냐 그림, 에듀앤테크

모든 것이 넉넉한 마을에 사는 세 명의 투덜이가 늘 자기가 최고라며 싸운다. 어느 날 배고픈 '먹보쿵쿵이'가 나타나 마을의 모든 음식을 마구 먹어 버리자, 투덜이들은 각자의 방법으로 먹보쿵쿵이를 잡으려고 하지만 실패한다. 각자의 힘으로는 불가능하다는 것을 알게 된 투덜이들은 처음으로 함께 계획을 세우고 마침내 먹보쿵쿵이를 잡는다.

협동해서 풍선 치기

그림책을 함께 읽고 협동 놀이 '풍선 치기'를 한다. 대부분의 놀이는 경쟁하여 상대보다 내가 더 잘해야 이긴다. 그래서 때로 경쟁이 과열되어 학생들끼리 다툼이 일어나기도 하고, 신나게 놀고 나서 졌다는 이유로 속상해하며 끝나는 경우도 있다. 협동 놀이는 경쟁이 아니라 협동을 통해 공동의 목표에 도달하는 놀이다. 놀이를 잘 못하는 친구나 평소 친하지 않은 친구와도 모두 한마음 한뜻으로 힘을 모아야 성공할 수 있다. 협동 놀이 '풍선 치기'를 통해 협동의 기쁨을 맛보고, 생활 속에서도 협동을 실천하겠다는 의지를 다져 본다.

놀이 방법

1. 6~8명이 한 팀이 된다.
2. 바닥에 둥글게 앉아 옆 친구들과 손을 잡는다.

3. 준비되면 팀원들이 모두 함께 "도전!"이라고 외친다.
4. 진행자가 풍선을 둥근 원 안으로 넣어 주면 맞잡은 손이 떨어지지 않도록 주의하며 풍선을 친다.
5. 1분 안에 풍선을 떨어뜨리지 않고 연속하여 치는 횟수를 헤아린다.
6. 머리보다 높게 풍선을 쳐야 하고, 풍선을 칠 때는 손, 머리, 발 등 모든 신체 부위를 활용할 수 있다.
7. 풍선이 바닥에 닿거나, 친구와 맞잡은 손이 끊어지거나, 엉덩이가 바닥에서 떨어지면 경기를 종료한다.
8. 팀별로 성공한 횟수를 합하여 반 전체 목표 횟수를 달성하도록 한다.

놀이에서 목표 횟수는 연습 경기를 한 번 해본 다음, 그것보다 살짝 높게 정하면 좋다. 협동하여 성공하는 것이 목적이므로 목표를 너무 높게 설정하지 않도록 유의한다. 또 가장 풍선을 많이 친 팀이 이기는 것이 아니라, 팀별 횟수를 모두 합한 뒤 반 목표 횟수에 도달했는지로 성공, 실패를 결정한다. 성공하면 모두가 성공, 실패하면 모두가 실패하게 되는 것이다. 어느 한 팀이 못했어도 다른 팀이 잘하면 성공할 수 있다. 그러므로 다른 팀이 놀이할 때 큰 소리로 응원하고 박수 쳐 줄 것을 당부한다.

그림책 「호랑이 바람」

김지연 글·그림, 다림

2019년 4월에 발생한 강원도 산불을 모티브로 만든 그림책이다. 세상을 집어삼킬 듯이 시뻘겋게 타들어 가는 거센 불길을 전국에서 모여든 소방관들이 힘을 합쳐 진화한다. 모든 것이 다 타 버린 시커먼 잿더미에 사람들이 하나둘 나무를 심고, 마침내 산은 초록빛을 되찾는다.

협동하면 해결할 수 있는 사회 문제 찾아보기

그림책에서 불을 끄는 소방차들을 살펴보면 제각기 다른 모양이다. 소방차 옆에 써 있는 글씨는 전남, 전북, 경북, 강원, 경남 등 모두 다른 지역을 나타낸다. 유래 없는 초대형 산불을 빠르게 진화할 수 있었던 것은 전국 각지의 소방 인력이 힘을 모았기 때문이다. 사람들이 대피하는 장면도 자세히 살펴보면 장애인과 비장애인, 노인과 젊은이와 어린아이, 남자와 여자 그리고 동물들까지 모두가 서로 도우며 산 아래로 뛰어간다. 힘을 합쳐 대피했기 때문에 인명 피해가 더 커지지 않을 수 있었다.

세상에는 혼자 힘으로는 불가능하지만 협동할 때 기적처럼 이뤄 낼 수 있는 일들이 있다. 개인과 개인뿐 아니라, 때로는 지역과 지역이, 나라와 나라가 범세계적으로 협동해야 하는 일들도 있다. 우리가 함께 힘을 모아야만 해결할 수 있는 우리나라 또는 지구촌 문제에는 어떤 것들이 있는지, 인터넷에서 찾아보고 모둠별로 도화지에 정리한다.

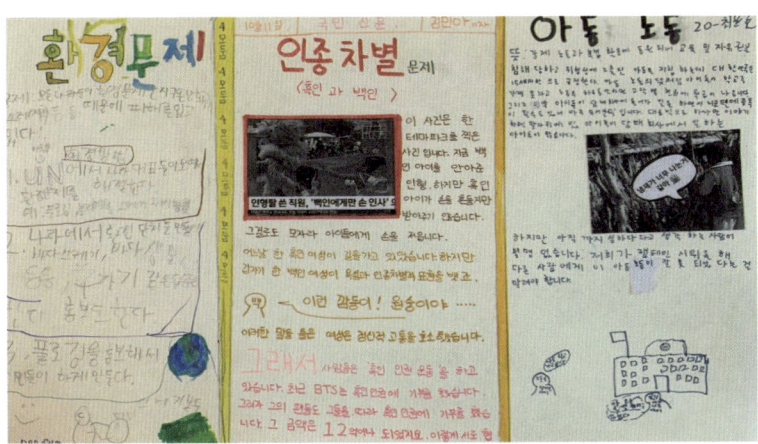

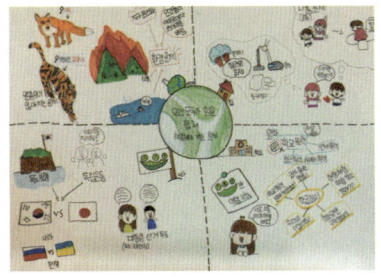
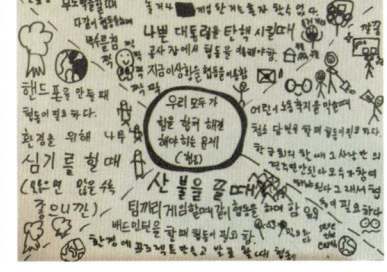

지구 온난화	환경 오염을 줄이는 활동을 해서 지구 온난화 문제를 해결할 수 있다. 혼자서는 힘들지만 전 세계 모든 사람들이 함께 동참한다면 지구 온난화 문제도 해결할 수 있다. 친환경 제품을 사용하고, 일회용품 사용을 줄인다. 채식을 하고, 소비를 줄이고, 분리 배출도 잘해야 한다.
세계 평화	우크라이나와 러시아 전쟁 때문에 우리나라 식용유와 밀가루 가격이 엄청 올랐다. 모든 나라는 서로 영향을 준다. 다른 나라에서 전쟁한다고 해서 남의 나라 일이 아니라 우리 일이다. 하지만 그 나라 혼자 힘으로는 전쟁을 막기 힘들다. 여러 나라들이 모두 자기 이익만 생각할 것이 아니라 세계 평화를 위해 힘을 모아야 한다.
국제 기부	살기 어려운 나라의 국민들을 위해 같이 기부하고 봉사해야 한다.
대통령 탄핵	대통령이 잘못을 했을 때, 시민들이 모두 함께 촛불 집회를 해서 대통령을 탄핵시킬 수 있었다.
대한민국 독립	일제 식민지 시대에 유관순 독립 운동가와 많은 사람들이 협동해서 우리나라를 되찾았다.

한 명의 힘으로는 어렵지만 여러 사람들이 협동하면 해결할 수 있는 것들이 많다. 조사한 문제 중 한 가지를 골라 학급 전체가 동참하고 힘을 보태기로 한다. 모둠별로 정리한 내용을 발표한 다음, 투표로 반 전체가 함께 참여하고 싶은 사회 문제를 정한다. 수업에서는 1학기부터 꾸준히 환경 보호 프로젝트를 실천해서인지 환경 문제 해결에 동참하고 싶다는 학생들이 가장 많았다.

기업에 편지 쓰기

점심 급식에 과일 주스, 우유, 요구르트, 요플레와 같은 후식이 나올 때가 있다. 멸균 팩, 파우치형 비닐 팩, 종이 곽, 플라스틱 용기 등에 담겨 나오는데, 이는 모두 재활용 가능하다. 다만 재활용되기 위해서는 서로 다른 재질이 섞이지 않게 분리 배출되어야 한다. 그런데 막상 후식이 담겨 있던 용기들을 살펴보면 여러 재질이 섞여 있어 분리가 어려운 경우가 많다.

멸균 팩에 들어 있는 과채 주스의 경우 아래쪽은 멸균 팩, 위쪽은 플라스틱으로 되어 있어 이것을 가위로 잘라 분리해야 한다. 파우치형 비닐 팩도 입을 대고 먹는 부분은 플라스틱, 용기 아래 부분은 비닐로 되어 있는데, 가위를 이용해도 플라스틱과 비닐을 분리하기가 쉽지 않다. 분리 배출을 하고 싶어도 번거로워서 그냥 일반 쓰레기로 버리게 된다. 그래서 후식 메뉴로 자주 접하게 되는 기업에 포장 용기 디자인 변경을 촉구하는 편지를 쓰기로 하였다.

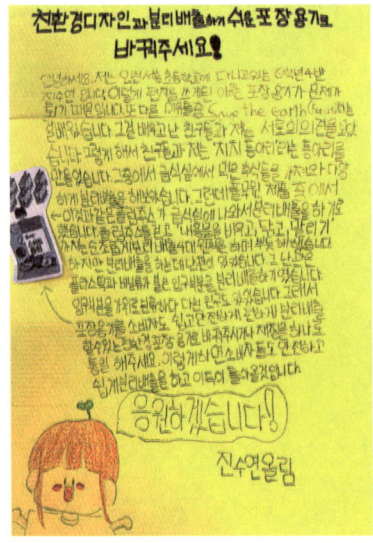

　학생들의 편지를 받은 기업에서 회신을 보내 주었다. 플라스틱 사용량을 줄이기 위해 플라스틱 뚜껑의 크기를 반으로 줄이거나 종이 뚜껑으로 교체한 사례, 라벨을 제거한 무라벨 제품 생산, 용기에 부착하는 스티커를 분리하기 쉬운 스티커로 변경한 사례 등 해당 기업이 환경보호를 위해 노력하고 있는 점을 편지에 상세히 설명해 주었다. 더불어 친환경 디자인이 적용된 제품을 학생 수만큼 보내 주어 직접 체험할 수 있었다. 해당 기업의 회신 덕분에 학생들은 쓰레기 분리 배출에 대해 더욱 관심을 갖고 실천할 수 있었다. 또 한 명의 목소리는 힘이 없지만 단체로 협동하여 내는 목소리는 무시할 수 없는 큰 힘을 가진다는 것도 알게 되었다.

　환경 문제를 비롯해 인종 차별, 성차별, 종전, 비핵화 등 세계의 많은 문제들이 개인의 노력, 당사자의 노력만으로는 해결하기 어렵다. 내가 노력한다고 해서 얼마나 바뀔까 싶지만 한 명, 한 명의 힘이 합쳐지면 불가능할 것 같던 일도 가능해진다. 친구 사이에 힘을 합치거나 학급에서

> ○○○은 2022년까지 ○○○에서 생산·판매하는 모든 제품에 100% 재활용 우수 포장재를 적용한다는 계획을 가지고 있으며 ○○○공장 뿐만 아니라 협력사에서 생산하고 있는 제품까지 재활용 우수 포장재를 적용하도록 하고 있습니다.
>
> 여러분들의 환경에 대해 관심과 소중한 의견 주신것에 다시한번 감사드리며 이렇게 ○○○의 활동을 소개할 수 있는 기회를 주어서 고맙습니다. ○○○은 꾸준한 노력과 아이디어로 친환경 제품을 만드는 데 노력 하겠습니다.
>
> 보내드리는 제품은 여러분들이 쉽게 접할 수 있는 친환경포장을 적용한 제품의 일부이니 맛있게 먹고 버릴 때도 친환경에 맞도록 잘 분리하여 버려 주기 바랍니다.
>
> 대한민국과 세계를 이끌어 나갈 여러분의 앞날에 건강과 행복이 가득하길 바라며 저희 ○○○도 더 많은 노력으로 여러분의 기대와 바램에 보답하도록 하겠습니다.

기업에서 보내 온 답장

서로 돕는 차원의 협동에 그치지 않고, 전 세계인이 연대하면 더 좋은 지구촌 사회를 만들 수 있음을 학생들과 함께 이야기해 본다.

함께 읽으면 좋은 그림책

- 「줄다리기」 조시온 글, 지우 그림, 씨드북
- 「펭귄 블루가 날아갔어요」 롭 비덜프 글·그림, 비룡소
- 「커다란 순무」 김영미 글, 박정인 그림, 하루놀
- 「야호, 우리가 해냈어!」 엄혜숙 글, 레지나 그림, 주니어김영사

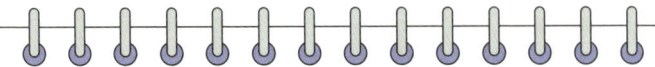

일회에 그치지 않고
생활에서 실천하는 효 프로젝트

한 아이가 세상에 태어날 확률은 수십 억만 분의 일이라고 한다. 사람은 누구나 부모, 할아버지, 할머니, 그리고 수많은 조상들이 있었기 때문에 이 세상에 존재한다. '효'는 내가 존재할 수 있도록 나를 탄생시키고 돌봐주시는 분들에게 공경과 감사를 표현하는 것이다.

그동안 우리는 어버이날 행사에서 감사 편지를 쓰거나 카네이션 만들기로 부모님께 감사를 표현해 왔다. 하지만 어버이날 행사만으로는 부모님에 대한 감사를 온전히 표현할 수 없다. 나를 세상에 있게 한 부모님에 대해 진심으로 감사한 마음을 갖고 생활 속에서 표현할 수 있어야 한다. 효 프로젝트를 통해 감사한 일을 찾아보고 감사함을 느끼고 감사를 표현하며 깊이 있게 효를 느끼고 실천해 본다.

대부분의 학생들이 부모님의 사랑을 당연히 여기며, 정신적으로나 물질적으로나 끊임없이 받기만을 바란다. 이 점을 고려해 학생들이 단계적으로 효에 접근할 수 있도록 한다. 먼저 내가 태어나 모든 것이 미숙할 때, 부모님이 나를 돌보기 위해 애썼던 것을 체험할 수 있게 한다. 이어서 부모님에 대한 감사 찾기를 하고, 마지막으로 효를 실천하는 방법을 찾아 직접 실천해 본다. 부모님의 사랑에 대한 공경은 어른에 대한 공경으로 이어질 것이다.

그림책 「실」
코릴 코베 글·그림, 현암주니어

그림책에서 아이와 엄마가 실로 연결되어 있다. 아이는 부모의 돌봄과 관심, 사랑이라는 테두리 안에서 자라며 점차 성장한다. 아이가 성장함에 따라 실의 범위도 점점 줄어들고, 결국 아이는 그 끈을 끊고 독립을 한다. 하지만 우리가 알지 못하는 사이에도 부모님의 끈은 변함없이 우리를 보살피고 있다는 것을 깨닫게 된다.

부모님이 우리를 돌보듯 알 돌보기

먼저, 달걀을 하나씩 나눠 갖고 달걀을 잘 관찰하고 그려 보면서 자신이 가진 달걀의 특징을 적는다. 부모님이 어디에 가도 자식을 알아보는 것처럼 자신의 달걀을 살피고 돌본다. 깨지지 않도록 하고, 따뜻하게 해 주고, 씻겨 주고, 항상 가지고 다니면서 아기 돌보듯 해보는 것이다. 어버이날인 5월 8일이 되기 2주 전에 시작해 일주일 동안 진행한다.

날달걀인 상태로는 한나절만 갖고 있도록 하고, 오후에 집으로 돌아가서 각자 삶아 오도록 한다. 날달걀이 가방이나 주머니 속에서 깨지면 학생들이 처리하기 힘든 상황이 생길 수 있고, 자신이 돌보는 달걀이 깨졌다는 아픔이 더 클 수 있기 때문이다. 날씨가 따뜻해져 달걀이 상할 수도 있으므로 달걀 돌보기 활동은 일주일만 한다. 아침에 등교하면 학급 달걀판에 달걀을 보관해 뒀다가, 쉬는 시간에 말을 걸거나 자리로 가져와 돌보도록 한다. 달걀판에는 수업 시간에만 보관하도록 한다.

학생들은 자신의 달걀에 이름을 적거나 표시하지 않아도 자신의 달걀을 찾아가게 된다. 달걀이 모두 똑같을 것이라고 생각했던 학생들은 곧 달걀이 모두 다르게 생겼다는 것을 알게 된다. 삶은 달걀을 일주일간 가지고 다니며 지어 준 이름을 부르고 대화하며 돌보고, 마지막 날에는 매직펜이나 스티커 등으로 꾸미기를 한다.

날달걀을 나눠 주었을 때 학생들은 깨어지면 어쩌나 걱정을 많이 했고, 실제로 떨어뜨려 달걀이 깨진 학생도 있었다. 달걀이 깨진 학생은 집에 있는 새로운 달걀을 일주일 간 보살피게 하였다. 선생님이 준 달걀이 깨져서 많이 속상해했지만, 새로운 달걀을 맞아 다시는 떨어뜨리거나 깨어지지 않도록 조심히 보살펴야 한다는 것을 깨달았다. 달걀을 삶을 때는 깨지지 않도록 저온에서 중탕을 하듯 은근한 온도에서 조심스럽게 삶아야 한다고 주의 사항을 미리 알려 준다.

학생들은 달걀 바구니와 달걀 침대를 만들기도 하고, 옷이라며 자투리 천이나 색종이로 감싸기도 하였다. 한 학생은 자신의 알 이름을 황금알로 정하고 애지중지하였는데, 깨질까 봐 스폰지를 파서 완충 장치를 만들어 주었다. 뽁뽁이로 감싸서 보관하는 학생도 있었다. 안타깝게도 주머니에 넣어 뒀다가 알이 떨어져 난감해한 학생도 있었다.

이 과정에서 학생들은 무엇인가를 돌본다는 것이 엄청난 에너지와 정성과 사랑이 필요함을 알게 된다. 알 돌보기 활동을 하며 학생들은 그림책 「실」의 내용처럼 부모님의 실이 우리를 감싸고 지켜 주고 있다는 것을 체험하게 된다.

 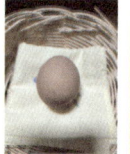  

알 보관 판   알 돌보기   알 꾸미기

부모님께 받은 돌봄과 감사한 일 100가지 찾기

이 세상에 태어나 생활하는 데 부모님의 돌봄이 없었다면 지금의 나도 존재하지 않을 것이다. 지금도 받고 있는 부모님의 보살핌을 찾아보고 기록하면서 부모님께 감사한 마음을 가슴 깊이 느껴 보는 시간을 갖는다. 먼저, 학급의 학생들과 함께 찾아보는 시간을 갖고, 공유 문서를 만들어 거기에 기록할 수 있도록 한다. 공유 문서는 학급 SNS를 통해 부모님들께 URL을 보내 드려 볼 수 있도록 하였다.

부모님의 돌봄 · 감사 찾기 100   참고 작품

부모님의 돌봄과 감사한 일 100가지 찾기 활동을 함께 하면서 학생들은 평소 당연한 것으로 여겼던 여러 일들이 부모님이 계시지 않는다면 불가능하다는 것을 느끼게 된다. 사소하게 여겼던 일들도 부모님이 나를 위해 챙기고 돌봐주셔서 가능했다는 것을 알아차린다. 많은 학생들이 부모님께서 나에게 쏟아 주시는 사랑과 돌봄으로 내가 살아가고 있구나 하는 것을 느꼈다고 하였다. 매일 아침 이른 시간에 일어나 챙겨 주시는 아침밥, 나를 깨워 주시는 일, 내가 원하는 것을 배우게 해 주시는 것 등에 감사하며 부모님에 대한 감사가 더욱 커졌다.

그림책 「종이 아빠」
이지은 글·그림, 웅진주니어

매일 서류에 파묻혀 일만 하는 아빠가 갑자기 종이로 변했다. 종이 만들기를 잘하는 이이는 아빠가 외출할 수 있도록 종이 옷을 만들어 주고 아빠가 바람에 날아가는 것을 잡아 주기도 하면서 아빠와 함께 여기저기를 날아다닌다. 종이가 된 아빠는 자신을 꼭 잡으라고 하지만, 종이인 상태로는 아이의 도움이 필요하다. 할 수 있는 범위 안에서 아빠를 돌보며 함께 보내는 시간의 소중함을 느끼게 한다.

부모님의 수호천사 되기

그림책에서 아이는 종이가 된 아빠를 위해 다양한 종이 옷을 만들고, 날아가는 아빠를 잘 잡아 준다. 아빠를 지켜 주는 수호천사의 역할을 맡게 된 것이다. 부모님을 위해 자신이 수호천사가 되어 돌봐 주고 기분 좋게 하는 활동을 해본다. 학생들에게 부모님 사랑(효도) 북 양식을 나눠 주고, 부모님께 감사한 마음을 표현하여 부모님의 반응을 살피고 적어 보게 한다. 부모님이 기뻐하시는 것을 함께 느껴 볼 수 있다. 요즘은 가족의 형태가 다양하므로 꼭 부모님으로 한정하지 않고, 자신을 주로 돌봐주시는 분을 정해 가까이에서 수호천사가 되어 활동하도록 한다.

부모님 사랑(효도) 북 양식

그림책 「효자효녀요양원 느바」

함영연 글, 성옥현 그림, 나한기획

느티나무로 만들어진 바구니 느바는 어느 날 효자효녀요양원에 가게 되고, 그곳에서 한 할아버지를 만난다. 할아버지는 느바를 보며 옛날 기억을 떠올리곤 하는데, 느바는 자신을 바라보는 할아버지가 진정 원하는 것이 무엇인지 알게 된다. 바쁘다는 핑계로 찾아오지 않거나 오더라도 금방 가 버리는 가족을 그리워하며 할아버지는 하늘나라로 떠나 버린다. 진정한 효도가 무엇인지 생각해 보게 한다.

우리가 할 수 있는 효도의 방법 알아보기

효도의 여러 가지 방법을 찾아보는 활동을 해본다. 학생들과 효도의 대상을 찾아볼 때, 효도가 꼭 가까운 부모님한테 국한되는 것이 아니라, 할아버지 할머니를 비롯해 여러 친척들에게 확대될 수 있음을 알게 한다. 그리고 비싼 선물을 주거나 좋은 장소에 모시는 것을 효도라고 생각하기 쉽지만, 실제로 그것은 학생들이 해 드리기 어려운 효도 방법이다. 학생들이 실천할 수 있는 효도 방법을 생각해 보고, 효도의 경험과 효를 실천하는 과정에서 떠오른 생각이나 느낌 등을 이야기 나눈다.

우리가 실천할 수 있는 구체적인 효도 방법	1. 편지나 카드 쓰기
	2. 어버이날 카네이션 만들기
	3. 일주일에 한 번 이상 전화하기
	4. 어른들 찾아뵙기
	5. 안마해 드리기
	6. 발 씻어 드리기
	7. 손과 발 마사지해 드리기
	8. 함께 사진 찍기
	9. 요즘의 생활 이야기 들어 드리기
	10. 어른들의 과거 이야기 질문하고 들어 드리기
	11. 어른들의 관심사 물어보기
	12. 어른들이 좋아하는 것 물어보기
	13. 공기놀이, 윷놀이 함께 하기
	14. 함께 산책하기
	15. 부모님과 함께 하는 활동에 참여하기

우리가 실천할 수 있는 구체적인 효도 방법	16. 어른들 안아 드리기
	17. 어른들이 할 수 있는 작은 부탁 드리기
	18. 내가 가지고 있는 간식 나눠 드리기
	19. '보고 싶었다, 사랑한다, 좋아한다'는 말 전하기
	20. 무엇이 필요한지 관찰하여 먼저 가져다 드리기

친구들과 함께 찾은 효도의 방법 중에서 실천할 수 있는 활동을 선택하여 실천한다. 여러 친구들이 실천한 효도 사례를 서로 공유하며 생각과 느낌을 나눌 수 있다. 학생들은 각자의 경험을 발표하며 효도의 의미를 다시 한번 생각하게 된다. 수업에서 학생들은 '할머니와 이야기하며 아빠의 어릴 적 이야기를 들을 수 있어서 좋았다, 할머니 발을 씻겨 드리면서 할머니 발톱과 발이 작고 쭈글쭈글하고 야위었다는 것을 알게 되었다, 할머니, 할아버지가 웃으시는 모습을 볼 수 있어서 뿌듯했다' 는 등의 소감을 밝혔다.

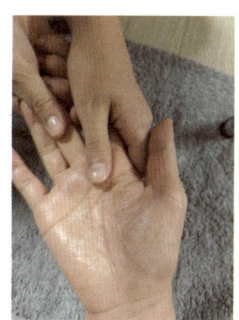

그림책 「손이 들려준 이야기들」
김혜원 글, 최승훈 그림, 이야기꽃

할아버지, 할머니의 손을 묘사화로 그리고 그 손에 얽힌 이야기를 들려준다. 손은 그 사람이 어떻게 살아온 사람인지, 살림은 편안한지 곤란한지, 마음이 좋은지 안 좋은지를 다 알려 준다고 한다. 손에 담긴 어른들의 삶을 기록한 그림책이다.

감사한 사람의 손 관찰하고 그리기

미술 교과와 연계하여 사물 관찰하기와 손 그리기를 한다. 감사한 사람의 손을 사진으로 찍어서 자세히 관찰하고 묘사화로 그려 본다. 감사한 분의 삶 이야기를 듣고, 그림책처럼 손을 그리고 이야기를 적어 작품을 완성한다.

학생들은 활동을 하고 나서 '할머니, 할아버지 손에 정말 주름이 많았다, 사진을 계속 보며 그대로 그리려고 노력했지만 너무 어려웠다, 자세히 그리기 위해 할머니 손을 만져 보고 사진 찍어 보며 할머니의 살아온 이야기를 들을 수 있어서 좋았다, 어른들이 과거를 추억하며 좋아하시는 것을 느낄 수 있었다' 와 같은 소감을 밝혔다.

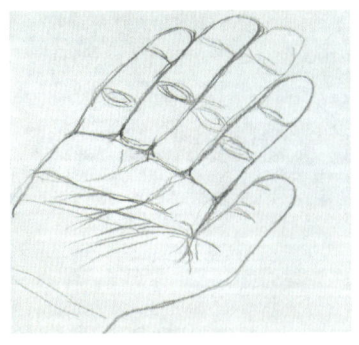

우리 할머니 권○○은 콩 농사를 지어 두부를 만들어서 아빠와 큰아빠, 고모를 대학 공부를 시키셨다고 한다.

할머니의 손에 주름이 많으셨다.
고생을 많이 해서인 것 같다.

우리가 실천할 수 있는 구체적인 효도 방법	16. 어른들 안아 드리기
	17. 어른들이 할 수 있는 작은 부탁 드리기
	18. 내가 가지고 있는 간식 나눠 드리기
	19. '보고 싶었다, 사랑한다, 좋아한다'는 말 전하기
	20. 무엇이 필요한지 관찰하여 먼저 가져다 드리기

 친구들과 함께 찾은 효도의 방법 중에서 실천할 수 있는 활동을 선택하여 실천한다. 여러 친구들이 실천한 효도 사례를 서로 공유하며 생각과 느낌을 나눌 수 있다. 학생들은 각자의 경험을 발표하며 효도의 의미를 다시 한번 생각하게 된다. 수업에서 학생들은 '할머니와 이야기하며 아빠의 어릴 적 이야기를 들을 수 있어서 좋았다, 할머니 발을 씻겨 드리면서 할머니 발톱과 발이 작고 쭈글쭈글하고 야위었다는 것을 알게 되었다, 할머니, 할아버지가 웃으시는 모습을 볼 수 있어서 뿌듯했다'는 등의 소감을 밝혔다.

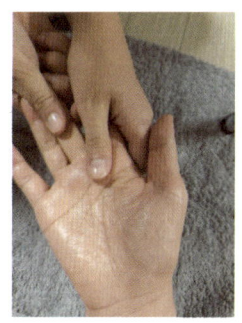

그림책 「손이 들려준 이야기들」
김혜원 글, 최승훈 그림, 이야기꽃

할아버지, 할머니의 손을 묘사화로 그리고 그 손에 얽힌 이야기를 들려준다. 손은 그 사람이 어떻게 살아온 사람인지, 살림은 편안한지 곤란한지, 마음이 좋은지 안 좋은지를 다 알려 준다고 한다. 손에 담긴 어른들의 삶을 기록한 그림책이다.

감사한 사람의 손 관찰하고 그리기

미술 교과와 연계하여 사물 관찰하기와 손 그리기를 한다. 감사한 사람의 손을 사진으로 찍어서 자세히 관찰하고 묘사화로 그려 본다. 감사한 분의 삶 이야기를 듣고, 그림책처럼 손을 그리고 이야기를 적어 작품을 완성한다.

학생들은 활동을 하고 나서 '할머니, 할아버지 손에 정말 주름이 많았다, 사진을 계속 보며 그대로 그리려고 노력했지만 너무 어려웠다, 자세히 그리기 위해 할머니 손을 만져 보고 사진 찍어 보며 할머니의 살아온 이야기를 들을 수 있어서 좋았다, 어른들이 과거를 추억하며 좋아하시는 것을 느낄 수 있었다' 와 같은 소감을 밝혔다.

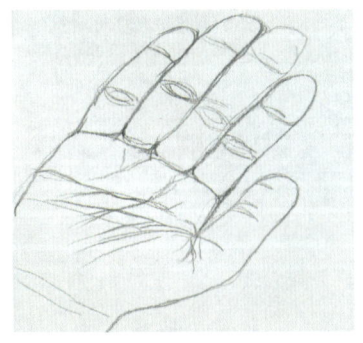

우리 할머니 권○○은 콩 농사를 지어 두부를 만들어서 아빠와 큰아빠, 고모를 대학 공부를 시키셨다고 한다.

할머니의 손에 주름이 많으셨다. 고생을 많이 해서인 것 같다.

그 밖에 부모님을 위한 효 실천 방법으로 몰래 일손 돕기 활동을 추천한다. 옛이야기 우렁각시처럼 부모님이 평상시에 하시는 집안일 중에서 내가 할 수 있는 일을, 부모님이 계시지 않을 때 몰래 해 두는 것이다. 현관의 신발 정리하기, 거실 청소하기, 세면대 정리하기처럼 각자 집에서 자신이 할 수 있는 집안일을 하며 부모님의 반응을 살피는 것이다. 부모님의 일손을 도와드렸다는 기쁨을 느낄 수 있다. 1일 1칭찬 활동도 추천한다. 칭찬을 받기만 하다가 부모님을 칭찬해 드리려면 부모님을 더 잘 관찰해야 한다. 부모님께 감사를 표현하는 기회가 될 것이다.

함께 읽으면 좋은 그림책

- 「아빠, 나한테 물어봐」 버나드 와버 글, 이수지 그림, 비룡소
- 「엄마 아빠 결혼 이야기」 윤지회 글·그림, 사계절
- 「진짜엄마 진짜아빠」 박연철 글·그림, 엔씨소프트

· 교육과실천이 펴낸 책들 ·

14가지 빛깔의 그림책 수업
그림책사랑교사모임 지음

교실에서 시도한 14가지의 활동 수업을 차시에 따라 자세히 소개한다. 창작 수업부터 온라인 협력 수업까지 다양한 활동 속에서 즐겁고 자연스럽게 배움이 일어나는, 새롭고 도전적인 수업 방법들을 담았다.

그림책 생각놀이, 그림책 감성놀이
그림책사랑교사모임 지음

주제에 따라 잘 가려 뽑은 그림책으로 재미있는 놀이를 하며, 아이들은 생각하는 힘을 키우고 감정을 조절하며 마음을 나누는 연습을 할 수 있다.

제라드의 우주쉼터, 소피아의 화를 푸는 방법
제인 넬슨 지음, 빌 쇼어 그림, 김성환 옮김

'긍정의 훈육' 창시자인 제인 넬슨의 교육철학이 담긴 그림책. 전 세계 300만 부 이상 판매된 베스트셀러로, 2014년 우리나라에 '학급긍정훈육법'이 처음 번역 출간된 이래로 수많은 교사와 부모에게 여전히 사랑 받고 있다.

미리 준비하는 1학년 학교생활
최정아 글, 이유승 그림

초등학교 1학년을 시작하는 아이와 학부모의 걱정과 불안을 덜어주는 친절한 안내서이자, 1학년 담임을 맡게 될 동료 교사들의 수고를 덜어주는 가이드이다. 생생한 교육 현장의 모습은 입학을 앞둔 아이와 학부모가 낯설지 않게 학교생활을 받아들일 수 있도록 구성되어있다.

그림책으로 펼치는 회복적 생활교육
황진희 지음

1년 동안 학급에서 아이들과 함께 24권의 그림책을 읽으며 '회복적 생활교육'을 실천한 사례를 담았다. 이 책에는 아이들이 그림책을 읽고 얻은 깨달음이 일상의 학교생활로 이어지도록 한 일련의 과정이 자연스럽게 드러나 있다.

나랑 너랑 우리랑
박광철, 박현웅, 임대진, 공창수, 황정회, 정유진 지음

건강한 관계는 평화롭고 행복한 교실의 시작과 끝이다! 첫 만남의 순간부터 헤어짐의 순간까지 일 년 동안 학급에서 건강한 관계를 맺고 유지하고 회복하는 데 도움이 되는 활동을 소개한다.

학급긍정훈육법 실천편
PD 코리아 지음

한국 교사들이 학급긍정훈육법(PDC)을 실천하고 적용해본 이야기를 담았다. 한국 교실의 사례를 담은 최초의 책으로 마치 '내 교실', '내 이야기' 같은 생생함과 공감을 느낄 수 있을 것이다.